MANFRED DIMDE

DIE HEILKRAFT DER PYRAMIDEN

MANFRED DIMDE

DIE HEILKRAFT DER PYRAMIDEN

DIE GEHEIMNISSE DER ALTÄGYPTISCHEN PRIESTER UND HEILER

mvg

Die Deutsche Bibliothek – CIP-Einheitsaufnahme

Dimde, Manfred:
Die Heilkraft der Pyramiden : Die Geheimnisse der altägyptischen Priester und Heiler / Manfred Dimde. – Landsberg am Lech : mvg-verl., 1997
ISBN 3-478-71800-7

Das Papier dieses Buches wurde möglichst umweltschonend hergestellt und ist chlorfrei gebleicht.

Umschlaggestaltung: Vierthaler & Braun, München
Redaktion: Dr. Andreas Gößling, München
Satz: Fotosatz Buck, Kumhausen
Druck- und Bindearbeiten: Druckerei Himmer, Augsburg
Printed in Germany 071 800/597402
ISBN 3-478-71800-7

Inhaltsverzeichnis

Vorwort

Dieses Buch wäre niemals entstanden, gäbe es nicht in Hamburg einen Mann, nennen wir ihn Schmitz, Meier oder Schulz – Sie merken, liebe Leser, er wünscht ausdrücklich, nicht namentlich genannt zu werden –, der mir 1993 den entscheidenden Hinweis gab, wie man bisher wenig beachtete Phänomene im Umkreis der Pyramiden von Gizeh sichtbar machen und systematisch untersuchen kann.

Was ich aus schierer Neugier begann, entwickelte sich während meiner folgenden drei Ägyptenreisen zu einem wahren Abenteuer der Rekonstruktion altägyptischen Heilwissens, das vor über fünftausend Jahren praktiziert worden war. So stellt sich mir heute die Frage, warum dieses „Gewußt wie" erst so spät wiederentdeckt werden konnte, obwohl das Wissen offen zu Tage liegt. Gewiß, es gibt in der esoterischen Literatur Veröffentlichungen, die von „Orten der Kraft" in Ägypten ausgehen, doch sind die dort niedergelegten Erfahrungsberichte sehr stark an subjektive Gefühle oder Eindrücke gebunden.

Berichte über Menschen, die einsam und allein eine Nacht in einer der Pyramidenkammern verbracht haben, erregen in uns den Wunsch, es ihnen einmal gleichtun zu dürfen. Es reizt den Abenteurer, bleichen Antlitzes die Kammer zu verlassen wie einst Napoleon und fortan ein Geheimnis mit sich herumzutragen. Doch die Ernüchterung folgt der Euphorie meist auf dem Fuße: Wer sich in einem der Pyramidenräume aufhalten kann, kostet zunächst einmal das Gefühl aus, an einem Ort, über dem Millionen von Tonnen Gestein aufgeschichtet sind, vollkommen allein zu sein. Dann allerdings stellt man fest, daß so viel Sensationelles im Inneren der Pyramiden nicht stattzufinden scheint. Aber der Besucher möchte weder sich selbst noch all jene enttäuschen, die draußen gespannt auf ihn warten. Daher berichten so viele selbsternannte Pyramidenforscher ersatzweise von ihrer individuellen Gefühlswelt, von Empfindungen und Eindrücken, welche der Aufenthalt in dem Steinkoloß in ihnen ausgelöst habe. Die Aussagekraft dieser subjektiven Zeugnisse wird von anderen meist in Zweifel gezogen, und damit beginnt das Spiel von vorn: Weitere Gefühlsberichte werden publiziert, was wiederum die Skeptiker auf den Plan ruft.

Was also hat es mit den von Mythen und Sagen, Legenden und Gerüchten umrankten Pyramiden auf sich? Und wieso eigentlich geht man in den esoterischen Erfahrungsberichten so selbstverständlich davon aus, daß die spezifische Wirkung der Pyramiden ausschließlich in deren *Innerem* zu spüren sei?

Ist es plausibel, daß mit gigantischer Kraftanstrengung solche Bauwerke errichtet wurden, aus denen nur die wenigen einen Nutzen ziehen, die sich im Innern der Pyramide aufhalten? Liegt die Annahme nicht sehr viel näher, daß man beides anstrebte: einen Nutzen für die wenigen Menschen in der Pyramide *und* für viele, vielleicht für alle Menschen, die außerhalb des Monuments in dessen Umkreis lebten? Dieses Buch wird die letztere Frage eindeutig mit ja beantworten.

Warum aber konnten die Naturphänomene im Umfeld der Pyramiden mehrere Jahrtausende lang nicht genutzt werden? Weil das altägyptische Wissen mit dem Niedergang des Pharaonenreichs in Vergessenheit geriet, mit der Folge, daß man die Antworten auf eine Reihe zentraler Fragen nicht mehr kannte:

- Um welche Phänomene handelt es sich?
- An welchen Orten wirken sich diese Kräfte aus?
- Wie und wann wendet man sie an?

Weder die Frage nach dem Wesen dieser Kräfte noch gar die nach ihrer praktischen Anwendung konnte im Umkreis der Pyramiden während der letzten 1500 Jahre auch nur ansatzweise beantwortet werden. Einer der Gründe, weshalb dieses altägyptische Wissen so vollständig in Vergessenheit geriet, ist wohl die klimatisch bedingte Versandung des Geländes. Diese hat den Blick der Besucher für das Wesentliche – für die Anlage, in der die Pyramiden standen – verstellt. Seit vielen Jahrhunderten erwecken das Pyramidenfeld von Gizeh, die Pyramiden von Daschur, Mêdum und andere den Eindruck, daß sie mitten in der Wüste errichtet wurden. In Wahrheit jedoch wurden sie seinerzeit inmitten einer üppigen Vegetation erbaut.

Den in diesen Anlagen wirksamen Kräften, dem eigentlichen Geheimnis der Pyramiden, hätte man im übrigen längst auf die Spur kommen können, wenn geeignete Meßinstrumente eingesetzt worden wären. Denn diese Kräfte wirken sich keineswegs nur auf die Gefühlswelt der Probanden aus, vielmehr lassen sich ihre Effekte jenseits jeden vernünftigen Zweifels belegen. Da jedoch bislang keinerlei Versuche unternommen wurden, taugliche Meßinstrumente zu konstruieren oder akzeptable Indikatoren zu definieren, war der Tip meines Ratgebers aus Hamburg ein sogenannter „goldener Schuß“.

Ich will an dieser Stelle einschränkend anmerken, daß ich als Pionier auf dem seit Jahrtausenden buchstäblich verwüsteten Gebiet der Pyramidennutzung nicht auf Anhieb sämtliche möglichen Punkte erzielen konnte: Das Wirkungs- und Anwendungsspektrum ist sicherlich noch sehr viel breiter, als aus meinen bisherigen Untersuchungen hervorgeht. Aber damit ist ein Anfang gemacht, ja ein Durchbruch zur Wiederentdeckung lange Zeit verschollenen altägyptischen Wissens gelungen. Nach der Lektüre dieses Buches werden Sie mir zustimmen: Was ich im Umkreis der Pyramiden entdeckt habe, ist so eindrucksvoll und faszinierend, daß es sich auch für Sie unbedingt lohnt, Ihren Koffer zu packen und zu den Pyramiden zu reisen. Spüren Sie die von mir noch nicht entdeckten Punkte der Kraft auf, und machen Sie diese für die Allgemeinheit nutzbar.

Ich wünsche uns allen, daß diese Arbeit fortgeführt, sachkundig zum Wohle vieler Menschen eingesetzt und damit ein neues, bisher unbekanntes Kapitel alternativer Medizin aufgeschlagen wird.

Manfred Dimde
im Frühjahr 1997

Erster Teil: Einführung

1. Kapitel: Gerüchte und Erkenntnisse

Wer auf dem Felsplateau von Gizeh am Fuß einer der großen Pyramiden steht, staunt auch in unserer Zeit noch über die gewaltige Anhäufung von Steinen. Er denkt unwillkürlich an die Herrscher, die so mächtig oder so großspurig waren, daß sie sich derart gewaltige Grabmäler bauen lassen konnten. Ist der Besucher ein, wie die örtlichen Fremdenführer sagen, „Touri" aus Europa, der womöglich am Roten Meer seinen Urlaub verbringt und nur für einen Tag nach Kairo eingeflogen wurde, dann stehen ihm dreißig Minuten zur Verfügung, um in die Cheopspyramide und bis hinauf in die Königskammer zu klettern, dort drei Minuten zu verweilen, sich kurz dem Gedanken hinzugeben, ob er hier wohl begraben sein möchte, und dann wieder mit dem Abstieg zu beginnen. Es warten noch die Chephrenpyramide, der Sphinx, das Kairoer Nationalmuseum mit der Goldmaske des Tut-Ench-Amun sowie die Stadtrundfahrt im Programm. Mittlerweile haben Hunderttausende von „Touris" fünftausend Jahre ägyptischer Kultur in jeweils neun Stunden erfolgreich bewältigt.

Japaner übrigens sind Frühaufsteher, meist morgens gegen 8 Uhr 45 die ersten in Cheops' Grabkammer. Gemessen an ihrem Pensum erscheint das Neun-Stunden-Programm der Europäer wie geruhsames Schlendern: Ihnen stehen pro Pyramide, einschließlich Einstieg in die Grabkammern, nur zwanzig Minuten zur Verfügung.

Wen wundert es da, wenn er – ob Japaner oder Europäer – unten am Taltempel der Chephrenpyramide während der Besichtigung des Sphinx schon einen ersten Anflug von Ermüdung oder Schläfrigkeit verspürt? So ging es auch mir im Jahr 1969, als ich auf meiner Hochzeitsreise das erste Mal die Pyramiden besuchte. Ich glaubte damals genug Gründe zu haben, die dieses „Abgeschlafftsein" erklärten. Als ich 1974 erneut auf dem Plateau der Pyramiden stand und mich wiederum reichlich erschöpft fühlte, führte ich dies auf die Stunden zurück, die ich am Vorabend an der Hotelbar des altehrwürdigen Traditionshotels *Semiramis* verbracht hatte – zusammen mit einem deutschen

Handelsvertreter, der soeben achthundert Badewannen für ein im Bau befindliches Hotel verkauft hatte und diesen Erfolg vor seiner Rückreise ausgiebig feierte.

Anfang der neunziger Jahre war ich erneut in Ägypten, diesmal aber nicht mehr als sogenannter „Touri", sondern als zusätzlicher Reiseführer einer Gruppe, die Ägypten mit anderen Augen sehen wollte. Glücklicherweise kann der Reiseführer den Zeittakt seiner Gruppe selbst bestimmen, zumal wenn er diese mit interessanten Details vertraut macht. Damals fing für mich die eigentliche Entdeckung der altägyptischen Heilmethoden an, denn was jeder interessierte Ägyptenreisende benötigt, ist ... *Zeit*.

„Fünftausend Jahre schauen auf euch herab", hatte Napoleon vor fast zweihundert Jahren zu seinen Soldaten gesagt. Damals rechnete man eine Ägyptenreise noch fast in Jahren. Heute bringt uns ein Großraumflugzeug in vier Stunden nach Kairo, wir müßten also entsprechend fragen: Vierzig Millionen Stunden schauen auf euch herab, und dafür nehmt ihr euch nur drei Stunden eurer Lebenszeit?

Für das Pyramidenfeld von Gizeh benötigt man mindestens drei Tage, wenn man sich mit den wichtigsten Details vertraut machen möchte, die bisher entdeckt worden sind. Interessant wird es, wenn man dort nach und nach bekannt wird und Zeit hat, sich über die „Gerüchte im Schatten der Pyramiden" zu informieren.

Unter den Antiquitätenpolizisten, wie man die Aufseher vor Ort nennt, gibt es eine Reihe von Männern, die schon dreißig, vierzig Jahre vor Ort Dienst tun und manche Geschichte von verunglückten Touristen zu erzählen wissen, die eine der Pyramiden heimlich und an der falschen Stelle besteigen wollten. Mancher von ihnen war dabei, als die eine oder andere spektakuläre Aktion, etwa die Ausgrabung eines Ritualbootes im Umkreis der Pyramiden, stattfand. Zu den interessantesten Gerüchten, die ich während meiner Reise 1993 zu hören bekam, zählte jenes, daß man unterhalb der linken Hinterpfote des Sphinx die Baupläne des Monuments in Krügen versiegelt gefunden habe. Wohlgemerkt: ein Gerücht. Merkwürdig ist allerdings, daß man sich seit 1993 plötzlich darum streitet, wer als erster eine unter dem Sphinx entdeckte Kammer öffnen darf.[1]

1996, bei meinem bisher letzten Ägyptenaufenthalt, war manches unter der Hand Gehörte schon kein Gerücht mehr.

---

[1] Bouval, Das Geheimnis der Sphinx, Publikation in Vorbereitung

Mittlerweile munkelte man, daß es noch eine weitere Kammer unter dem Sphinx gebe. Das Top-Gerücht des Jahres 1993 betraf jedoch eine der beiden Pyramiden.

Aus gewissen Indizien konnte ich auf die Quelle dieser Gerüchte schließen, die sich demnach auf die Pyramide des Cheops zu beziehen schienen. Etwa zu dieser Zeit begann man eine Belüftungsanlage durch einen der beiden Schächte in der Königskammer zu installieren. Sie ist mittlerweile in Betrieb und erleichtert dem Besucher in der Königskammer das Atmen. Im Zuge dieser Arbeiten suchte man zu jener Zeit nach versteckten Ausgängen der bereits bekannten „blinden" Belüftungsschächte innerhalb der Cheopspyramide. Bei dieser Suche soll, so das Gerücht, Steinlage um Steinlage untersucht worden sein. Dem Gemunkel im Schatten der Pyramiden nach sei man damals in einer der Kanten der Cheopspyramide fündig geworden, jedoch anders als erwartet: Man entdeckte einen Stein, der sich seitlich verschieben ließ, zur Überraschung der Akteure jedoch kein Endstück eines Luftschachts, sondern einen Hohlraum verbarg. In diesem etwa 120 x 120 Zentimeter großen Miniarchiv befanden sich Baupläne oder Hinweise auf den Bau der Pyramide, die in Ton, Stein oder ein anderes Material eingeritzt waren. Die Dokumente sollen an die zuständige Stelle des Ägyptischen Nationalmuseums weitergegeben worden sein, von wo sie für harte Dollars an einen US-Amerikaner nach Illinois verkauft wurden. Wie gesagt, auch hierbei handelt sich um Gerüchte. Auffällig für den Beobachter ist aber, daß seither in der Cheopspyramide und ihrem Umkreis eine sehr rege Tätigkeit entfaltet wird ...

Manche dieser Gerüchte mögen der Wahrheit näherkommen als einige „Fakten", die einem die Aufseher in den Pyramiden erzählen. So erfährt man beispielsweise eine recht fragwürdige Mischung aus Tatsachen und Spekulationen, wenn man sich zwischen die drei kleinen Pyramiden begibt, die für die Königinnen errichtet wurden. Dort stößt man auf einen Schacht, der nach Auskunft der Aufseher 15 Meter senkrecht in die Tiefe führt, dann quer unter der Pyramide verläuft und auf der anderen Seite in entsprechendem Abstand zur Pyramide wieder zur Erdoberfläche gelangt.

Fragt man nach einer Erklärung, so erfährt man, daß dieser Gang wohl extra angelegt wurde, damit der Pharao von seiner Königin jederzeit besucht werden konnte. Ohne diese Diskussion zu vertiefen, möchte ich hier nur anmerken, daß es – falls die Erklärung zutrifft – genügt hätte, den Gang bis fast in die Mitte der Pyramide vorzutreiben, um dann senkrecht eine Verbindung zur großen Königskammer herzustellen. Weder ist diese Verbindung innerhalb der Pyramide festzustellen, noch gibt es eine vernünftige Erklärung dafür, daß der Gang weiter unter der Pyramide hindurchführt. Besaß dieser Gang also eine andere Bedeutung, womöglich gar eine uns noch unbekannte Funktion, als die Anlage noch intakt und in Betrieb war?

Aber kehren wir zu der eingangs erwähnten Beobachtung zurück. Ein Umstand fiel mir regelmäßig auf, sobald ich mich in das Umfeld der Pyramiden begab: Warum wird man so schlapp oder müde, wenn man diese Bauwerke ganz oder zum Teil zu Fuß umrundet? Diese subjektive Beobachtung wurde mir immer wieder auch von Teilnehmern der Gruppen bestätigt, die ich durch die Anlagen führte. Gewöhnlich registriert man die unwillkommene Erschöpfung, verdrängt diese Beobachtung aber gleich wieder. Schließlich ist man nach Ägypten gereist, um etwas zu sehen, und nicht, um darüber nachzudenken, warum man plötzlich so müde ist.

Allein dieser Eifer des Touristen, sich die Sightseeing-Tour nicht durch Mattigkeit verderben zu lassen, kann aber schwerlich erklären, warum bisher kaum jemandem aufgefallen ist, daß außerhalb der Pyramiden – also in deren Umfeld in Gizeh – Effekte auftreten, die sich von Reisegruppe zu Reisegruppe wiederholen. Diese spezifische Blindheit kommt wohl eher daher, daß die meisten, gelenkt durch eine Flut von Veröffentlichungen und Spekulationen, außergewöhnliche Effekte eben ausschließlich im *Innern* der Pyramiden erwarten.

Dabei treten auch im Umfeld der im Herbst 1996 zur Besichtigung freigegebenen Pyramiden von Daschur-Süd folgende psychischen und physischen Wirkungen auf:

- Müdigkeit, Mattigkeit, Schlaffheit,
- Organschmerzen

und auf der anderen Seite

- Hyperaktivität,
- Glücksgefühl, Euphorie.

Betrachten wir zunächst die scheinbar naheliegenden Erklärungen für diese Phänomene. Zum einen: Touristen, die davon ausgehen, daß sie auf dem Gizeh-Plateau die Mausoleen von Pharaonen zu sehen bekommen, wähnen sich unweigerlich in eine Friedhofsatmosphäre versetzt und fühlen sich entsprechend gedämpft oder ermattet.

Zum zweiten: Seit die Entdeckung von Pyramidenpower bekanntgegeben wurde, reisen zahlreiche Gruppen esoterisch vorgeprägter Besucher nach Gizeh, wo sie die bedeutsamsten Kräfte *innerhalb* der Pyramiden zu erspüren glauben. Zum dritten: Viele Menschen mit Schatzsucherinstinkt spüren, daß hier womöglich noch irgendwo etwas zu holen ist. Das stimuliert.

Hinzu kommen die Reize für das Auge, das in kurzer Zeit viel Ungewohntes aufnehmen muß. Daher scheint für jeden der genannten Reisenden auf der Hand zu liegen, weshalb man sich im Umkreis der Pyramiden plötzlich erschöpft fühlt. Doch all diese Erklärungen sind möglicherweise nur Schein- oder Nebengründe, welche die tatsächliche Ursache des Phänomens verbergen. Denn die plötzliche Müdigkeit befällt auch Menschen, die sich oft und längere Zeit bei den Pyramiden aufhalten, so daß die oben erwogenen Erklärungsversuche auf sie nicht zutreffen können. Ich bin überzeugt davon, daß ich mit der Entdeckung dieses seltsamen Phänomens einem Bruchstück der verschütteten Vergangenheit auf die Spur gekommen bin: dem altägyptischen Geheimwissen, das es damals den Eingeweihten ermöglichte, körperliches und seelisches Befinden mit Hilfe der Pyramidenanlagen *gezielt* zu beeinflussen.

2. Kapitel: Quellen, aus denen wir heute schöpfen

Die Ägypten-Expedition Napoleons

Ägypten, das geheimnisvolle Land der Pharaonen – vom 17. bis ins 19. Jahrhundert war die rätselhafte Hochkultur am Nil *das* Salongespräch in den Fürstenhäusern Europas. Anders als heute war es damals allerdings nur wenigen vergönnt, mit eigenen Augen die legendären Pyramiden zu besichtigen. Vor gerade einmal zweihundert Jahren versuchte der französische General Napoleon, Ägypten – die Wiege der Menschheit für das aufgeklärte, nachrevolutionäre Frankreich – zu erobern. Der Traum, ähnlich wie Alexander der Große rund zweitausend Jahre vor ihm in Ägypten den Grundstein für Ruhm, Ehre und ein Weltreich zu legen, endete für ihn persönlich, in erster Linie aber für die erste französische Republik in einem militärischen Fiasko. Statt dessen dominierte in Ägypten das britische Empire, und Großbritannien hat es verstanden, seinen Einfluß am Nil bis in unsere Zeit zu wahren.

Den Auftrag zu dieser Expedition hatte Napoleon vom Parlament der französischen Republik erhalten, die ihre beste Armee aussandte, um im östlichen Mittelmeer für Frankreich eine Kolonie zu erobern. Die Väter dieser Idee waren vom Erfolg der Expedition so überzeugt, daß sie mit den 35.000 Soldaten auch gleich fünfhundert Zivilisten in Marsch setzten, darunter 167 Forscher und Experten, 21 Mathematiker, drei Astronomen, 17 Ingenieure, acht Zeichner, zehn Geisteswissenschaftler, 13 Naturforscher und Bergbauingenieure, vier Architekten sowie 22 Schriftsetzer mit lateinischen, griechischen und arabischen Drucklettern im Gepäck, damit man die erwarteten Heldentaten sofort zu Papier bringen konnte. Für die geistigen Väter der Expedition schien sich ein Traum zu erfüllen: die Erforschung der Urheimat der Menschheit.

Doch die Expedition endete für Frankreich in einem militärischen Desaster: Der Engländer Nelson versenkte bei Abukir die Schiffe der Franzosen, und die französischen Soldaten gerieten in Gefangenschaft. Daraufhin ließ Napoleon – nicht zum letzten

Mal – seine Soldaten im Stich und eilte nach Paris zurück, wo er sich zum Kaiser proklamieren ließ und sich schließlich in Anwesenheit des Papstes selbst krönte. Ob er sich als Reinkarnation von Alexander dem Großen und von Cäsar ansah, bleibt uns verborgen. Überliefert ist jedoch, daß er, ehe er überstürzt gen Paris abreiste, eine Nacht in der Königskammer der Cheopspyramide verbracht haben soll. In jener Nacht soll es für ihn zu einem Schlüsselerlebnis gekommen sein, über das er bis zu seinem Tode niemals gesprochen hat. Bleich und geistesabwesend verließ Napolcon das Bauwerk. Seither rätselt die Nachwelt, welche Botschaften dem zukünftigen französischen Kaiser während jener nächtlichen Wache in der Pyramide zugeflogen sind.

Politisch wie militärisch war der Ägyptenfeldzug für die Republik Frankreich ein Fehlschlag, zugleich aber markiert er den Beginn der modernen Ägyptologie. Unter schwierigsten Bedingungen machten sich die französischen Gelehrten daran, die unter dem Sand der libyschen Wüste versunkenen Überreste des pharaonischen Ägypten zu sichten, teilweise zu restaurieren, zu zeichnen und systematisch zu katalogisieren.

Nach dem militärischen Scheitern der Expedition wurde das wissenschaftliche Korps in Ägypten zeitweilig gefangengesetzt. Die Engländer wollten den Zivilisten in der französischen Armee die Heimreise nur dann gestatten, wenn sie ihre Aufzeichnungen zurückließen. Doch die Wissenschaftler weigerten sich, die mühsam zusammengetragenen Aufzeichnungen preiszugeben. Schließlich gestatteten ihnen die Engländer, ihre wissenschaftlichen Dokumente mitzunehmen, die ausgegrabenen Kunstwerke jedoch sollten sie an die Briten übergeben. Auf diesen Vorschlag gingen die Franzosen ein, fertigen aber in aller Eile Kopien der Objekte an, die sie zurücklassen mußten. So gelangten wenigstens diese Duplikate in den Louvre zu Paris.

Im Jahr 1802, inzwischen auf der Treppe zur höchsten Macht, gab Napoleon die Veröffentlichung der künstlerischen und wissenschaftlichen Ausbeute der Ägypten-Expedition in Auftrag. Vierhundert Kupferstecher arbeiteten beinahe zwanzig Jahre lang an der „Déscription de l'Egypte“[1] Parallel dazu gab es ein Wettrennen zwischen England und Frankreich um die erste Entschlüsselung der ägyptischen Hieroglyphen. Dem Franzosen

[1] Déscription de l'Egypte, Verlag Benedikt Taschen, Köln 1994

Jean-François Champollion gelang es schließlich, am dreisprachigen „Stein von Rosette“ die Hieroglyphen zu entziffern.

Nach dieser ersten Welle der Begeisterung für die „Wiege der Menschheit“, wie Napoleon das alte Ägypten sah, brach auch in England die Ägyptomanie aus. Die gewinnträchtige Plünderung der Gräber brachte neben Grabbeigaben auch viele Papyrusrollen an den Tag. Nun, da man die Texte entziffern konnte, wuchs das Interesse an diesen Schriftrollen. Reisende kauften die Dokumente auf und brachten sie nach Europa. Üblicherweise wurden die Papyrusrollen nach ihren Besitzern oder Aufbewahrungsorten benannt. Einige davon, Dokumente mit medizinischem Inhalt, werden uns im weiteren Verlauf dieses Buches noch beschäftigen.

Zahlreiche Mumien wurden vor allem durch Engländer nach Europa verschifft. Gleichzeitig trafen Obelisken, Büsten, Steine und Grabbeigaben mit den Schiffen aus Alexandria in den Häfen Großbritanniens ein. Mitte des 19. Jahrhunderts galt das „Entblättern“ einer Mumie in den britischen Salons als große Partyattraktion. Die ersten Bücher, die das Leben im alten Ägypten beschrieben, wurden veröffentlicht.

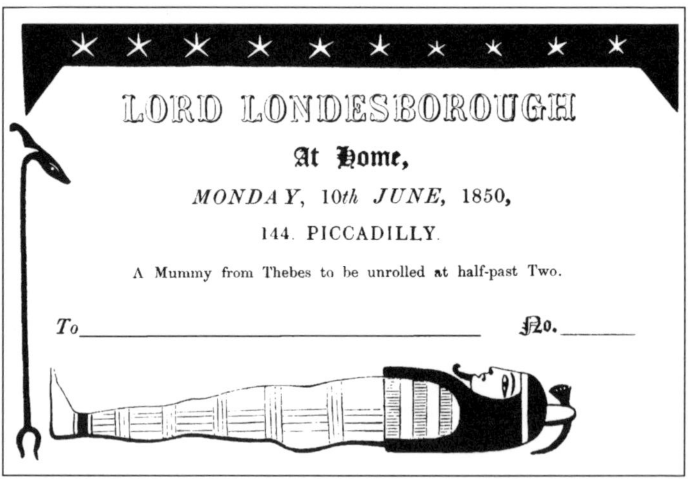

Abbildung 1: Einladungkarte zu einer Mumiensektion. Als besonderer Partygag vor dem Fünf-Uhr-Tee galt in den Salons der angelsächsischen Hocharistokraten das „Entblättern einer Mumie“

Papyrusrollen als Quelle

Wie stand es um die heilkundlichen Fertigkeiten und Kenntnisse im alten Ägypten? Dieses Thema, die Medizin im Pharaonenreich, wurde bis vor vierzig Jahren sehr stiefmütterlich behandelt. Mittlerweile wurden einige Quellen aus medizinhistorischem Blickwinkel ausgewertet. So verglich man etwa die Häufigkeit der Erkrankungen vor 3500 Jahren mit denen in heutiger Zeit und stellte fest, daß bei den körperlichen Erkrankungen statistisch gesehen kaum Unterschiede bestehen: Nicht anders als wir Heutigen litten die alten Ägypter an der Zuckerkrankheit oder an Krebs, an Geschwüren, angeborenen Mißbildungen oder Knochenbrüchen.

Scheinbar ganz anders verhält es sich mit jenen Krankheiten, die in unserer Zeit besonders häufig zu beobachten sind: Psychische Erkrankungen und psychosomatische Leiden scheinen, zumindest den Papyrusüberlieferungen nach, im alten Ägypten unbekannt gewesen zu sein. Wir werden allerdings sehen, daß hier der Schein trügt, denn gerade diese Erkrankungen wurden von den altägyptischen Priestern in den Tempeln auf besondere Weise gelindert oder sogar geheilt.

Werfen wir aber zunächst noch einen Blick auf einige Quellen, die heute zur Verfügung stehen.

Die ägyptischen Papyrusrollen mit medizinischem Inhalt[1] sind heute in Fachkreisen bestens bekannt. Ein kleiner Überblick zeigt, aus welcher Zeit diese Papyrusschriften stammen und um welche Themen es dort schwerpunktmäßig geht:

1820 v. Chr.	Papyrus Kahoun (Gynäkologie)
1700 v. Chr.	Papyrus Ramesseum (Augen, Gynäkologie, Kinderheilkunde)
1550 v. Chr.	Papyrus Berlin (Allgemeinmedizin)
1550 V. Chr.	Papyrus Edwin Smith (Chirurgie, Trauma)
1500 v. Chr.	Papyrus Ebers (Allgemeinmedizin)
1450 v. Chr.	Papyrus Hearst (Allgemeinmedizin)
1300 v. Chr.	Papyrus Carlsberg (Gynäkologie)
1200 v. Chr.	Papyrus Chester Beatty (rektal)
250 n. Chr.	Papyrus London und Leyden (Allgemeinmedizin, Magie)

[1] vgl. Nunn, J. F., Ancient Egyptian Medicine, British Museum Press 1996

Die Schriften lassen sich in vier Gruppen zusammenfassen. So stammen die ältesten aus einer Zeit um 1800 v. Chr., eine zweite Gruppe entstand um 1500, eine dritte Gruppe um 1200 v. Chr. Der Papyrus Leyden wurde erst 250 Jahre n. Chr. geschrieben. Dennoch ist auch er hochinteressant, da er Überlieferungen enthält, die bis auf das antike Ägypten zurückgehen.

Betrachtet man die Aufstellung nach Jahreszahlen, dann drängt sich eine Frage auf. Die Ägyptologie datiert den Bau der Pyramiden um 2600 bis 2900 v. Chr. Es fehlen uns demnach mindestens aus einem ganzen Jahrtausend Berichte von den Krankheiten der alten Ägypter – oder waren sie vor 1800 v. Chr. so gesund, daß sie keiner Ärzte und keiner Heilkunst bedurften?

Wer ist bereit zu glauben, daß es vor rund viertausend Jahren in Ägypten keine Krankheiten gab? Kaum jemand. Wie also erklärt sich dieses „schwarze Loch" im Wissen über die Krankheiten der alten Ägypter vor fünftausend und mehr Jahren? Gab es damals womöglich andere Heilmethoden? Wenn ja, hätte man die Krankheiten gleichwohl beschrieben und Anweisungen zur Linderung oder Heilung hinterlassen. Die Erklärung ist demnach woanders zu suchen, und obwohl sie auf der Hand liegt, hat anscheinend bisher niemand daran gedacht:

Offenbar existierte um die Zeit des Pyramidenbaus und davor ein medizinisches Wissen, wie man Erkrankungen *vorbeugen* und Krankheiten *vermeiden* konnte. Da unsere heutige Medizin sehr viel mehr auf Heilung bereits eingetretener Krankheiten als auf Vorbeugung und Vermeidung ausgerichtet ist, neigen viele Forscher zu dem Fehlschluß, daß die alten Ägypter vor fünftausend Jahren anscheinend über kein nennenswertes Heilwissen verfügten. Ist es aber plausibel anzunehmen, daß eine Kultur, die titanische Höchstleistungen wie den Pyramidenbau vollbrachte, auf heilkundlichem Gebiet in völliger Unwissenheit verharrte? Ist es nicht sehr viel wahrscheinlicher, daß – nach allem, was wir über die Gesetzmäßigkeiten der Entwicklung von Hochkulturen wissen – die medizinischen Kenntnisse ebenso in voller Blüte standen wie die architektonische Leistungsfähigkeit? Betrachtet man aus diesem Blickwinkel den völligen Mangel heilkundlicher Dokumente aus der Ära des Pyramidenbaus und davor, so kommt man zwangsläufig zu einem sehr viel einleuchtenderen Ergebnis:

Offenbar traten viele Krankheiten, mit denen sich die Menschen der letzten 3500 Jahre plagten und plagen, ein Jahrtausend vorher nicht auf. Andererseits wäre es abwegig zu glauben, daß die alten Ägypter der Pyramiden-Ära und davor von Natur aus gegen diese Krankheiten gefeit waren. Demnach dürfen wir folgern, daß sie über Kenntnisse und Techniken verfügten, die verhinderten, daß Krankheiten überhaupt erst auftraten. Anders gesagt: *Offenbar besaßen die alten Ägypter vor fünftausend Jahren eine umfassend wirksame Präventivmedizin, die einem breiten Spektrum möglicher Erkrankungen gezielt vorbeugte.*

Dieses breite Wissen um die Vermeidung von Erkrankungen hat jedoch eine gefährliche Kehrseite: Krankheiten, die nicht auftraten, konnten logischerweise nicht beobachtet und somit auch nicht beschrieben werden. Was man nicht beschreibt, kann man jedoch auch nicht erkennen. Und was man nicht erkennt, schwebt ständig in der Gefahr, verloren zu gehen, aus dem Bewußtsein selbst jener zu schwinden, welche die Techniken zur Krankheitsvermeidung praktizierten und von Generation zu Generation weitergaben.

Ging also vor viertausend Jahren, etwa um 2000 v. Chr., ein Wissen um Heilmethoden verloren, das bis heute darauf wartet, wiederentdeckt zu werden? Ich bin überzeugt, daß wir von den alten Ägyptern lernen und deren Methoden mit den neuesten uns zur Verfügung stehenden technischen Möglichkeiten nachahmen können. Wir sollten sogar in der Lage sein, diese Kräfte zu unserem Nutzen um ein Vielfaches zu steigern.

Vasen, Tiegel, Töpfe, Schalen

Die einzigen Zeugnisse aus „prähistorischer" Zeit, also vor dem Pyramidenbau in Ägypten, sind uns als Bruchstücke von Zeichnungen, Gravuren oder Ornamenten auf Vasen überliefert. Als Träger von Informationen über Krankheiten der alten Ägypter sind Vasen und andere kleine Tongefäße für uns aus einem einfachen Grund interessant: Noch in der Zeit des Niedergangs der ägyptischen Kultur wurden im Zusammenhang mit Krankheiten kleine Tongefäße als Opferurnen oder Bittbehälter für eine baldige Genesung verwendet. Die Ägypter hinterlegten in den Tempeln kleine Fläschchen, gefüllt mit den Symbolen für das jeweilige Leiden, wie Vogelfedern, Katzenhaaren, einer Salbe oder Knochenstückchen. Später lagerten die Priester diese Fläschchen in unterirdischen Gängen ein oder entsorgten sie.

Kilometerweit sollen sich diese „Gänge“ unter der libyschen Wüste hinziehen.
Da diesen Vasen keine Zeichenerklärung beigefügt wurde, bleibt uns nichts anderes übrig, als sie entsprechend unserer heutigen Weltsicht zu deuten. Damit laufen wir zwar Gefahr, die Symbole falsch zu interpretieren. Aber nur wenn wir überhaupt einen Deutungsversuch wagen, können wir hoffen, nach und nach die Geheimnisse der altägyptischen Kultur zu enträtseln.

Auf der unten abgebildeten Vase sehen wir hauptsächlich Wellen, Wasser, Tiere – eine Darstellung der Natur könnte man glauben, wie sie der Künstler, der diese Vase verziert hat, mit seinen Augen sah. Bisher wurde stets behauptet, daß solche Bilder einfach die Flußlandschaft des Nil darstellten. Berücksichtigt man jedoch, daß auf dieser Darstellung (Abbildung 2), zudem Pyramiden zu sehen sind, dann wird diese Annahme zumindest fragwürdig.

Was ist auf dieser Abbildung wirklich zu sehen? Der Nil, der nahe den Pyramiden vorbeifließt. Die wellenartigen Linien verzweigen sich unter den Pyramiden ebenso wie unter dem Nil und steigen bis zu einer Grundlinie an.

Auffallend ist, daß Tiere und andere Vögel auf unterschiedlichen Wellenmustern stehen. Wer sich mit dem Thema der Geomantie bereits beschäftigt hat, erkennt in dieser Abbildung eine Skizze wieder, wie man sie in heutigen Tagen durchaus von Orten mit Erdstrahlung anfertigen könnte. Angenommen, man hätte sich darauf geeinigt, durch welche Kürzel in den Skizzen unterirdische Wasserläufe, Kreuzungen, blinde Quellen, Abflüsse

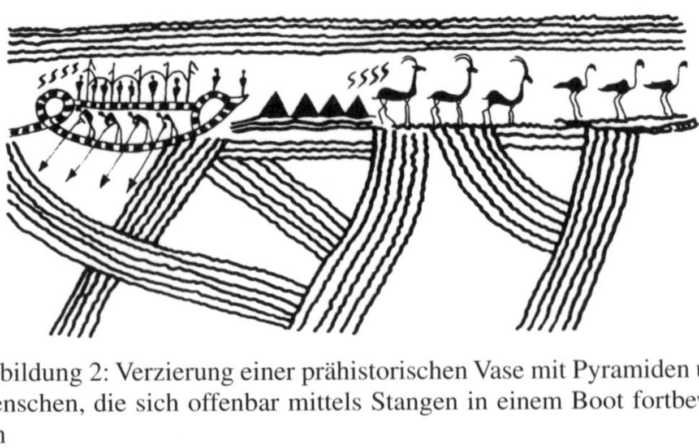

Abbildung 2: Verzierung einer prähistorischen Vase mit Pyramiden und Menschen, die sich offenbar mittels Stangen in einem Boot fortbewegen

und dergleichen darzustellen sind, könnte man aus dieser Darstellung wie aus einem offenen Buch die Informationen ablesen.

Bauwerke, Reliefs und Skulpturen

Im alten Ägypten war das tägliche Leben in Sphären unterteilt: einerseits in die der Familie – die private Sphäre des „kleinen Hauses" – und andererseits in die öffentliche Sphäre des „großen Hauses", der Tempel, Priester und des Pharaos.

In der privaten Sphäre war die Frau tonangebend, sie erledigte auch alle erforderlichen körperlichen Arbeiten, sofern ihr keine Diener zur Verfügung standen. Im Tempeldienst wurden dagegen die Männer – ähnlich wie im heutigen Tibet – auf das geistige Leben vorbereitet. Daß der Pyramidenbau möglicherweise als geistige Arbeit, insofern als Aufgabe der Männer, angesehen wurde, läßt sich zumindest nicht ausschließen; jedenfalls werden keine weiblichen Arbeitskräfte beim Pyramidenbau beschrieben.

Aus unserer heutigen Sicht scheint es selbstverständlich zu sein, daß die Pyramiden allein von Männern erbaut wurden: Männer, so glauben wir zu wissen, sind eben stärker als Frauen. Im alten Ägypten waren die Männer aber körperliche Schwächlinge, dafür geistige Größen (zumindest wurden sie so ausgebildet), während viele Frauen an physischer Kraft den Männern überlegen gewesen sein dürften.

Bei der Ausbildung in den Tempeln spielten Reliefs und Skulpturen eine zentrale Rolle, ebenso die Hieroglyphen, die hier als eine Art Pincode, nicht als Schriftzeichen, dienten. Denn in den ägyptischen Tempelschulen vermied man, wenn irgendwie möglich, die Schriftform, wenn es um die Lehre des Geistes ging.

Warum aber, so fragt man sich, hatte sich die geistige Elite einer Hochkultur von mindestens 3500 Jahren Dauer dafür entschieden, keine ausführlichen Schriften zu hinterlassen? Die Antwort leuchtet auch uns Heutigen ein: Das Geschriebene galt als anfällig für Mißverständnisse und Manipulationen. Wie richtig diese Entscheidung für bildliche statt schriftliche Überlieferung gewesen sein muß, sieht man daran, daß vor viertausend Jahren, also um 2000 v. Chr., als dieser Weg verlassen wurde, der Niedergang der ägyptischen Zivilisation einsetzte. Ein wesentlicher Grund für diesen kulturellen Verfall waren interne Streitigkeiten um die Auslegung überlieferter Texte, die Zuordnung der Macht von Göttern – eine Frage, die Macht und Einfluß von Hohenpriestern und Tempelherren unmittelbar berührte.

In der langen Ära vor diesem Niedergang aber verfügten die alten Ägypter über ein geniales Ausbildungssystem. Man baute ein umzäuntes Areal, aus dem später der Tempel wurde. In diesem Areal errichtete man Gebäude und schmückte die Wände, indem man sie außen mit einer Beschreibung der Funktion und damaliger Theorie und Praxis versah. An den Innenwänden der Gebäude wurde die Gebrauchsanweisung dessen abgebildet, was an diesem Platz zu verrichten war. Hier wirkten die ausgebildeten, in die Geheimnisse eingeweihten Praktiker, aus denen sich später die Priesterschaft entwickelte. Sie waren somit die Lehrer, die Einweiser, und für ihre Arbeit sowie zur Unterrichtung der Schüler benutzten sie steinerne Reliefs.

Die Ausbildung erfolgte außerhalb des Gebäudes. An den Wänden waren die Theorie und die Lehre Abschnitt für Abschnitt in Reliefs, oft auch in Standbildern dargestellt. Manchmal wurden auch Relief und Hieroglyphenschrift miteinander kombiniert.

War entsprechend der inneren Ordnung der Anlage die für die Ausbildung bestimmte Tageszeit gekommen, dann versammelten sich Lehrer und Schüler vor dem Abschnitt, der besprochen, diskutiert und vielleicht sogar praktisch erprobt werden sollte. Man hatte Zeit, sehr viel Zeit: Die Ausbildung dauerte 22 lange Jahre.

Heute kann man diese Plätze der Ausbildung mit ihren steinernen Lehrbüchern vor Ort identifizieren, vorausgesetzt, man will sie wirklich sehen und sich nicht nur ein paar Ägypten-Klischees bestätigen lassen. Die Reiseführer wissen natürlich, daß der Blitztourist meist nur Basisdaten, Jahreszahlen, Namen hören will, um sein Foto zu Hause besser einordnen zu können. Sie beschränken sich daher darauf, den gehetzten „Touris“ zu erzählen, daß ihre Vorfahren doch recht primitiv gewesen seien, exzessiven Götterkult betrieben hätten und so weiter. Diese gut ausgebildeten Fremdenführer reden also fast ausschließlich von Göttern und Göttinnen, von Isis, Osiris, Ka, Re, Thot und so fort. Wenn in ihrem Redefluß nicht gelegentlich ein paar Jahreszahlen und Namen der Erbauer des jeweiligen Monuments dahintrieben, wären ihre Erläuterungen so nutzlos und unfruchtbar wie der Sand der libyschen Wüste rund um das Tal des Nils.

Warum ist es nicht möglich, die Fakten immer wieder mit anderen Augen – aus dem Blick des Physikers, des Chemikers, des Mediziners, des Historikers etc. – zu untersuchen, entsprechend dem Erkenntnisstand der jeweiligen Zeit? Die Erklärung ist sehr einfach: Gott schuf im Jahr 3761 die Welt. Seither sind nach jüdischer Zeitrechnung 5756 Jahre vergangen. Und diesem Zeitraster hat sich auch die Ägyptologie unterzuordnen, denn die jüdischen und christlichen Sponsoren in Europa und Amerika ebenso wie die islamischen Bewohner des heutigen Ägypten haben kein Interesse anzunehmen, daß es vor ihren Religionen und Religionsgründern irgendwo eine Hochkultur gegeben haben könnte, in der Mathematik, Physik, Chemie, Medizin, Musik und Geisteswissenschaften bis hin zur Philosophie hätten gepflegt werden können.

Alles hat sich dem Klischee zu fügen, daß Ägypten eine primitive Vergangenheit hinter sich hat, in der Götzendienst in den Tempeln praktiziert wurde, sich die Götter gegenseitig grausam verstümmelten und die Bewohner gefoltert und verprügelt wurden, damit die tyrannischen Pharaonen ihre pyramidenförmigen Grabmäler errichten konnten. Dieser Ansicht kommt es sehr gelegen, daß die am besten erhaltenen Tempelanlagen aus der Zeit der griechischen (ptolomäischen) Besetzung Ägyptens stammen und damit aus einer Epoche, in der das alte Ägypten, aus dessen vergessenem Wissen wir in diesem Buch schöpfen wollen, schon mindestens zweitausend Jahre vergangen war.

Was die Ptolomäer in ihren Tempelbauten, zum Beispiel in Denderra, Kom Ombo oder Philae, zum Mysterium umbauten, war in seiner eigentlichen Funktion bereits defekt und glich eher einer ausgetrockneten Quelle, in der das einstige Wissen schon versandet war. Physik oder Chemie, wie in der Hochzeit der alten Ägypter, konnte man dort nicht mehr betreiben, allenfalls noch Astronomie, Mathematik und natürlich Philosophie. Trotzdem sind auch die Ptolomäer für uns interessant. Sie saßen zeitlich näher an den Quellen und konnten daher Informationen aus Überlieferungen schöpfen und uns in Stein gemeißelt hinterlassen.

Hinsichtlich der altägyptischen Kenntnisse und Praktiken befanden sich die Ptolomäer in einer ähnlichen Situation wie heutzutage der Papst: Authentische Berichte von der Geburtsnacht in Bethlehem können ihn, der durch zweitausendjährige Distanz und ebenso lange währende Glaubenswirren von den Quellen seiner Religion getrennt ist, heute nicht mehr erreichen. Ebenso verhielt es sich mit den Gebäuden, welche die Ptolomäer in Ägypten für sich errichten ließen. Lehren und Kenntnisse, die für die alten Ägypter ursprünglich gar keine Geheimnisse waren, wurden mystifiziert, weil das in die Politik der Zeit paßte, und erstarrten zu steinernen Denkmälern. Umgekehrt wurde geheimes Insiderwissen in den Bauwerken offen dargestellt, weil man nichts mehr von seiner tatsächlichen Bedeutung wußte, womöglich nicht einmal, daß es ursprünglich als Geheimnis gegolten hatte, und daher keinen Grund sah, es geschickt zu verbergen. Mit manch einem Geheimnis gingen die Ptolomäer auch unbekümmert um, weil sie wußten, daß der Schlüssel zerbrochen war, die alten Techniken nicht mehr funktionierten, so daß jede Geheimniskrämerei überflüssig wurde.

Wortkarge Zeugen: die biblisch-talmudische Medizin

Nahmen die Israeliten, als sie Ägypten verließen, auch das Wissen der alten Ägypter mit? Ja! Moses verbot ihnen, dieses Wissen zu praktizieren (3. Moses 21,5), doch in der Überlieferung blieb es lebendig.

Eine weitere Quelle, aus der wir schöpfen können, ist somit die biblisch-talmudische Medizin der Israeliten. Was haben die Israeliten an medizinischem Wissen mitgenommen, als sie unter Moses' Führung das Land der Pharaonen verließen? Wenn wir ihre Lehren mit dieser Fragestellung untersuchen, müßten wir auf Anhaltspunkte stoßen, auf medizinische Techniken und Kenntnisse, die sich in der Praxis bewährt hatten und daher aus der altägyptischen Medizin übernommen wurden.

Julius Preuss veröffentlichte 1911 ein umfangreiches Werk über die biblisch-talmudische Medzin[1].

Nach seinen Erkenntnissen übte Alexandria, die Stadt im Nildelta, die von Alexander dem Großen gegründet wurde, den größten Einfluß auf die jüdische Medizin aus. Damit haben wir die zweite Schnittstelle zwischen ägyptischer und jüdischer Heilkunde identifiziert.

[1] Preuss, Julius, Dr., Biblisch-Talmudische Medizin. Beiträge zur Geschichte der Heilkunde und der Kultur, Berlin 1911, Reprint bei MECO-Buchproduktion, Dreieich 1992

Bekanntlich wurde Alexandria zum Zentrum anatomischen Wissens, da die Ptolomäer-Könige den Ärzten besonders günstig gesinnt waren und sogar Vivisektionen an Verbrecherinnen ermöglichten. Griechen und Juden konnten lange Zeit gleichberechtigt in Alexandria leben, hatten Zugang zu den Bildungsstätten der Griechen und studierten Theorie und Praxis nach eben den Regeln, die aus dem alten Ägypten, später aus den dynastischen Perioden bis ins Neue Reich und zu den Ptolomäern weitergegeben wurden.

Jedoch übernahmen sie nicht - jedenfalls ist das in der talmudischen Medizin nicht auf den ersten Blick zu erkennen - die Dreiteilung des Ärztestandes in Arzt, Chirurg und Beschwörer (nach heutigen Begriffen: Innere Medizin, Chirurgie und alternative Heilkunde). Auch waren die jüdischen Priester nicht gleichzeitig Ärzte, daher finden sich in ihren heiligen Schriften kaum Anweisungen für die Behandlung von Krankheiten. In ihren Tempeln gab es zwar jeweils einen Priester, der die durch Barfußgehen auf dem Estrich und einseitige Fleischkost häufig an Darmerkrankungen leidenden Priester mit Heiltränken behandelte, doch beschränkte sich diese medizinische Versorgung ausschließlich auf die Priester selbst. In den Listen der Tempelbeamten, die akkurat geführt wurden, taucht kein Arzt auf.

Seit ihrem Auszug aus Ägypten hielten die Israeliten eine strikte Trennung von Priester und Heiler ein, so als ob diese Verknüpfung eine der größten Sünden wäre. Was mag sie hierzu bewogen haben? Erst im späteren Christentum finden wir wieder die altägyptische Idee vom „Haus des Lebens", wo geboren, bei Krankheiten zwischen Mensch und Gott vermittelt, also geholfen, und schließlich auch gestorben wurde. Die Mönche mußten im Fall einer Erkrankung erkennen, welche Strafe Gott dem Sünder zugemessen hatte, und ihm helfen, sich mit Gott wieder auszusöhnen.

Entstehung und Verlauf einer gefährlichen Krankheit wurden wie folgt gezeichnet:

> Der Kranke wird gefährlich krank, wenn der Dämon der Krankheit auf ihn springt. Er wird sterbend, wenn die allgemeine Erschlaffung beginnt.
>
> In den Morgenstunden befinden sich die meisten Kranken besser. Hebt sich der Tag, hebt sich der Kranke. Darum soll man Kranke weder in der ersten drei Stunden noch in den

> letzten drei Stunden des Tages besuchen. Im einen Fall hält man die Krankheit für zu leicht, im anderen für zu schwer.[1]

Dagegen wurde der Tempel der Juden ausschließlich für Lehre und Ausübung der Grundlagen und Überzeugungen des Glaubens genutzt. Im Gegensatz zu den ägyptischen Tempelanlagen, die Lehranstalten für „Alleswisserei" waren, fand die Linderung oder Heilung von Krankheiten außerhalb des jüdischen Tempels statt. Die Gesetze Moses bedeuteten praktisch die Trennung von Religion und Medizin. Moses, der eine ägyptische Priesterausbildung ähnlich der des Pythagoras durchlaufen hat, muß sich aus schwerwiegenden Gründen zu dieser Maßnahme entschlossen haben. Und wieder stellt sich uns die Frage: Welche Gründe mögen das gewesen sein?

Eine mögliche Antwort drängt sich Ihnen, liebe Leser, regelrecht auf, wenn Sie sich in den Umkreis von Pyramiden, Obelisken oder anderen altägyptischen Gebäuden begeben, die baulich auf eine Nord-Süd-Achse ausgerichtet worden sind: Unweigerlich spüren Sie dort, daß Ihr psychisches Empfinden beeinflußt wird. Diese Einwirkung läßt sich segensreich gebrauchen, kann aber, bei mißbräuchlicher Anwendung durch Sachkundige, auch ein Fluch für die Opfer sein.

Daher stoßen wir bei den Hinweisen auf altägyptische Methoden der Heilung von Körper und Seele immer wieder auch auf Abwehrmaßnahmen, die ein potentielles Opfer treffen kann, um sich vor Mißbrauch durch andere zu schützen. Als das Wissen um diese Wirkungen verloren ging, versackten die Überlieferungen nach und nach in magische Praktiken. Eine bedeutende Rolle spielt hierbei sicherlich auch die Verbrennung der Alexandrinischen Bibliothek, in der sich sehr viel schriftlich niedergelegtes Wissen aus dem alten Ägypten befunden haben muß.

Doch obwohl diese Verbrennung für die Menschheit der folgenden zweitausend Jahre einen schmerzlichen Verlust darstellte, hatten die alten Ägypter andererseits dafür gesorgt, daß ihr Erbe nicht an ein paar Schriftrollen in irgendeiner Bibliothek gebunden war und somit irgendwann vollständig verloren gehen konnte. Steinerne Reliefs und Hieroglyphen sind nicht nur weniger mißverständlich als schriftliche Überlieferung. Sie sind auch erheblich widerstandsfähiger gegenüber Feuer, Vandalismus und allen zersetzenden Kräften der Zeit.

---

[1] Ebd.

Mitteilungsfreudigere Zeugen: die Reiseberichte der Griechen

Mag es nun Zufall, Glück oder Absicht sein – uns stehen als Quellen für unsere Recherche auch griechische Zeugen wie der Reiseschriftsteller Herodot zur Verfügung, denen im Gegensatz zu den israelitischen Auswanderern kein Schreibverbot auferlegt war. Eine Gruppe von wissensdurstigen Griechen, Erben der alten Ägypter, machte sich im 6. Jahrhundert v. Chr. auf den Weg nach Ägypten, das damals als Zentrum allen Wissens und als Hort von Wundergeheimnissen galt.

Durch Überlieferungen haben wir das eine oder andere von der „Alleswisserei", die dort gepflegt und gelehrt wurde, erfahren. Dagegen wissen wir praktisch nichts von den Gründen, welche die Griechen ermunterten, Reisen in den vorderen Orient und nach Ägypten zu unternehmen. Es ist vorstellbar, daß seefahrende gebildete Kaufleute den Anstoß zur Nachforschung an Ort und Stelle gaben. Ebenso können die griechischen Söldner, die in den Diensten der Pharaonen standen, für sie Feldzüge unternahmen und hierdurch besonders innigen Kontakt zum ägyptischen Reich und seinen staatlichen Einrichtungen bekamen, die Kunde von den Wundertaten der ägyptischen Priester nach Hellas getragen haben.

Die Berichte aus dem geistigen Zentrum des alten Ägypten müssen für die Griechen sehr interessant gewesen sein. Die bedeutendsten Archäologen stimmen darin überein, daß die Griechen ursprünglich als Söldner nach Ägypten gingen, dort mit Gold bezahlt wurden und als gemachte Männer in die Heimat zurückkehrten, da Gold in Griechenland nicht zu finden und entsprechend heiß begehrt war.

Der ungewöhnliche Lebensstil der Ägypter nicht minder als ihr Reichtum lockte demnach die Griechen nach Ägypten. Für die Ägypter lag die Heimat dieser – wie wir heute sagen würden – Gastarbeiter im Norden, im Reich des Todes. Da Leichen für die Ägypter tabu waren, berichtet Herodot beispielsweise, daß sich die Ägypter von den Griechen fernhielten, um sich nicht zu verunreinigen.

Zumindest ab der Zeit der Herodot-Reisen dürften viele Griechen in Ägypten gelebt haben. Ob die großen griechischen Denker und Philosophen, deren Ägyptenaufenthalte uns überliefert sind, noch Einzelreisende waren oder ob auch sie schon in

Gruppen nach Ägypten reisten, ist nicht bekannt. Die Geschichtsschreibung jedenfalls berichtet ausschließlich von diesen geistigen Exoten, nicht aber von dem Fußvolk, das sich durch Schaffung der erforderlichen Infrastruktur Verdienste erwarb.

Damit wir uns einen besseren Überblick über die Ägyptenaufenthalte bedeutender griechischer Persönlichkeiten verschaffen können, habe ich in der untenstehenden Tabelle die wichtigsten Namen und Jahreszahlen zusammengestellt. Vergleicht man die Geburtsjahre, die Daten der Aufenthalte in Ägypten und die Sterbejahre, dann erkennt man, daß diese Menschen keineswegs isoliert und jeder für sich ihr Abenteuer in Ägypten gesucht und gefunden haben. Und wenn wir überdies die mathematischen Erkenntnisse berücksichtigen, welche die Reisenden nach ihrer Rückkehr in Griechenland verkündeten, dann schließt sich ein Kreis: Wir erkennen, aus welchen Quellen die so wundersam aufblühende griechische Kultur ihr Wissen schöpfte.

Thales und die Folgen

Zu den ersten griechischen Ägyptenreisenden gehörten wohl Thales von Milet und Solon, die beide ca. 640 v. Chr. geboren wurden. Von Thales nimmt man an, daß er um 610 in Ägypten gewesen ist, auch von Solon weiß man es nicht ganz genau: Er hielt sich um 584 in Heliopolis und Sais auf. Selbst wenn beide nicht gemeinsam nach Ägypten reisten, liegt die Vermutung auf der Hand, daß sie doch von derselben Priestergeneration ihr ägyptisches Wissen empfangen haben.

Es muß brisant gewesen sein, was diese Männer nach Griechenland mitbrachten. Auch Anaximander (* 611 v. Chr.), ein Schüler des Thales und Lehrer des jungen Pythagoras, erfüllt sich mit sechzig Jahren offenbar den Wunsch seines Lebens: Um 550 v. Chr. reist er im reiferen Alter nach Ägypten. Nahm er auf dieser Reise seinen Schüler Pythagoras mit, oder besuchte dieser ihn in Ägypten? Niemand hat sich bisher ernstlich Gedanken über die Konsequenzen gemacht. Nicht auszuschließen ist jedenfalls, daß diese Gruppe, die sich um 550 in Ägypten aufhielt, auf Anregung von Thales oder aufgrund der Erfahrungen, die dieser in Ägypten gemacht hatte, absichtlich dorthin geschickt wurde.

Sehen wir uns die zeitlichen Eckdaten einiger dieser Männer an. Gemeinsamkeiten: Sie haben einander gekannt, und sie alle waren in Ägypten.

Ägyptenreisende	**Geburtsjahr**	**in Ägypten**	**Todesjahr**
Solon	ca. 640 v. Chr.	ca. 584 v. Chr.	559 v. Chr.
Anaximander, Schüler des Thales	611 v. Chr.	ca. 550 v. Chr.	547 v. Chr.
Thales	ca. 640 v. Chr.	ca. 610 v. Chr.	543 v. Chr.

Pythagoras, 580 v. Chr. auf der Insel Samos geboren, könnte Solon, Anaximander und Thales als Jüngling kennengelernt haben. Gehörte er zu jenen, die von den ersten Ägyptenreisenden – nach entsprechender Vorbereitungszeit in Griechenland – zur weiteren Ausbildung nach Ägypten geschickt wurden?

Fest steht, daß sich der junge Mann, den man später Pythagoras nennen sollte, etwa von 562 bis 540 v. Chr. in Ägypten aufhält, insgesamt also 22 Jahre. Er durchläuft dort die vollständige Ausbildung zum ägyptischen Priester, die eben 22 Jahre dauert, und kehrt nach einem anschließenden zwölfjährigen Aufenthalt in Mesopotamien nach Griechenland zurück. Doch hier, in seiner alten Heimat, erregt er durch seine Tätigkeit Unmut und wird nach Unteritalien in die Verbannung geschickt. Dort missioniert er in seinem Sinne – oder müssen wir sogar sagen: im ägyptischen Sinne? – weiter und baut um sich herum eine Schule auf: die Schule der Pythagoräer. War sie in Wirklichkeit eine Schule des Wissens der alten Ägypter?

Beispiele für solche Verbannungen aus weltanschaulichen Gründen gibt es auch bei uns noch in den vergangenen zwei Jahrhunderten. Freikirchliche Geister wie die Wiedertäufer, die weder der katholischen noch der protestantischen Konfession ins Konzept paßten, wurden mit mehr oder weniger Druck ab 1700 zur Auswanderung nach Amerika gezwungen. Dorthin emigrierten sie teilweise sogar freiwillig, um den Pressionen der europäischen Fürsten zu entgehen. In ihrer neuen Heimat bauten sie sich dann ihre Welt und ihre Kirche auf.

Baute sich Pythagoras auf ähnliche Weise seine Welt in Unteritalien auf? Vieles spricht dafür. Tatsächlich sind daher auch die Pythagoräer interessante Zeugen der altägyptischen Heilkünste. Pythagoras heilte – mit Musik, mit Worten, mit Schweigen, mit weiteren, uns unbekannten Heilmethoden. Nach seinem Tod hinterließ er in Italien eine Bruderschaft, die sich die Pythagoräer nannte.

Nebenbei gesagt: Die Pythagoräer gründeten eine eigene Hauptstadt, der sie den Namen Rom gaben. Sie schufen sich eine Sprache, die eine mathematische Grundlage besaß. Als sie, wie konnte es anders sein, in Italien erneut verfolgt wurden, wichen sie in die Toskana aus, wo sie sich unter die Etrusker mischten und im geheimen weiterlebten und wirkten. Wenn also in der Renaissance von den alten Römern oder, noch deutlicher, vom „Alten Römer“ gesprochen wird, dann ist damit Pythagoras und nicht irgendein Nachrömer wie Augustus oder Cäsar gemeint.

Herodot, der Mann, dem wir die meisten Informationen verdanken, wurde um 484 v. Chr., also 16 Jahre nach dem Tod des Pythagoras, geboren. Ihm verdanken wir viele Details, die er in Ägypten gesehen und beschrieben hat. Etwa um 450 v. Chr. bereiste er das Nilland, hielt sich aber vorwiegend bei griechischen Wirten und Gastarbeitern auf.

429 v. Chr., also siebzig Jahre nach Pythagoras' Tod, wird Plato geboren, der das Geheimnis der sogenannten „Platonischen Körper“ preisgibt. Bis dahin hatten sich die griechischen Studenten in Ägypten an die ägyptische Regel gehalten, wonach nichts von den Geheimnissen schriftlich niedergelegt werden durfte. Herodot beschrieb zwar vieles, was er in Ägypten sah und von seinen Landleuten erfahren hatte, aber er hatte nie dort studiert.

Aristoteles und das „Wasser des Lebens“

Parallel zum unaufhaltsamen Niedergang des ägyptischen Wissens werden die aus Ägypten heimkehrenden oder von ehemaligen ägyptischen Studenten unterrichteten Griechen red- und schreibseliger. Mit Aristoteles (384-322 v.Chr.) beginnt die Offenlegung der Geheimnisse und der Erfahrungen, die Griechen ab 550 v. Chr. aus Ägypten mitgebracht hatten. Mindestens 250 Jahre waren somit von den mündlichen Originalquellen des Pythagoras, der noch das Gelübde abgelegt hatte, nichts von den Geheimnissen schriftlich offenzulegen, bis zum Bruch durch die aristotelische Generation vergangen. Nun war die Zeit gekommen, in der die Griechen das Erbe des alten Ägypten zu verwalten begannen. Aber hier setzte auch eine Reihe tatsächlicher und vermutlicher Fehlinterpretationen des altägyptischen Wissens ein, die es heute wieder zu korrigieren gilt.

Bekanntlich ließ Pythagoras alle seine schriftlichen Aufzeichnungen unmittelbar nach seinem Tod durch seine Tochter verbrennen. So ernst nahm er das Problem der Mißverständnisse und deren verheerender Auswirkungen. Dagegen stellt sich der Nachwelt die Frage nach dem Verhalten des Aristoteles. Hat er Schaden angerichtet, weil er vieles ausgeplaudert hat? Ich glaube nicht, denn das ihm verfügbare Wissen war bereits mehrere Jahrhunderte alt und durch die stümperhafte mündliche Überlieferung in vielen Details so ungenau geworden, daß nur noch wahre Insider damit hätten etwas anfangen können.

All jene, die als griechische Studenten in Ägypten von der dortigen Priesterschaft in Physik, Chemie, Medizin, Mathematik und Astronomie geschult wurden, hielten sich an das Gelübde und legten nichts Schriftliches über ihre Erkenntnisse nieder. Aristoteles war also der erste, der die mitgebrachten Weisheiten und Andeutungen zu interpretieren begann. Und siehe da, er gilt heute als Begründer der exakten Naturwissenschaften. Wieso das? Scheinbar beruhte seine Lehre doch auf einem Irrtum, der allerdings erst im 18. Jahrhundert widerlegt werden konnte: Damals wies Antoine Lavoisier erstmals nach, daß gewöhnliches Wasser nicht – wie Aristoteles unter Berufung auf Thales erklärt hatte – der Urstoff ist, aus dem alle Dinge gemacht sind.

Beruhte demnach die Lehre der alten Ägypter, die durch Thales zu Aristoteles gelangte, auf demselben Irrtum? Oder war das von Aristoteles vermittelte Wissen durch die Tücken der Überlieferung auch in diesem Punkt bereits verfälscht und entstellt? Hatte Thales in Ägypten etwas ganz anderes über das Wasser des Lebens erfahren? Wußten die ägyptischen Priester, welche die Geheimnisse der Menschheit hüteten, unter anderem davon, daß das Leben in gefrorenem Zustand – in Form von Eisklumpen-Kometen – auf unsere Erde gelangt war, weil sich so die Reise des Lebendigen von Planet zu Planet vollzieht? Das ist übrigens eine Theorie, die durchaus seriös in der heutigen Zeit diskutiert wird.

In Griechenland wurde es zur Zeit des Aristoteles Sitte, sich in Fällen, die man nicht erklären konnte oder nicht verstand, einfach auf einen Gewährsmann zu berufen, indem man argumentierte: Er hat es gesagt, also ist es so. Das führte unweigerlich zu Irrtümern, da jede mündliche oder schriftliche Äußerung vieldeutig ist und daher mißverstanden werden kann.

Was also hat es mit der Theorie vom „Wasser des Lebens" auf sich, die Thales von Milet aus Ägypten mitbrachte?

Thales war mit seiner Aussage, daß sich alles Lebendige in der Schöpfung auf ein einfaches Prinzip zurückführen läßt, nicht weit von der heutigen Wissenschaft entfernt. Nur hatte man ihn nicht verstanden, wahrscheinlich konnte sogar er selbst nicht verstehen, was er da von den Priestern gehört hatte. Tatsächlich mußte dieses Bruchstück altägyptischen Wissens in den folgenden Jahrtausenden unverständlich bleiben – bis die heutige Wissenschaft uns wieder in die Lage versetzt hat, das altägyptische Lebensgrundprinzip als *genetischen Code* zu identifizieren.

Heute, 2500 Jahre nach Thales, können wir den DNS-Strang – er setzt sich aus vier Bausteinen zusammen – als Codeschnur alles Lebendigen erkennen und dies zu dem einfachen Prinzip erklären, das Thales uns überliefert, aber wahrscheinlich selbst nicht verstanden hat. Auch wenn er von dem lebensaktiven Element in der Schöpfung spricht, aus dem sich die Vielfalt der Lebensarten und Erscheinungen ableiten läßt, können wir heute, zum Ende unseres Jahrtausends, verstehen, was mit diesen Worten gemeint war. Aber noch vor hundert Jahren waren diese altägyptischen Kenntnisse für eine in Unwissenheit zurückgesunkene Menschheit so unbegreiflich wie in aristotelischer Zeit.

Ich meine, daß Thales in Ägypten zwar symbolisch etwas über die Schlange, die wir heute als Desoxyribonukleinsäure (DNS) bezeichnen, von den dortigen Priestern erfuhr. Exakte Angaben konnten aber schon sie, die späten Nachfahren einer sinkenden Kultur, ihm nicht mehr machen. Immerhin war dieses Wissen zum damaligen Zeitpunkt bereits 2500 - 3500 Jahre lang mündlich überliefert worden. Da es zu jener Zeit nicht möglich war, überliefertes Wissen laufend zu überprüfen, um Übermittlungsfehler auszuschließen, müssen wir annehmen, daß Thales während seiner ägyptischen Ausbildung nur noch stark verwässerte und verfälschte Bruchstücke einer Theorie erfuhr, die schon für seine Lehrer nicht mehr ganz faßbar war.

Das allerdings bedeutet, daß die alten Ägypter zu einem früheren Zeitpunkt, vor fünftausend Jahren oder davor, über exaktere naturwissenschaftliche Erkenntnisse verfügt haben müssen. Nur die bornierte Eitelkeit der heutigen Naturwissenschaft, die von solchen „Vorläufern“ nichts wissen will, hat bisher verhindert, daß die gewaltigen steinernen Zeugnisse der altägyptischen Kultur systematisch aus diesem Blickwinkel untersucht wurden: als Manifestationen wissenschaftlicher – insbesondere medizinischer – Kenntnisse und Techniken, die unserem heutigen Stand ebenbürtig und in vielerlei Hinsicht wohl auch überlegen waren.

Wie aber gelangten die Ägypter zu einer Lehre, die das Wasser als das Grundprinzip aller Dinge darstellt, aus welchem alles entstanden sei, fortwährend entstehe und wohin alles wieder zurückkehre? Die Veränderung der Dinge, so lehrten sie überdies laut Thales, leite sich aus der Verdichtung und Verdünnung ab.

Nehmen wir diese Aussagen einmal wörtlich und untersuchen sie auf der Grundlage unseres heutigen Wissenstandes. Aristoteles erklärt:

Wasser ist das Grundprinzip aller Dinge,
aus welchem alles entstanden ist ...

Wir wissen, daß das Leben nicht auf dem Land, sondern im Wasser entstand. Die Zusammensetzung dieser „Ursuppe“ hatte allerdings mit dem heutigen Wasser wahrscheinlich nicht viel gemein. Im Verlauf der Evolution krochen die ersten Organismen aus dem Wasser, lernten auf trockenem Land zu leben und fügten ihre Erfahrungen dem DNS-Gedächtnis hinzu, so daß die nachfolgenden Arten davon profitieren konnten.

... fortwährend entsteht und wohin auch
alles wieder zurückkehrt.
Die Veränderung der Dinge leitet sich
aus der Verdichtung und Verdünnung ab.

Beziehen wir diese Aussage auf das natürliche Wasser H_2O und auf die Ozeane, so ist an ihr nichts falsch. Der menschliche Körper besteht weit überwiegend aus Wasser, genaugenommen aus salzhaltigem Ozeanwasser, das als Mittler verschiedene feste Stoffe löst, verstoffwechselt und wieder ausscheidet.

Aber das ist noch nicht alles. In der Renaissance, welche die Geheimnisse der Griechen in der Toskana wiederentdeckte, wird in den geheimen Überlieferungen mit Begriffen wie „Wasser, Meer, Ozean“ nicht das flüssige Element Wasser bezeichnet, sondern der Raum, das All oder Universum.

Nehmen wir also an, daß auch Thales, als er den Begriff „Wasser" verwendete, in Wahrheit nicht vom irdischen Wasser, sondern vom Raum sprach, und ersetzen in unserem Experiment das Wort „Wasser" durch „Raum":

Der Raum ist das Grundprinzip aller Dinge,
aus welchem alles entstanden ist,
fortwährend entsteht und wohin auch
alles wieder zurückkehrt.
Die Veränderung der Dinge leitet sich
aus der Verdichtung und Verdünnung des Raumes ab.

Man hält verblüfft inne und meint zunächst, daß es sich um einen Zufall handeln müsse, weil man im Grunde nicht glauben will, daß das alte Ägypten über ein Wissen verfügt haben kann, das über die Grenzen unseres Planeten hinausging.

Im Mittelalter war Hermes Trismegistos, der sogenannte „Dreifachweise Ägypter", in den Studier- und Philosophiestuben sehr beliebt. Wer den Lehrsatz des Hermes Trismegistos kennt, wird recht verblüfft sein, diesen Satz des Thales so zu lesen!

Bei Hermes Trismegistos, der ohne Zweifel aus altägyptischer Weisheit schöpfte, steht die folgende Aussage:

Dasjenige, welches unten ist,
ist gleich wie dasjenige,

welches oben ist. Und dasjenige, welches
oben ist, ist gleich wie dasjenige,

welches unten ist, um zu vollbringen
Wunderwerke eines einzigen Dinges.
Und gleich wie von dem einigen Gott
erschaffen sind alle Dinge, in der
Ausdenkung eines einigen Dinges,
also sind von diesem einigen Dinge
geboren alle Dinge, in der Nachahmung.[1]

[1] Pyrophilus, Das Fundament der Lehre vom Stein der Weisen, Oder des urältesten Philosophi Hermetis Trismegisti Tabula Smaragdina. Conrad König, Buchdrucker, in Hamburg 1736 (im Besitz des Autors)

Wird hier ein uns heute noch unbekanntes Prinzip des Urknalls, der Schwarzen Löcher oder der Kontraktion oder Expansion des Raums beschrieben? Ist das die Verdichtung und Verdünnung, von der Thales sprach?

Thales von Milet war nicht nur Philosoph, sondern auch der Begründer der ionischen Schule. Überlieferungen berichten, daß er in Ägypten in die Mathematik, Geometrie und Astronomie eingeführt wurde und diese Kenntnisse praktisch zu nutzen verstand. So sagte er König Krösos eine Sonnenfinsternis voraus, die er berechnet hatte, war in der Lage, ägyptische Meßsysteme einzusetzen, die Höhe der Pyramiden zu berechnen, mechanische Hilfsmittel zur Haly-Abdämmung zu entwickeln, und imstande, das Jahr auf 365 Tage genau zu bestimmen.

In der Renaissance galt „ionischer Kalk" als energiereiches chemisches Pulver. Verfügten einige wenige Menschen dieser Epoche über chemische Kenntnisse, die Thales aus Ägypten mitgebracht hatte?

Die uralte Lehre von den vier Elementen

Für die Griechen war die Welt aus den vier Elementen Feuer, Luft, Wasser und Erde gemacht. Hatten sie diese Meinung von den Ägyptern übernommen? Thales favorisierte das Wasser als Urstoff des Lebens. Für Anaximenes (550 v. Chr.) war es die Luft, für Heraklit um 500 v. Chr. das Feuer, für Phereskydes um 550 v. Chr. die Erde, aus der die Welt erschaffen wurde, und somit war die Verwirrung bei den Griechen komplett. Offenbar verfügte jeder dieser Lehrer nur über Bruchstücke eines Wissens, dessen Ganzheit und Zusammenhang verloren gegangen waren.

Wenden wir nun abermals die Erkenntnisse des 20. Jahrhunderts auf die alten Lehren an.

Nach Ansicht der heutigen Astrophysiker besteht die Materie des Universums zu neunzig Prozent aus Plasma. Glühend heißes Plasma können wir durchaus mit dem Begriff „Feuer" belegen, und insofern ließe sich auch das „Feuer" als Urstoff des Lebens bezeichnen. Der Begriff „Luft" könnte – wie das „Wasser" des Thales – „Raum" bedeuten oder auch „Sauerstoff", ohne den bekanntlich kein Leben für unsere Art denkbar ist. So oder so wäre es legitim, auch „Luft" als Urstoff des Lebens zu bezeichnen.

War das also der schon von den Griechen nicht mehr begriffene Sinn der ägyptischen Lehre, daß die Schöpfung aus Feuer und Wasser – Plasma und Raum – sowie aus fester Materie besteht, die sie als „Erde" bezeichneten, und aus der feinsten (gasförmigen) Materie, die sie „Luft" nannten?

Diese Fragen sind weit mehr als bloße Spekulation. Ich behaupte: Eine Kultur, die imstande war, sich mittels der Pyramiden Naturkräfte nutzbar zu machen, die selbst wir Heutigen nicht annähernd beherrschen, muß über ein ungeheures Wissen verfügt haben, das auch Kenntnisse der Entstehung des Lebens einschloß. Desto dringlicher stellt sich hier abermals die Frage: Woher wußten die Ägypter von Dingen, die erst in den letzten fünfzig Jahren unseren Wissenschaftlern wieder bekannt geworden sind? Hierauf werden wir noch zu sprechen kommen. Welche Kräfte hatten die alten Ägypter darüber hinaus enträtselt, die wir bis heute nicht entdeckt haben? Ich glaube, daß es die Kräfte der Erde sind, das Erdmagnetfeld, ihre Strukturen und die Wirkungen auf unseren Organismus.[1]

Dies alles gilt es neu zu entdecken, zu belegen und zum Wohl der Menschen zu nutzen.

[1] Näheres hierzu im fünften Teil dieses Buches

3. Kapitel: Die Wiederentdeckung der Pyramiden-Heilkraft

Durch Recherche schriftlicher, bildlicher oder architektonischer Quellen aus antiker Zeit können wir zumindest Bruchstücke des theoretischen oder geistigen Rahmens rekonstruieren. Dagegen erfahren wir an den Orten der Wirkungen, markiert durch Bauwerke, praktisch und unmittelbar die Effekte jener Kräfte, die sich die alten Ägypter zielgerichtet zunutze machen konnten. Am Anfang meiner Recherche und am Beginn dieses Buches steht die Beobachtung, daß man in der Nähe der Pyramiden müde wird, und somit die Frage: Was ist die Ursache dieser körperlichen Reaktion?

Kritiker werden einwenden, daß auch Müdigkeit eine recht subjektive Empfindung sei und etwaige Wirkungen einzig durch Vigilanz-Untersuchungen mit einer großen Zahl an Probanden halbwegs zufriedenstellend dokumentiert werden könnten. Wenn wir uns dem Problem auf diese Weise genähert hätten, wären wir geradewegs in die Sackgasse marschiert, in der die meisten Möchtegern-Entdecker landen: bei der Feststellung, daß außer einer möglicherweise guten Idee nichts herausgekommen ist.

Ein Praxistest vor Ort

Ich befand mich, wie schon beschrieben, mit einer Reisegruppe in einem Kairoer Hotel nahe der Cheopspyramide. Die Gruppe bestand aus insgesamt 13 Personen – neun Frauen und vier Männern – zwischen 25 und 68 Jahren. Vor der Reise und vor der Besichtigung des Pyramidenfeldes von Gizeh hatte ich gegenüber den Teilnehmern mit keiner Silbe erwähnt, daß ich sie einem kleinen Experiment unterziehen wollte. Erst nach der Besichtigung lenkte ich das abendliche Gespräch der Gruppe – nennen wir sie Gruppe 1 – unauffällig auf diesen Punkt. Ergebnis: Der bereits vor Jahren von mir beobachtete Effekt der Ermüdung im Umkreis der Pyramiden war den meisten Teilnehmern zwar aufgefallen, sie hatten sich aber, genau wie ich seinerzeit, wenig Gedanken darüber gemacht.

In der Diskussion kristallisierte sich heraus, daß man es allgemein für nützlich hielt, genau zu analysieren, wer an diesem Tag was, wo und wie lange gemacht hatte. Vor diesem Erfahrungsaustausch sollten die Teilnehmer die Begehung des Pyramidenfeldes von Gizeh nochmals Revue passieren lassen und alle Auffälligkeiten notieren, die sie an sich selbst beobachtet hatten. Außerdem bat ich sie eindringlich, bei dem anschließenden Erfahrungsaustausch nur die Punkte einzubringen, die sie sich vorher notiert hatten; was ihnen erst während der Diskussion auffiel, sollte erst einmal unter den Tisch fallen. Hier nochmals der gemeinsame Ausflug im Überblick (siehe Abbildung 3):

- Die Anfahrt vom Hotel zum Pyramidenfeld unternahmen alle 13 Teilnehmer der Gruppe 1 im selben Bus.
- Gegen neun Uhr morgens hielt der Bus auf dem Busparkplatz nordwestlich der Cheopspyramide, und wir stiegen aus.
- Gemeinsam hörte die Gruppe den Reiseführern zu, die außen an der Nordseite der Cheopspyramide erste Erklärungen abgaben.
- Es folgte der Aufstieg in die Königskammer der Cheopspyramide.

  Anmerkung: Eine erste mögliche Erklärung der Müdigkeit? Anstrengung und Sauerstoffmangel im Inneren der Pyramide könnten die Ursache sein.
- Nach dem Besuch der Cheopspyramide wurde das Bauwerk zu Fuß umrundet: von der Nordseite über das nordöstliche Eck der Pyramide, entlang dem östlichen Pyramidenfuß, dann weiter entlang der südlichen Basis bis zum südwestlichen Eck der Cheopspyramide.
- An der Südwestecke der Cheopspyramide wurde eine zwanzigminütige Rast eingelegt.
- Anschließend verlief unsere Route etwa auf der Verbindungslinie zwischen der südlichen Ecke der Cheopspyramide und der nördlichen Ecke der Chephrenpyramide.
- Nach kurzer Verweildauer am Nordosteck der Chephrenpyramide ging es an der östlichen Pyramidenseite weiter, etwa bis zur Mitte der Pyramide.
- Es folgte ein kurzer Stop, um die Tempelruinen zu besichtigen.

- Dann ging es bergab zum Taltempel, bereits mit Blick auf diesen samt Sphinx.
- Dort angekommen, waren die Teilnehmer geschafft, und man legte eine Pause im dortigen Café ein, ehe der Taltempel mit dem Sphinx besichtigt wurde.
- Ende der Begehung des Plateaus gegen 13 Uhr 30.

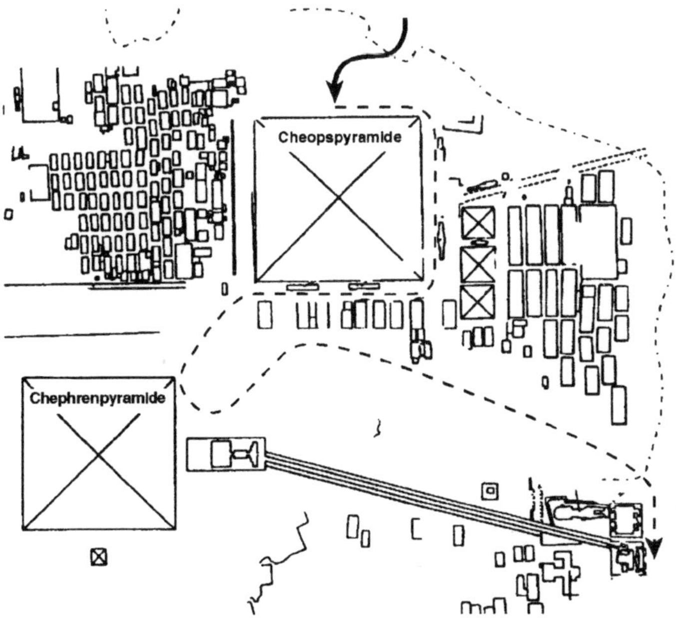

Abbildung 3: Wegeplan der Gruppe 1 im Bereich der Pyramiden von Gizeh

Zusammenfassung der Ergebnisse des ersten Erfahrungsaustauschs

- Alle Teilnehmer berichteten von einer „geistigen Müdigkeit", von Schwierigkeiten, sich zu konzentrieren. Die körperliche Schlaffheit war bei kerngesunden Teilnehmern geringfügig, bei älteren, körperlich schwächeren Teilnehmern deutlich bis dramatisch.

- Einen besonders starken Schub Müdigkeit spürten die meisten Teilnehmer auf der Südseite der Cheopspyramide, etwa in Höhe des nachträglich errichteten Museums für die Ritualbarken, die vor einigen Jahren im Boden vor der Cheopspyramide entdeckt worden sind.
- Zwei Teilnehmer berichteten, daß ihnen schwindelig bzw. unwohl wurde, als sie auf der Verbindungslinie zwischen den beiden Ecken von Cheops- und Chephrenpyramide entlang gingen. Eine Teilnehmerin hatte fluchtartig den Weg verlassen müssen und ging in zwanzig Meter Abstand von dieser gedachten Linie, nun ohne Probleme, weiter.

Ergebnisse der Vergleichsgruppe 2

Etwa ein Jahr später führte ich eine weitere Gruppe – nennen wir sie Gruppe 2 – durch das Pyramidenfeld. Diesmal begleiteten mich 16 Teilnehmer (zehn Frauen und sechs Männer) zwischen 28 und 71 Jahren. Zum Vergleich seien auch hier die Resultate genannt:

- Die Müdigkeit war nur bei zwei weiblichen Teilnehmern – die eine 50, die andere 57 Jahre alt – stark ausgeprägt.
- Die bei Gruppe 1 beobachteten Probleme an der Verbindungslinie der beiden Pyramidenecken traten erneut auf.
- Erstmals traten in zwei Fällen Magenschmerzen auf, die etwa zwei Stunden anhielten. In beiden Fällen handelte es sich um untergewichtige Personen.
- In einem Fall (32-jährige Frau) wurde von Unterleibsbeschwerden berichtet.

Was war im Vergleich zur Gruppe 1 an diesem Tag anders gewesen?

- Die Teilnehmer stiegen, wie die erste Gruppe, am Busparkplatz gegen neun Uhr aus.
- Sie kletterten innerhalb der Cheopspyramide zur Königskammer hinauf, wie die erste Gruppe.
- Erste Abweichung: Sie gingen dann an der Nordseite der Cheopspyramide zum Nordwesteck, sodann an der Westseite entlang, bis sie an der Verbindungslinie der beiden Pyramiden zur Chephrenpyramide hinüberwechselten.
- Zweite Abweichung: Diese Gruppe legte an der Südwestecke der Cheopspyramide keine Pause ein.

- Dritte Abweichung: Sie besuchte die Kammer der Chephrenpyramide und ging dann zum Tempeltal.
- Anschließend Sphinx und Treffpunkt Café.

Der Zufall wollte es, daß sich zwei Teilnehmer der Gruppe 2 während der Begehung zeitweilig abgesondert hatten und die Cheopspyramide im Uhrzeigersinn, also in Richtung Ostseite – Südseite, umrundet hatten, weil sie die Barken im Museum an der Südseite der Cheopspyramide besichtigen wollten. Nur diese beiden Teilnehmer klagten über auffallend starke Müdigkeit. Es mußte also entweder an der Richtung, in der die Pyramide umrundet wurde, oder an einem anderen, noch unerforschten Effekt liegen, daß die Müdigkeit spürbar wurde. Dies war der Beginn der Entdeckung dessen, was in diesem Buch als *Heilkraft der Pyramiden* bezeichnet wird. Erstmals wird hier versucht, eine Antwort auf die Frage zu finden, wie die alten ägyptischen Heiler psychosomatische Erkrankungen behandelt haben dürften.

Soviel schon hier: Wie sich später durch Messungen bestätigte, wie man sie von der Geomantie her kennt, wirken die Ost- und Südseiten der Cheops- und Chephrenpyramide jeweils im Hinblick auf die Psyche und die geistige Vigilanz in der Tendenz „kraftraubend", die Nord- und Westseiten jeweils „kraftspendend".

Schon damals gelang eine weitere interessante Entdeckung: Die Verbindungslinien zwischen den beiden Ecken der Cheops- und der Chephrenpyramide scheinen ein besonderes Diagnosefeld für Drüsenerkrankungen zu sein. In der ersten Gruppe unterschieden sich die beiden Teilnehmer, die auf der Verbindungslinie Unwohlsein verspürten, im Alter, nicht aber im Geschlecht. Beide Frauen hatten eine Schilddrüsenoperation hinter sich. Beide hatten praktisch keine Schilddrüse mehr! Bei beiden traten schlagartig Herzjagen, Schwindelgefühl und Übelkeit auf und verschwanden wieder, sobald sie sich aus diesem Bereich entfernt hatten.

In der zweiten Gruppe trat ebenfalls ein schmerzhaftes Symptom auf, ein Phantomschmerz, denn die Gebärmutter war der Teilnehmerin schon vor Jahren entfernt worden.

Es blieb noch die Beobachtung der beiden Teilnehmer, die über Magenschmerzen klagten. Beide hatten irgendwann einmal ein Magengeschwür mit Erfolg auskuriert. Analysierte man nun, wo sich beide etwas länger aufgehalten hatten, dann stellte sich heraus, daß sie besonders lange vor der Ruine eines Tempelchens vor der Chephrenpyramide stehen geblieben waren.

Auch das war ein durchaus neuer Gesichtspunkt. Erstmals stellte sich mir damals die Frage, ob die Tempelchen oder Minibauwerke, die man später auch als Gräber benutzt hat, womöglich in Wahrheit der Diagnose und sogar der Therapie dienten.

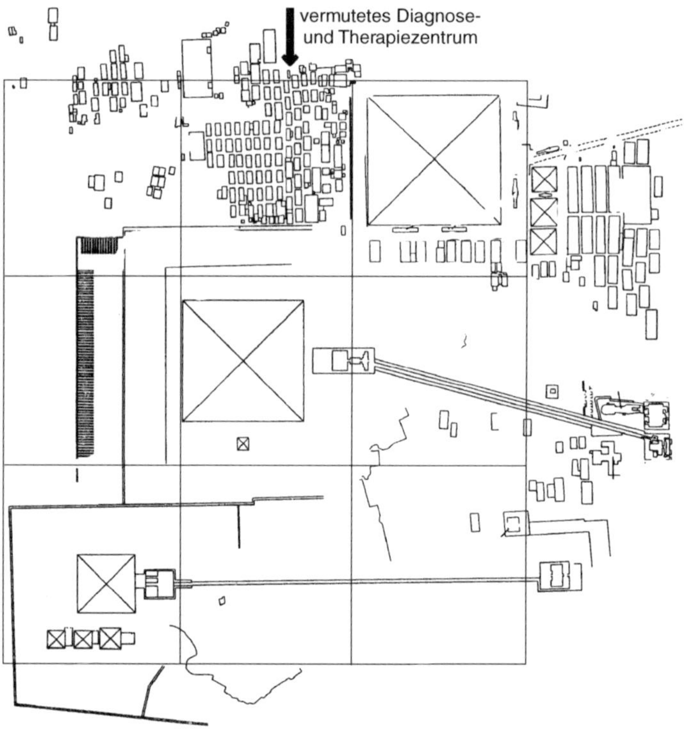

Abbildung 4: Umfeld der Pyramiden. War das sogenannte Gräberfeld in Wirklichkeit eine psychosomatische Klinik?

Auch hier vorab schon die Antwort: Es scheint in der Tat so zu sein. Spätere Geostäsie-Messungen ergaben, daß die Orte der Diagnose und Therapie ganz dicht beieinander liegen, maximal 2,5 Meter voneinander entfernt. Bei den Diagnosestätten scheint es sich um eine Kraft zu handeln, die in die Erde hineinfließt, bei den Therapiestätten um einen Strom, der aus der Erde herausfließt.

Tatsächlich findet man im Umkreis der Pyramiden in den nackten Felsen gehauene Vertiefungen, zum Teil auch mit Steinen umlegt, die von Experten für Geomantie sofort als Orte der Kraft, zum Teil auch als Orte mit unterschiedlicher Kraft ausgemessen werden können.

Was hat es für eine Bewandtnis mit der Mykerinospyramide, dem dritten Bauwerk auf dem Pyramidenfeld? Sie ist etwa halb so hoch wie die Chephrenpyramide. Der Besuch dieser Pyramide führt grundsätzlich – gleichgültig, in welcher Richtung man die Pyramide umrundet – zu einem Abzug an Lebenskraft, Energie, Schwingung oder wie sonst man dieses Phänomen bezeichnen möchte. Es sieht so aus, als ob sie der Gegenpol der beiden anderen Pyramiden ist, eine Art Ableitmechanismus. Je sensibler der Besucher, desto stärker wird er die Entladung seines biologischen Energiekörpers spüren.

Man könnte sich die Funktion dieser Pyramide so erklären, daß die Hohenpriester und der Pharao nach einer Phase zu starker Aufladung sich durch Entladen für das tägliche Leben abschwingen, normalisieren konnten. Demnach wäre die Mykerinospyramide eine Art Schleuse zurück zur Normalität.

Zweiter Teil:
Das Leben im alten Ägypten

4. Kapitel: Der Nacken der Nofretete

Auch wenn unser Interesse den verborgenen Seiten des altägyptischen Lebens gilt, sollten wir einen kurzen Blick in den Alltag der Menschen vor über dreitausend Jahren werfen und versuchen, uns in die geistige Atmosphäre der damaligen Zeit zu versetzen.

So wie die unzähligen goldenen Statuen verschwunden sind, die einst im heiligen Tempel von Karnak nahe dem heutigen Luxor standen, wissen wir von den Künsten und Hochleistungen des alten Ägypten fast nichts mehr. Wir schleichen wie Bettler mit hohler Hand durch die Säulenhallen, bewundern die Ausdehnung der Anlage, die Höhe der Steinmonumente, der Säulen und Obelisken. Doch kaum jemand macht sich Gedanken darüber, daß dieses Zentrum einst stark in das tägliche Leben im alten Ägypten eingebunden war und verschiedene Funktionen zu erfüllen hatte.

Karnak ist der Ort der höchsten Obelisken, der mächtigsten Pylone, und gar mancher spürt bald Schmerzen im Genick, weil man ständig nach oben schaut. Wenn man die Armseligkeit der heutigen Bewohner sieht, ist kaum mehr vorstellbar, daß sich um diesen Tempel herum einst fast eine Million Menschen angesiedelt hatten. Jedoch ist überliefert, daß im alten Theben Vornehme, Handwerker, Händler, Künstler, Priester und Herrscher lebten. Folgt man der Meinung der Ägyptologen, dann haben diese Menschen ohne nennenswerte Hilfsmittel – außer Säge, Bohrer, Deichsel und Polierstein – unglaubliche Hochleistungen vollbracht. Mit Steinhammer und quellendem Holzkeil sollen sie die Steine gebrochen und ohne Flaschenzug und Rad zu Pyramiden aufgeschichtet haben. Mag sein …

Aber warum haben die Ägypter anscheinend keine überragenden technischen Erfindungen gemacht? Vielleicht aus einem ähnlichen Grund wie dem, der uns die tausendjährige Lücke im medizinischen Schrifttum der alten Ägypter zu erklären half: Wenn sie während der Blütezeit ihrer Kultur keine Krankheitsverläufe aufzeichneten, *weil diese Krankheiten aufgrund ihrer umfassenden Präventivmedizin überhaupt nicht auftraten*, könnte es dann nicht ebenso sein, daß sie technische Krücken wie Rad oder Flaschenzug nicht benötigten, weil sie über körperliche und geistige Kräfte verfügten, die wir Heutigen uns kaum mehr vorstellen können? Gerade weil die Archäologen keinerlei Hinweise auf „fortschrittliche" technische Hilfsmittel im alten Ägypten fanden, stellt sich doch die unabweisbare Frage: Welche – geistigen, körperlichen, psychischen – Kräfte ermöglichten ihnen *statt dessen*, all die titanischen Leistungen zu vollbringen, deren Zeugnissen wir noch heute im Tal des Nils am gesamten Flußufer begegnen? Es gibt einen Spruch unter Eingeweihten: Ägypten ist kein Geschenk des Nils, Ägypten ist ein Geschenk der Ägypter.

Nach weit verbreiteter Ansicht entsprang der geistige Funke, der insgesamt dreimal innerhalb der ägyptischen Geschichte – gerechnet vom Anfang des Mittleren Reiches bis zum Neuen Reich – eine Hochkultur vollenden konnte, „aus dem Dunkel der Vorgeschichte". Mit anderen Worten: Was den Ursprung dieser Zivilisation betrifft, herrscht allgemeine Ratlosigkeit.

Nicht wissenschaftlich getreu, dafür durchsetzt mit Gerüchten über die Vorgeschichte der alten Ägypter, möchte ich Ihnen nun von manchem bisher Unbekanntem erzählen. Vieles davon ist aber mathematisch begründet, somit nachprüfbar und überdies geeignet, uns heutigen Europäern in kleinen Experimenten die Welt des alten Ägypten zu erschließen. Anderes hat nicht erkennbar mit Mathematik zu tun, obwohl auch hier Gesetzmäßigkeiten des Universums zugrunde liegen, für die unsere Gehirne noch kein Denkmuster entwickelt haben. In dieser Hinsicht müssen wir uns bei den entsprechenden Experimenten im siebten Teil dieses Buches auf unser Gefühl verlassen. Es ist besser, ein falsches Gefühl auszukosten, als gar keine Gefühle zu haben.

Im alten Ägypten wurde sehr viel mit Gefühl, Schwingungen, Gedankenkraft und Lebenskräften gearbeitet. Ja, es scheint so, als ob man die ersten „Hüter des großen Hauses", die mit dem Titel Pharao belegt wurden, geradezu wie eine Art Bienenkönigin in ihrem Nest gehalten hat. Der Pharao hatte die Aufgabe, von den durch ihn bereitgestellten geistigen Kräften seinem Umkreis und den Untertanen etwas abzugeben. In kleinerer Dimension hatten sämtliche Männer als „Hüter des kleinen Hauses" – der Familien und ihrer Häuser – diese Aufgabe geistiger Kraftaufnahme und -abgabe zu erfüllen.

Anfangs scheint die Besiedlung des fruchtbaren Tals, in dem der Nil nordwärts floß, und der angrenzenden Gebiete dünn gewesen zu sein. Das angenehme, regenreiche Klima begünstigte diesen Landstrich. Es dürfte einem Paradies geähnelt haben – schwer vorstellbar, wenn wir heute die trockene libysche Wüste betrachten. Unser Blick schweift im Umkreis der Bauwerke über eine trostlose Landschaft, und unsere Gedanken münden automatisch in der Vorstellung von einem unendlichen Friedhof. Das war seinerzeit, vor zehntausend Jahren und später, ganz anders. Erst in der Ära von Ramses II. setzte die große Trockenheit ein, die innerhalb weniger Jahrhunderte zerstörte, was sich über Jahrtausende entwickelt hatte.

Solange zu Beginn dieser Entwicklung nur eine kleine Gruppe von Menschen in einem unendlich weiten fruchtbaren Land verteilt war, spielte die Zuweisung von Jagdgründen oder Land keine Rolle. Jeder konnte ernten, was er nicht gesät hatte. Doch irgendwann nach 5000 v. Chr. kam es im Tal des Nils zu einer Bevölkerungsexplosion, wodurch die Notwendigkeit entstand, erstmals das tägliche Leben zu regeln. Damit gelangten auch der erste Streit und alle Wirren und Kämpfe, die wir aus dem europäischen Mittelalter kennen, in dieses altägyptische Paradies. Vergessen waren die Kräfte der ersten Pharaonen, deren Insignien nur noch leere Attrappen, die einige wenige mächtige Ägypter mit List, Gewalt und Grausamkeit zu ihrem Wohl zu erhalten versuchten.

Reformationen und Inquisitionen nach ägyptischer Art veränderten und zerstörten ständig die Überlieferungen der Erzväter und schwächten so zusätzlich die Macht der weltlich und geistlich Regierenden.

Man denke an den Atonkult, auf den ich später noch zu sprechen komme. Es war ein Versuch, das Rad der Geschichte um mindestens zweitausend Jahre zurückzudrehen. Gegen den Willen der konservativen Priesterschaft aber konnte sich keine Idee durchsetzen, welche die Privilegien und Pfründe der etablierten Kräfte gefährdet hätte. Also wurde das Ruder nach dem Tod der Reformer – zum Beispiel Echnatons, des Gemahls der Nofretete – wieder gewaltsam herumgeworfen und bei dieser Gelegenheit zusammen mit Echnatons Kultinsignien auch Altes zerstört. Bis in unsere Zeit überdauerten nur wenige Schätze, etwa Nofretetes Büste, Tut-Ench-Amuns Maske und seine Grabbeigaben.

Diese Reliquien werden von uns wegen ihrer Schönheit verehrt. Millionen von Menschen pilgern in die Museen und Ausstellungen, aber wer schaut einmal genauer auf den Nacken der Nofretete? Zwei kleine, feine braune „Fäden“ ziehen sich aus ihrem Kopfputz bis über den Nacken und die Wirbelsäule hinunter. Wenn es überhaupt eine nützliche Botschaft dieser Büste gibt, dann sind es diese zwei kleinen „Drähte“, die eine Kraft ableiten, von der wir noch hören werden.

Oder nehmen wir Tut-Ench-Amun. Alle Besucher stehen im ägyptischen Nationalmuseum ehrfurchtsvoll vor seiner Maske, doch von den Aufsehern angetrieben, achten sie nicht auf Details. So übersehen sie das wohl wichtigste Instrument eines Pharaos, das dort in einer kleinen Vitrine steht: ein Kopfreif mit zwei Ableitungen auf den Rücken.

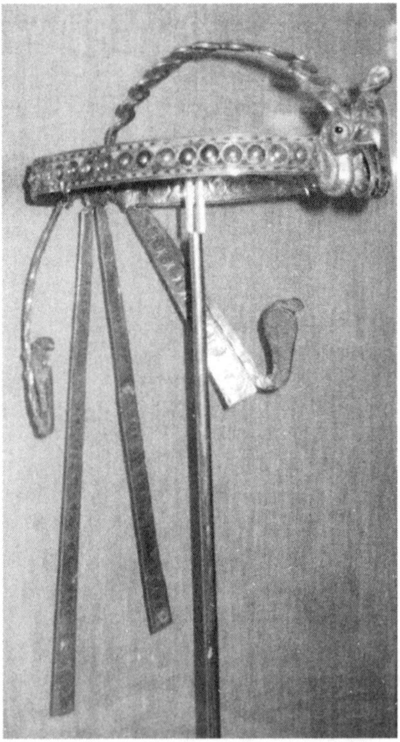

Abbildung 5: Der Kopfreif des Tut-Ench-Amun

Man könnte nun einwenden, daß dies einfach ein phantasievoller Kopfputz sei. Mein Gegenvorschlag: Bauen Sie sich, lieber Leser, diesen phantasievollen Reif doch nach, und setzen Sie ihn sich auf den rasierten Schädel – ein pharaonenwürdiges Erlebnis wird vielen von Ihnen sicher sein. Wer jedoch sein schönes Haupthaar nicht für ein kleines Experiment opfern möchte, kann einen im siebten Teil dieses Buches beschriebenen Ersatzversuch starten: Sie basteln sich mit wenigen Hilfsmitteln und Kupferdraht eine kleine Haube, und siehe da, wer sensibel genug ist, weiß von da an, warum nachägyptische Geistlichkeiten gern ein kleines Käppchen tragen. Diese Käppchen waren etwa bei den Mönchen im Mittelalter sehr beliebt.

5. Kapitel: Altägyptischer Alltag

Die zwischenmenschlichen Beziehungen, das familiäre Leben des Volkes oder die menschlichen Schwächen im alten Ägypten unterscheiden sich kaum von denen in unserer Zeit. Manchmal hat man sogar den Eindruck, daß Künstler unserer Tage altägyptische Gepflogenheiten, Lieblingsbeschäftigungen und Unterhaltungen intensiv studiert haben und mit Erfolg reproduzieren. Tierfabeln, in denen sprechende Tiere lustige Streiche spielten, oder Dramen, die den alten Ägyptern Tränen der Rührung entlockten, lassen sich mit heutigen Musicals wie *Cats* vergleichen.

Geburt eines Kindes

In zahlreichen Dokumenten erfährt der am alten Ägypten interessierte Leser alles Wissenswerte von der Geburt eines Kindes, der Pflege des Säuglings, den Nöten der Schüler, der Seligkeit und dem Liebesleid der Liebenden, den Freuden am Leben, an Festen, am häuslichen Leben, vom großen und vom kleinen Glück. Aber auch die Notschreie an den Rettergott fehlen nicht, die Ängste vor dem Tod, die Mühen der Arbeitswoche, die Ränke, Spitzbübereien und Intrigen.

> Sie legte sich nieder an die Seite ihres Gemahls und empfing von ihm ein Kind. Als die Zeit ihrer Reinigung kam, hatte sie das Anzeichen einer Frau, die empfangen hat. Das Herz des Mannes war darüber sehr, sehr froh. Er hing ihr ein Amulett um und las einen Spruch über sie.[1]

Und schon ging es um die ewig drängende Frage: Junge oder Mädchen? Da die alten Ägypter noch keine Ultraschallgeräte kannten, die schon lange vor der Entbindung das Geschlecht des Kindes zeigen können, griff man zu verschiedenartigen Unter-

---

[1] Brunner-Traut, Emma, Die Alten Ägypter, Kohlhammer Verlag: Stuttgart 1974, S. 50

suchungen. So sollte die Frau mit ihrem Harn Gerste und Emmer befeuchten. „Wenn die Gerste zu keimen beginnt, wird es ein Junge, wenn dagegen der Emmer wächst, bedeutet dies, daß es ein Mädchen wird.“[1]

Es war das Privileg des Vaters, den Namen des erwarteten Kindes zu „erträumen“. Während der Schwangerschaft versorgte er seine Frau mit Ölen und Spezereien, mit Amuletten (als Vorsorge und Schutz) und Sprüchen. War er reich, so brachte er sie in eine der großen Tempelanlagen zu einer Priesterin, die sowohl die Aufgabe der Hebamme übernahm als auch bei gynäkologischen Zwischenfällen eingriff.

Die Weltanschauung im alten Ägypten verband Frömmigkeit und Magie: glauben, aber nichts dem Zufall überlassen. Man bittet Gott, aber man hilft durch Hinweis auf himmlische Analogien nach. Wie es einst in der Welt der Götter geschah, so soll es sich in der eigenen Familie wiederholen. Es war legitim, Gott technische Hilfe zu leisten, indem man selber Hand anlegte, um das Gute zu vollenden.

Reliefbilder an den Gebärhäusern, so etwa im Tempel von Denderra, schildern, wie die Götter das Kind erschaffen und es den Eltern schenken. Ein Geschenk wird stets erwidert, und so besorgten sich die wohlhabenden Eltern kleine Figuren, teils so winzig, daß die Frau sie an einer Kette um den Hals trug, teils größer, um sie als Figurinen im Schlafraum der werdenden Mutter aufzustellen. Arme Leute malten die Bilder der Schutzheiligen – des Gottes Bes, des Nilpferdes Toeris oder des froschköpfigen Heket – auf einen aufgelesenen Felsstein und stellten diese kleine Weihgaben im Haus oder auch im Tempel des Wohnbezirks auf.

Zur Stunde der Niederkunft wurde der Raum gegen alle bösen Mächte, insbesondere gegen die Widersacherin des Re, die Schlange Rerek, systematisch abgeschirmt:

„Halte dich fern von diesem Geburtsplatz des Re, du in deinem Zittern [gemeint ist die Schlange]. Ich bin Re, du in deinem Zittern vor ihm.“[2] Re, der jeden Morgen Wiedergeborene, galt als Sinnbild des Himmels für Geburt und Wiedergeburt.

---

[1] Ebd.

[2] Brunner-Traut, a.a.O., S. 54; Erman, Adolf, Zaubersprüche für Mutter und Kind, Berlin 1901

In der Weltanschauung der Ägypter stellen sich unmittelbar nach der Entbindung die sieben Hathoren, die Parzen Altägytens, um das Neugeborene und bestimmen sein Schicksal sowie die Anzahl seiner Lebensjahre. Erst danach wird der Vater gerufen und gibt dem Kind seinen Namen. Auch die ersten Worte der Mutter sind die Namen des Kindes. Erst mit seinem Namen ist das Neugeborene wirklich existent geworden.

Kindheit und Schule im alten Ägypten

Die Kinder hatten ihr Spiel und ihr Spielzeug. Reifen, Kreisel und Bälle waren ebenso bekannt wie Ratschen und Rasseln, Puppen mit Haaren aus Perlenfäden für Mädchen und Hampelmänner für Jungen, weiße Mäuse, Igel, Pferdchen, Reiter und Krokodile. Wurden die Jungen älter, übten sie sich in Ringkämpfen und sportlichen Spielen. Ob die Hellenen von den Ägyptern die Sitte übernommen haben, sportliche Aktivitäten nackt auszuüben, läßt sich heute nicht mit Bestimmtheit sagen. Sicher ist, daß sie zweitausend Jahre vor den Griechen in Ägypten bereits alltäglich war. Die Spiele der Jungen fanden nicht in der Öffentlichkeit statt, sondern innerhalb des Hauses der Großfamilie.

Später, als die Ägypter gezwungen waren, ein Heer aufzustellen, um sich gegen aus allen Himmelsrichtungen einfallende Stämme zu wehren, kamen Fechtübungen mit Stöcken hinzu.

Kindersegen wurde in altägyptischen Häusern heiß ersehnt. Väter, die gezwungen waren, ihre Frau und ihre Kinder auch nur für kurze Zeit zu verlassen, konnten – so wird überliefert – nachts vor Sorge um die daheim gebliebenen Kleinen kaum schlafen.

Bis 2000 v. Chr. war es Sitte, daß der Vater die herangewachsenen Söhne in sein Handwerk und in seine besonderen Weisheiten einwies, in die er selbst von seinem Vater eingeweiht worden war. Die Mutter wiederum nahm sich der Töchter an. Im alten Ägypten gab es bis zum Mittleren Reich keine Schule, wie wir sie kennen. Es mag Zufall sein oder nicht, Tatsache ist jedenfalls, daß in Ägypten etwa zur gleichen Zeit, in der die gruppenweise Ausbildung der Söhne durch einen Lehrer eingeführt wurde, die bedeutendsten Überlieferungen verloren gingen – Überlieferungen, die wir nun mühsam rekonstruieren müssen, die man aber mit dem richtigen Blick auch heute noch erkennen kann.

> Nützlich ist das Hören für den gehorsamen Sohn …
> Wie gut ist es doch, wenn ein Sohn annimmt, was sein Vater sagt …
> Die Erinnerung an ihn (den Sohn) lebt fort im Munde der Menschen; derer, die jetzt leben, wie derer, die kommen werden.
> Dem gehorsamen Sohn geht es gut auf Erden, er kommt zu hohen Ehren.
> Die Väter empfehlen ihre Lehre, und die Söhne nehmen sie an …[1]

Könnten diese Sätze nicht auch in der Wunschliste eines Vaters aus dem 20. Jahrhundert n. Chr. stehen?

Der artige „altägyptische Sohn“, mittlerweile ein ehrwürdiger Greis, schreibt rückblickend:

> Ich war respektvoll gegen meinen Vater und freundlich gegen meine Mutter.
> Ich zog deren Kinder [die Geschwister] auf.
> Ich warf mich aus Ehrfurcht vor meinem Vater nieder und las laut, was in dessen Lehre geschrieben stand.
> Ich sah das Leuchten in seinen Augen, und da war es köstlicher in seinem Herzen als alles andere, was es in diesem ganzen Lande gab.[2]

Natürlich gab es auch damals schon rebellische Söhne. Eine Empfehlung, wie diese bestraft werden sollten, hinterließ uns Ptah-Hotep in seiner 12. Lehre:

> Wenn du ein angesehener Mann geworden bist, dann beschaffe dir einen Sohn, um Gott gnädig zu stimmen.
> Wenn er geraten ist und sich zu deiner Art wendet, dann erweise ihm alles Gute, dann ist er dein Sohn, dann sollst du dein Herz nicht von ihm scheiden.
> Wenn dein Same aber Zwietracht stiftet,
> wenn er in die Irre geht und deine Weisungen übertritt und sich allem widersetzt, was ihm gesagt wird,

[1] Brunner-Traut, a.a.O.
[2] Ebd.

> wenn sein Mund mit elenden Reden umgeht,
> dann verstoße ihn, dann ist er nicht dein Sohn, dann mache ihn zum Knecht.
> Wer gegen deine Lehre verstößt, ist einer, den die Götter verstoßen haben. Sein Verderben ist schon im Mutterleibe verhängt worden.[1]

Vielen mögen solche Sätze aus dem Herzen sprechen, andere werden sie vehement in Frage stellen. Wir sollten uns allerdings darüber klar werden, daß Ptah-Hotep nicht von allgemeinen Lebensregeln spricht, sondern von der Weitergabe einer uns heute nicht mehr bekannten Geheimlehre. Aus seinen Anweisungen geht hervor, daß die mündliche Weitergabe der geheimen Überlieferungen nur an „Söhne" erfolgen kann, die nicht versuchen, sie mutwillig auszuplaudern. Wir wissen heute, daß diese Sorge berechtigt war: Ägypten ist ein Volk von Knechten geworden.

In einem Text aus der Zeit der 12. Dynastie klingt in der Beschreibung eines „guten Sohns" deutlicher an, daß es hier im Grunde um eine Geheimlehre geht:

> Siehe, ein guter Sohn, wie Gott ihn gibt, ist einer, der eindringt in die alten Schriften,
> der intuitiv beim Lösen des Verknoteten ist,
> der sein eigenes Herz unterwiesen hat,
> der sich selber leitet,
> der nachts wach liegt, indem er die [richtigen] Wege sucht,
> der übertrifft, was er gestern getan hat,
> der sich selbst zu Weisheit belehrt hat,
> der um Rat fragt und sich so verhält, daß man ihn um Rat fragt.[2]

Diese Tafel könnte genausogut aus einer Tempelinschrift stammen. Ersetzen Sie bitte „verknoten" durch „entschlüsseln", „Herz unterwiesen" und „zu Weisheit belehrt" durch „eingeweiht", „um Rat fragt" durch „telephatisch fragt", „Rat geben" durch „telephatisch antworten".

Doch in der 20. Dynastie ist die ägyptische Schule dann zur reinsten Pauke degradiert:

---

[1] Ebd.
[2] Ebd.

Du schlugst mich auf den Rücken, und so trat deine Lehre in mein Ohr ein.
Das Ohr des Knaben sitzt auf seinem Rücken, er hört, wenn man ihn schlägt.
Du bist doch kein Tauber, zu dem man mit der Hand sprechen muß.
Du bist wie ein verdroschener Esel, der am nächsten Tage wieder störrisch ist …[1]

Noch vor hundert Jahren, zur Zeit unserer Urgroßeltern, wären diese Sätze durchaus wohlgefällig aufgenommen worden. Wie sich zwar die Zeiten wandeln, wie aber zugleich alles wiederkehrt … Auch in den Tempelschulen in der Ära des Niedergangs ab 1500 v. Chr. wurde geprügelt:

Als ich in deinem Alter war, da verbrachte ich meine Zeit mit dem Stock. Er war es, der mich gebändigt hat. Drei Monate saß er an mir, und ich war an die Tempelschule gebunden, während meine Eltern und meine Geschwister auf dem Lande lebten. Er wurde erst wieder von mir gelöst, als meine Hand geschickt war und ich den übertraf, der zuvor über mir war, als ich an der Spitze all meiner Kameraden stand und sie in den Schriften übertroffen hatte. Tu du nur, was ich dir sage, dann werden deine Glieder heil bleiben, und schon morgen wird keiner mehr über dir sein.[2]

Dieser Text, mit dem ein Lehrer seinen Schülern seinen eigenen Werdegang schildert, soll dokumentieren, wie weit 3200 Jahre vor unserer Zeit das altägyptische Schulsystem degeneriert war. Es handelt sich hier aber nicht um die Ausbildung im Tempel, die für talentierte junge Priester vorgesehen war und im folgenden Kapitel geschildert wird.

Kehren wir zurück zum Mittleren Reich, das keine Prügelmeister in den Schulen kannte. Hier die Leitsätze eines Lehrers, der über die Geheimnisse eines guten Unterrichts berichtet:

Begegne dem Schüler mit Geduld und ruhigem Sprechen, erziehe ihn dadurch, daß du in ihn Liebe einpflanzt, und erwirb dir als Lehrer Achtung.
Kein Unterricht hat Erfolg, wenn ihm Widerwille begegnet.[1]

---

[1] Ebd.
[2] Ebd.

Lassen Sie uns an dieser Stelle einen kleinen Sprung machen. Angenommen, unser Schüler hat – hoffentlich ohne Prügel – die Schulzeit überstanden, so erwartet ihn nun die Erfahrung der Liebe.

Die Zeit der zarten Bande

Die alten Ägypter waren in ihren Liebesäußerungen sehr scheu. Wer an dieser Stelle hofft, ein Paket voll ägyptischer Erotik aufschnüren zu können, muß leider enttäuscht werden. Nur wenige Äußerungen über intime Beziehungen sind uns aus jener Zeit überliefert, denn sie waren nicht für jedermanns Ohr bestimmt. So scheu, wie die Ägypter mit diesem Thema umgingen, so keusch waren sie. Die große deutsche Ägyptologin Emma Brunner-Traut bescheinigt den Ägyptern: „Zum Ruhme der Ägypter sei's gesagt, daß sie keusch gewesen sind wie kaum ein anderes Volk."[2] Eine Strophe aus einem Liebeslied lautet:

Wie schön blüht die Goldene, blüht
die Goldene, strahlend, und glüht.
Dir musiziert der Himmel mit seinen Sternen,
Dich preisen Sonne und Mond,
Dich rühmen die Götter,
Dir singen die Göttinnen.

Es ist die Zeit der erfüllten und der unerfüllten Gefühle. So zeitlos wie ergreifend klingen die folgenden Verse:

Die Liebe der Geliebten ist auf dem anderen Ufer,
der Fluß ist zwischen uns,
und auf der Sandbank lauert ein Krokodil.[3]

Könnten diese Zeilen nicht die altägyptische Version des Liedes von den zwei Königskindern sein, die nicht zueinander kommen konnten, weil das Wasser viel zu tief war? Und klingen die folgenden poetischen Worte nicht wie eine Vorlage zu *Romeo und*

[1] Ebd.
[2] a.a.O., S. 79
[3] Ebd.

Julia? „Mit der Morgensonne verengt der Abschied den Liebenden das Herz …“[1]

Die Macht der Sehnsucht, das Glück der Erfüllung, der Schmerz der Trennung, alle Gefühle, die wir heute kennen, verliehen auch vor fünftausend Jahren schon einem Menschenleben Fülle, Tiefe und Reiz.

Die Feste

Alle Feste im alten Ägypten wurden im Bewußtsein des Lebenden gefeiert, daß er nach seinem Tod an diesen schönen Ort nicht mehr würde zurückkehren können.

Frauen und Männer feierten gemeinsame Bankette, wenn auch auf verschiedenen Seiten des Raums sitzend. Sie verspeisten die Leckerbissen, die der Wirt einem jeden Gast auf einem eigenen Schemel serviert hatte. Aus Schalen tranken sie Wein, der damals schon sowohl nach Sorte als auch nach Jahrgang gelagert wurde, und lauschten den blinden Musikern, die auf Harfe, Laute und Flöte musizierten. Zu musizieren war das Privileg der Blinden. Ihre Kunst sicherte ihnen eine angemessene Existenz, denn anders konnten sie sich kaum nützlich machen. Tänzerinnen, nur mit einem schmalen Gürtel um die Hüften bekleidet, tanzten für die Gäste des Gelages. Der Duft von Zitronen und Lotusblüten zog durch den Gastraum.

Aus einer Beschreibung aus ptolomäischer Zeit wissen wir, daß Fröhlichkeit im Weltbild der Ägypter auf Weisung der Götter erwünscht war. Ein Osiris-Priester ließ auf seinen Sarg schreiben:

> … und die mit Schleiern bekleideten Frauen, vollkommenen Leibes, mit langen Locken und mit straffen Brüsten, waren reich mit Schmuck, mit Parfümkegeln und mit Lotosblumen geziert. Ihre Stirn war umwunden mit Schlingpflanzen, alle waren trunken vom Wein. Ihr Duft waren die Schätze von Punk, während sie schön tanzten …[2]

Gegen Ende des alten Ägypten begannen sich weltliche und geistliche Freuden zu vermischen. Sinnlicher Genuß und reli-

---

[1] Ebd.

[2] Ebd.

giöses Verlangen wurden aufeinander abgestimmt. Das Götterpaar Hathor von Denderra und Horus von Edfu bildete das Zentrum eines astronomisch bestimmten, mythologisch begründeten Festzyklus. In der Spätzeit reiste die Göttin Hathor von Denderra alljährlich auf einer Nilbarke für 15 Tage zu ihrem Gemahl Horus von Edfu. Das ägyptische Volk an Land verbrachte diese Tage in „jauchzendem Liebesglück". Es war die Hochzeit der Geschlechter.

Der Tod

In seinem Glauben an göttliche Hilfe im Angesicht des Todes steht der fromme Altägypter dem Christen nicht nach. Er fleht seinen Gott um Rettung an, er preist ihn als den Herrn der „Erneuerung"[1].

„Der Tod steht heute vor mir wie der Duft von Myrrhen." Müde von der Last der Lebensjahre, enttäuscht vom Leben im Alter, die einen mehr die materielle Not, die anderen Krankheit und physische Leiden beklagend, so äußern sich die Ägypter in der Ära des Niedergangs ihres Reiches in ihren „letzten Schriften".

Aus der altägyptischen Hochkultur kennen wir solche Zeugnisse nicht. So fragt sich Emma Brunner-Traut[2], „ob denn die Menschen am Beginn der geschichtlichen Ära, jene Giganten des Geistes und der kulturellen Hochleistungen, in der ‚guten alten Zeit' überhaupt des Arztes bedürftig waren. Eine Musterung der gesundheitlichen Verhältnisse unserer Ahnen aus der Pharaonenzeit gibt die Antwort, daß sie nicht weniger krank waren als wir ..."

Was könnte es gewesen sein, das die ersten Ägypter regenerierte, beständig ihre Gesundheit erhielt? Was war das für ein Wissen, welche Techniken kannten sie, die später verloren gingen oder zerstört wurden? War es die Heilkraft der Pyramiden und Obelisken und der Orte der Heilung in deren Umfeld?

[1] Dieser Begriff erinnert an den Wiedergeburtsglauben.
[2] a.a.O., S. 145

6. Kapitel: Die Priester

448 vor unserer Zeitrechnung, also rund hundert Jahre nach Pythagoras und etwa 130 Jahre nach Thales von Milet, besuchte der aus Samos stammende antike Reisejournalist, Kriegsberichterstatter, Orakelsachverständige und Wanderlehrer Herodot Ägypten.

„Ägypten", so schreibt er, „interessiert mich, weil es sehr viel Wunderbares enthält im Vergleich zu jedem anderen Land und Bauwerke aufweist, die größer sind, als sich sagen läßt."[1]

Wir können uns glücklich schätzen, daß es damals den reise- und schreibfreudigen Griechen Herodot gegeben hat. Denn bei der Verschwiegenheit der anderen griechischen Ägyptenreisenden hätten wir schwerlich so viele brauchbare Hinweise auf die Sitten und Gebräuche der Menschen erhalten, die schon zu Herodots Zeiten seit Jahrtausenden an den Ufern des Nils lebten. Genaugenommen waren die Ägypter – die ersten Pharaonen werden etwa auf 3200 v. Chr. datiert – damals schon mindestens 2800 Jahre am Nil ansässig. Man muß sich das genau ausmalen: Das sind achthundert Jahre mehr als das heutige Alter der christlichen Religion!

„Bei den Ägyptern ist alles anders als anderwärts", schreibt Herodot. Vieles von dem, was er sah und was ihm auffiel, verstand er nicht. Herodot hatte aber eine Eigenart, der wir viel verdanken: *Er schrieb alles auf, was er sah.*

Der aufmerksame Leser dieser Reisebeschreibungen wird bemerken, daß Herodot immer dann, wenn es aus seiner griechischen Sicht in „göttlichen Angelegenheiten" der Ägypter Stellung zu beziehen galt, seine eigenen Gedanken nicht weiter ausführte, sondern sich auf reine Sachbeschreibung beschränkte. So fiel ihm auf, daß die Frauen die Tagesgeschäfte fest in der Hand hatten: Sie kauften und verkauften auf dem Markt und bestimmten, was getan werden mußte, während ihre Männer zu Hause saßen und zum Zeitvertreib webten!

---

[1] Herodot, Historien II, Goldmann Verlag, München 1961

Die soziale Alterssicherung der Eltern beschreibt Herodot ausführlich: „Die Söhne waren nicht verpflichtet, für ihre Eltern zu sorgen, wenn sie es nicht wollten. Die Töchter hingegen waren hierzu verpflichtet, auch wenn sie nicht wollten.“[1]

Für diese recht ungewöhnliche Sitte gibt es verschiedene Erklärungen. Man sollte bedenken, daß das Pharaonenreich anfangs als Mönchs- oder Priesterstaat konzipiert gewesen sein muß, so wie wir dies von Tibet bis in dieses Jahrhundert hinein noch kannten. Die von Herodot beschriebene Regelung befreite die Söhne von allen familiären Pflichten, so daß sie sich – wenn sie wollten – den geistigen Übungen in den Priestergemeinschaften unbekümmert hingeben konnten.

„Von diesen Ägyptern“, berichtet Herodot weiter, sei „bekannt, daß sie an drei Tagen im Monat Abführmittel gebrauchen und versuchen, durch Erbrechen und durch Klistier ihre Gesundheit zu erhalten“. Herodot erwähnt auch, „daß neben den Libyern die Ägypter die gesündesten Menschen sind“. Und weiter:

> Statt sich auf den Straßen anzureden, beugen sie sich tief nieder und senken die Hand bis zum Knie herab. Sie tragen leinene Leibröcke, die an den Schenkeln mit Troddeln versehen sind. Auf ihnen aber tragen sie weiße Wollmäntel …
> In den Tempeln darf Wollkleidung nicht angelegt werden, noch dürfen sie in solcher Kleidung begraben werden, denn das sei nicht fromm.[2] Sie stimmen hierin mit den Orphikern und Bachikern, die Ägypter und Pythagoräer sind, überein.[3]
> Bei den Begräbnissitten fällt auf, daß sich die Frauen, falls ein Mensch verstorben ist, den Kopf mit Lehm bestreichen …[4]

Solche ägyptischen Sitten sind nicht zufällig entstanden, sondern fußen auf einer uns heute noch unbekannten Wissenschaft. Psychiater sollten einmal ernsthaft untersuchen, ob hier nicht

---

1 Herodot, Historien II, a.a.O., S. 35

2 Wolle ist tierischen Ursprungs, schwingt demnach in einer niedrigeren Frequenz als der Mensch. Wolle würde somit der Schwingungsfrequenz des Menschen schaden.

3 Das deutet darauf hin, daß Pythagoras als ägyptischer Missionar in Griechenland tätig war.

4 a.a.O.

der Ansatz für eine Therapie aufgezeigt wird, um schwere Depressionen mit Kopfhauben aus abschirmenden Material statt mit Medikamenten zu behandeln.

Dank Herodot sind wir in der Lage, die Gebräuche in den Tempeln der Ägypter sehr genau zu rekonstruieren. Außerdem ergänzen seine Beschreibungen viele Passagen der fünf *Bücher Moses*. Herodot schreibt:

> Während die Priester anderswo langes Haar tragen, laufen die ägyptischen Priester mit rasierten Schädeln herum …
> Jeden dritten Tag rasieren sich die ägyptischen Priester ihren ganzen Körper, damit sich weder eine Laus noch anderes Ungeziefer an ihnen zeige, während sie den Göttern dienen …

Hier allerdings irrte der Weise: Dieses Ritual hatte mit Sicherheit nichts mit Ungezieferbekämpfung zu tun. Wenn man das altägyptische Wissen um die Auf- und Abschwingung des menschlichen Organismus kennt, weiß man, daß Körperhaare wie kleine Antennen wirken. Die Vielzahl dieser kleinen Antennen beeinflußt stark die Aufladung und das Abladen (Ausströmen) von Bioschwingungen. Weiter mit Herodot:

> Die Priester tragen Schuhe aus Papyrus und Kleider aus Leinen, die immer frisch gewaschen sind, worauf sie besonders achten. Andere Kleider und andere Sandalen dürfen sie nicht tragen …
> Sie baden dreimal am Tag in kaltem Wasser und zweimal in der Nacht. Auch vollziehen sie andere unzählige fromme Bräuche …

Herodot führt an anderer Stelle noch aus, daß diejenigen, die in dem landwirtschaftlich kultivierten Teil Ägyptens wohnen, am intensivsten die Erinnerung an die Vergangenheit aller Menschen pflegten und die Gelehrtesten von allen Ägyptern seien[1].

Alltag im „Haus des Lebens“

Auch aus dem Leben der Priester weiß Herodot bemerkenswerte Einzelheiten zu berichten: Der Alltag im „Haus des Lebens“ –

[1] Ein weiterer Hinweis auf das Vorhandensein einer altägyptischen Geheimlehre

wie die Tempel in der vordynastischen Zeit genannt wurden, als sie noch einfacher gebaut waren, meist mit einem Steinwall, später mit einer besonderen Art von strukturierter Nischenmauer umgeben – wurde in drei Zeitabschnitte eingeteilt:

- Ruhephase, d.h. auf einer Grundschwingung verharren, etwa während des Schlafs,
- Übungsphase, d.h. auf die höchstmögliche Bioschwingung aufladen, und
- Arbeitsphase, d.h. den Dienst im „Haus des Lebens" verrichten, lernen oder lehren sowie arbeiten.

Herodot vermittelt uns weitere Informationen, aus denen hervorgeht[1]: Die Priester

- durften keine Kopftücher oder Perücken tragen,
- durften keine Bohnen essen,
- hatten ständig Natron zu kauen,
- mußten sexuelle Abstinenz üben,
- mußten sich vor dem Betreten des Tempels in einem besonderen Priesterbad rituell reinigen,
- hatten sich beim Verlassen des inneren Tempelbezirks einer ähnlichen Prozedur zu unterziehen.

Ursprünglich gab es keine „beamteten" Priester, also „Diener des Hauses", die vom „Haus des Lebens" bezahlt wurden. Die Ämter wurden vom Vater auf den Sohn weitergegeben. Die Männer waren in jeder Weise von Verpflichtungen gegenüber ihrer Familie befreit, um sich dem Dienst im Haus des Lebens widmen zu können. Aus dieser Zeit scheint die ägyptische Sitte zu stammen, daß die Frauen auch für die Versorgung der Eltern verantwortlich waren.

Später, als die Tempel zu selbstversorgenden Wirtschaftseinheiten aufstiegen – so gehörte der Priestergemeinschaft des Tempels von Karnak fast ein Drittel des Reichs – spielte der Mann nicht mehr den Mittler zwischen dem „Haus des Lebens" und dem „Haus der Familie". Die Männer konnten keine „Energie" aus dem „Haus des Lebens" mit nach Hause nehmen. Der Niedergang des altägyptischen Lebensprinzips setzte ein. Es entwickelte sich der Beruf des Tempelpriesters.

[1] Historien II, a.a.O., S. 35f.

Abbildung 6: Studierender Priester

Wer heute Ägypten besucht, wird in den Reliefdarstellungen an allen Tempeln einzig den Pharao im Verkehr mit den Göttern zu sehen bekommen. Von den Priestern ist nichts zu sehen, obwohl der Betrieb der Häuser ihrer Götter in ihrer Hand lag. Inschriften, Papyri und Zeichnungen informieren uns heute über ihre Tätigkeit, ohne jedoch die Priester selbst zu zeigen. Das ist nicht verwunderlich, wenn man bedenkt, daß auch im heutigen Vatikan nicht das Heer der Priester, Nonnen und Mönche, sondern einzig der Papst die Ehre hat, für die Nachwelt verewigt zu werden.

Die Tempelhierarchie

Die Organisation der Priesterschaft eines Tempels war in fünf namentlich unterschiedene „Phylen“ unterteilt, die sich wiederum aus zwei Untergruppen zusammensetzten. Nach einem bestimmten Zeitplan wechselten sich die Diener des Tempels ab, so daß jede Phyle nur 72 Tage innerhalb eines Jahres von 360 Tagen arbeitete. Wir erkennen hier die heiligen Zahlen 72 und 36, nach denen die Einteilung vorgenommen wurde. Ägyptologen machen heute folgende Rechnung bezüglich der Personalstärke eines Taltempels im Pyramidenumfeld auf:

- Je Gruppe (Phyle) werden vierzig Priester angesetzt, das ergibt einschließlich Oberpriester, Schreibern und Künstlern etwa 250 - 300 Personen. Jede Gruppe (Phyle) wurde von einem Gruppenleiter angeführt. Innerhalb der Gruppe gab es

- Gottesdiener (Hem-netzer), die den Kult ausführten, von Eingeweihten in geheimen Schriften auch „Gottesarbeiter" genannt,
- Uah-Priester für die niederen Dienste, in dieser Gruppe befanden sich die Auszubildenden und diejenigen, die noch nicht die höchste Stufe erreicht hatten, sowie
- die Chentiu-sche für die manuellen Arbeiten, wie zum Beispiel Reinigung, Pflege des Tempels, Bestellung der tempeleigenen Felder und des Kräutergärtleins (Rauschmittel) innerhalb des Heiligtums.

Pflichten und Pfründe der Priester

Die Aufgaben der Priester bestanden in den täglichen Opferungen am Morgen, Mittag und Abend für die Öffentlichkeit und den Riten für den inneren Kreis der Tempelpriester zwischen Sonnenuntergang und Mitternacht.

An großen Festtagen, wie zum Beispiel am Neumondstag, am Hator-Fest oder am Fest der Götterinsignien, oblag den Priestern die Gestaltung der öffentlichen Feiern für das Volk.

Mit dem Niedergang des ägyptischen Reichs wurde die Ernennung zum Priester mit einer Vergütung in Lebensmitteln oder Feldern, auf denen Früchte angebaut wurden, verbunden. Die Buchhaltung eines Tempels aus der Zeit Sesostris' II. führt als tägliche Einnahmen 390 Brotlaibe sowie 234 Krüge Bier auf. Der Abfluß durch Opfer oder Auszahlungen an Totenpriester, die sich nicht im Tempelbezirk aufhalten durften, wurde mit 340 Broten sowie 85 Krügen Bier vermerkt. Der Rest wurde auf die Priester im Tempel aufgeteilt. Zu dieser Zeit ist das Tempelbeamtentum bereits zu einem beachtlichen Wasserkopf aufgebläht. In den Buchhaltungsakten werden folgende Personen aufgeführt (in Klammern zum besseren Verständnis Begriffe aus heutiger Zeit):

- der Bezirksvorstand und Leiter des Tempels,
- der Phylenvorstand oder Gruppenleiter,
- der oberste Ritualpriester (Einweiher),
- der Buchhalter des Tempels (Verwaltungschef),
- der gewöhnliche Ritualpriester (Lehrer),

- der Balsamierungspriester (Gruppenleiter der Totenpriester),
- der Aushilfspriester (zur besonderen Verwendung),
- der Libationspriester,
- die königlichen Reinigungspriester (Bademeister),
- der Polizist (Sicherheitspriester),
- die Türhüter (Wachpersonal),
- der Tempelarbeiter (Hausmeister).

Uralte Titel wurden Jahrtausende lang gepflegt, so zum Beispiel die Anreden

- „Größter der Handwerker",
- „Größter der Lehrer",
- „Größter der Schauenden",
- „Oberster der Geheimnisse des Gottesstabes",
- „Oberster der Ritualpriester",
- „Oberster Schreiber des Gotteswortes" (Geheimschriftsachverständiger).

Die Priesterschaft der Tempel war in tempeleigenen Dienstwohnungen in unmittelbarer Nähe des Heiligtums untergebracht. Die Vielzahl der angenehmen Privilegien führte mit den Jahrhunderten dazu, daß jeder Ägypter ein Amt anstrebte und Titel sammelte, die mit Vorteilen verbunden waren. Aber dieser – dem 20. Jahrhundert nur allzu vertraute – Aspekt des alten Ägypten soll uns hier nicht weiter interessieren.

Werfen wir statt dessen rasch noch einen Blick auf das geistliche Zentrum. Der damalige „Vatikan" der Geistlichkeit befand sich in Heliopolis, das heute inmitten von Kairo liegt, einige Kilometer von den Pyramiden von Gizeh entfernt. „On" nannten die alten Ägypter diesen Ort, und auch in der Bibel trägt Heliopolis diesen Namen. Von den einstigen Anlagen ist heute überhaupt nichts mehr zu sehen. Wir könnten uns kaum mehr eine Vorstellung davon machen, was für ein reger Betrieb hier vor 2400 Jahren noch herrschte, wenn uns Herodot nicht auch davon berichtet hätte. Neue Weltanschauungen, die ab 350 v. Chr. ins Land kamen, die Griechen, später die Römer, die Christen, die Muslime, die nacheinander das Land besetzten, sorgten dafür, daß das fast viertausend Jahre alte geistliche Zentrum der Ägypter dem Erdboden gleichgemacht wurde. Heute erhebt sich auf einer Wiese, umgeben von einer Wohnsiedlung, nur noch ein Obelisk, der nachträglich von deutschen Ägyptologen wieder dorthin gebracht wurde. Er soll den Ort markieren, wo einstmals, nach der Überlieferung der alten Ägypter, Gott seinen Fuß auf diese Erde setzte. Sie haben richtig gelesen, liebe Leser: Es soll der Platz des sogenannten Urhügels sein, der Erhebung, die, als die Fluten der Erde wichen, als erste aus dem Wasser aufstieg.

Abbildung 7: Der Obelisk von Heliopolis

Die Ausbildung der Priester

Versuchen wir nun über Heliopolis zeitlich so weit zurückzureisen, daß wir die frühere Ausbildung vom Priester bis zum Pharao besser verstehen können. Nehmen wir an, ein junger Ägypter hat sich entschieden, als Priester zu leben, und die in jeder klösterlichen Gemeinschaft üblichen Vorbereitungszeiten für die endgültige Aufnahme absolviert. Nach dieser Phase beherrscht er

- den Schlaf-Wach-Rhythmus der Schule,
- die Regeln der Ernährung, z.B. das Gebot, nur zwischen Sonnenaufgang und Sonnenhöchststand zu essen,
- die Technik, seinen Geist im Schlaf und im Wachzustand auf Reisen zu schicken,
- die räumliche Tempelordnung, d.h. er weiß, warum er sich an bestimmten Orten des Tempels nicht aufhalten soll.

Kurz gesagt: Er hat ein Grundprogramm der Ausbildung und zugleich eine charakterliche Prüfung mit Erfolg bestanden. Nun schickt er sich an, ein Teil der Priesterschaft zu werden. Seine Einweisung beginnt.

Die Tafel, die der Novize betrachten sollte, war weiß. Auf der Tafel war nichts zu sehen – wie auf einer leeren Buchseite!

Es mag Tage, Monate, ja sogar Jahre gedauert haben, bis der angehende Priester den Sinn dieser Tafel erkannte – der ersten in einer Reihe von Tafeln, deren steingewordene Weisheit er in sich aufzunehmen hatte. Auf diese Weise bestimmte sein Talent selbst das Tempo seiner Ausbildung, denn mogeln konnte er nicht. Selbst wenn ihm ein wohlmeinender Mitnovize einen Tip gab, nützte ihm das wenig, da erst mit der wahrhaftigen Erkenntnis dieser Tafel eine neue Fähigkeit in ihm erwachte, ohne die seine Ausbildung zum Priester nicht fortschreiten konnte.

Heute kann man über dieses Geheimnis reden, denn zur Zeit wird nirgends auf der Welt nach dieser Methode öffentlich ausgebildet. Auch könnte kein Leser dieses Buches das so gewonnene Wissen anwenden, da sich die damit verbundene Fähigkeit nicht allein dadurch erlangen läßt, daß man das Geheimnis dieser leeren Tafel verstandesmäßig erkennt.

Worum ging es bei diesem ersten Schritt der Ausbildung? Der ägyptische Novize mußte nicht nur begreifen, was die weiße Tafel bedeutete – er mußte so lange darüber nachdenken, bis er wußte, wie er sich den Sinn und die Bedeutung dieser und der anderen Tafeln schneller aneignen konnte.

Goethe läßt seinen Faust im Eröffnungsmonolog sagen: „Wie spricht Geist zu Geist?“ Die Frage bleibt bei Goethe, der von dieser Ausbildung gewußt haben muß, scheinbar unbeantwortet im Raum stehen. Die Antwort auf genau diese Frage aber mußte schon unser junger Novize im antiken Ägypten für sich allein finden: Sie bildete die Grundlage seiner Einweihung.

Stellen auch Sie sich bitte diese Frage: „Wie spricht Geist zu Geist?“ Was würden Sie spontan antworten?

Rein semantisch gesehen könnte man antworten: „Geist kann zu Geist nur geistig sprechen.“ Das ist zwar eine richtige erste Antwort, aber sie führt den Novizen zu der nächsten Frage: „Wie spreche ich mit einem anderen Menschen – Wesen, Gott was auch immer – im Geiste?“ Die entscheidende Antwort lautet hier: „Geist und Geist sprechen miteinander in Gedanken.“ Dieses Sprechen in Gedanken mußte der angehende Priester nun erlernen.

Wenn er gelernt hatte, auf diese Weise – durch Gedankenübertragung – von Geist zu Geist zu sprechen, konnte er auch einem anderen, klügeren Geist Fragen stellen, zum Beispiel: „Was bedeutet diese Tafel?“

Der klügere Geist antwortete ihm auf demselben Weg, also im Geiste, und wurde so, wo auch immer er sich befand, zu seinem Einweiser. Wir können davon ausgehen, daß es ein „Meisterpriester“ war, dem er zwar täglich begegnete und mit dem er in Verrichtung anderer Pflichten ständig beisammen war, der sich aber nicht zu erkennen geben durfte.

Fassen wir zusammen: Der Unterricht des angehenden Priesters im alten Ägypten erfolgte von Geist zu Geist – telepathisch. Dies ist der erste Teil seiner Ausbildung und die Antwort auf die erste Tafel.

Lerne von Geist zu Geist sprechen.
Lerne von Geist zu Geist richtig fragen.
Lerne die Antwort richtig zu erhören.
Lerne die Anwort richtig zu verstehen.[1]

[1] Basiert auf einer privaten Mitteilung des bedeutenden Esoterikers Theodore Appia (gest. 1984) anläßlich eines Gesprächs, das der Autor 1974 in Genf mit Appia führte.

Aber bis es so weit war, konnten, wie gesagt, Jahre vergehen. Unser junger Ägypter saß vor seiner Tempelsäule mit der Tafel, auf der nichts zu sehen war, und durchlebte in Geduld die erste Etappe seines Ausbildungswegs, bis er fähig wurde, Fragen zu formulieren. Die entscheidende zweite Frage lautete:

„Was bedeutet diese Tafel, auf der nichts zu sehen ist?"

Die Antwort kam auf demselben Wege, auf dem er gefragt hatte: „Die Tafel zeigt das ‚Alles'."

Im nächsten Schritt mußte der so belehrte Anfänger lernen, diese Antwort zu verstehen. Versuchen wir einmal, diesen Schritt zu rekonstruieren:

- Nichts zu sehen, kann bedeuten: Da ist nichts.
- Alles zu sehen, kann bedeuten: vor lauter „Alles" keine Details, demnach nichts zu sehen.
- „Nichts" kann nicht miteinander aus unterschiedlichen Teilen vermengt werden, denn wo nichts ist, kann nichts vermengt werden.
- „Alles" hingegen kann vermengt sein.
- „Alles" kann unvollkommen vermengt sein, dann erkennt man unregelmäßige Strukturen.
- „Alles" kann vollkommen vermengt sein, dann erkennt man regelmäßige Strukturen.

Demnach: Wenn man nichts sieht, kann man vermuten, daß das „Alles" homogen vermengt ist. Damit wäre die erste Runde der Erkenntnisse vor der Tafel, auf der nichts zu sehen ist, abgeschlossen.

Aber war das wirklich „alles", was es auf dem Weg zur Wurzel allen Wissens zu entdecken gab? Natürlich nicht, denn dies war nur der faszinierende Einstieg in die unsichtbaren Strukturen unserer Schöpfung. Wollen wir noch eine Runde universeller Gedanken an uns vorbeiziehen lassen?

- Da alles gleich ist, sind keine Unterschiede zu erkennen. Welches ist die einfachste Formel, die es zu entdecken gibt?
- Alles kann gleich sein, weil alles aus ein- und demselben besteht.
- Alles kann gleich sein, weil alles aus zwei, drei, vier … Verschiedenen besteht.
- Im ersten Fall würde etwas, das ausschließlich aus *einem* Etwas besteht, keine Strukturen haben, weil es keinerlei Unter-

schiede gibt, somit auch keinerlei Strukturen zu identifizieren wären.

- Im zweiten Fall gibt es vier Möglichkeiten:
  1. Möglichkeit: Es besteht aus zwei unterschiedlichen Etwas', die aber harmonisch miteinander verbunden sind.
  2. Möglichkeit: Es besteht aus mehr als zwei unterschiedlichen Etwas', die ebenfalls homogen miteinander vermischt sind.
  3. Möglichkeit: wie 1., aber disharmonisch.
  4. Möglichkeit: wie 2., aber disharmonisch.

Die Lösung für das einfachste Denkmodell lautet somit: Das geordnete „Alles“ besteht aus mindestens zwei unterschiedlichen Etwas', die vollkommen miteinander vermischt sind. Wir erleben hier die ersten Ansätze zur Geburtsstunde eines dualistischen Denkens, wie es im alten Ägypten überall nachzuweisen ist. Eingeweihte und alte Schriften weisen immer auf dieses duale Prinzip hin:

- Gott – Teufel,
- gut – böse,
- hell – dunkel,
- naß – trocken und so fort.

Suchen wir also für das Modell, nach dem alles aus zwei Zustandsformen besteht, die homogen miteinander vermischt sind, die einfachste Darstellungsform und versuchen eine erste Gesetzmäßigkeit abzuleiten. Bei unserem Ausflug im Geiste war dies die einfachste definierbare Form der Dualität:

Das Gegenteil von „Alles“ ist „Nichts“.
Das Gegenteil von „Nichts“ ist „Alles“.

Wenn diese beiden Zustandsformen homogen miteinander vermischt werden, wie könnte man diese Mischung für unser Auge in einem Modell sichtbar machen?

In den Tempeln Ägyptens gab es hierfür eine Lösung: Man wählte das Symbol des Schachbretts. Wählen wir Schwarz für „Alles“, dann steht Weiß für „Nichts“ und umgekehrt. Im einfachsten Modell sieht das so aus:

Alles	Nichts
Nichts	Alles

In Farben ausgedrückt:

Weiß	Schwarz
Schwarz	Weiß

In Zahlen ausgedrückt:

1	0
0	1

Wenn wir „1“ und „0“ jeweils diagonal miteinander verbinden, entsteht in dieser einfachsten Vermischung ein „X“.

Das „X“ ist zugleich die kleinstmögliche Darstellung einer homogenen Vermengung und die Schnittstelle, aus der sich in der Weltanschauung der alten Ägypter die inneren Gesetze des Universums und der Realität alles Geschaffenen ableiten.

Unser ägyptischer Priesterstudent dachte sich wohl auf diese oder ähnliche Art und Weise an die Aussage der ersten Tafel, auf der „Nichts“ oder „Alles“ zu sehen ist, und an ihre Bedeutung heran. Vielleicht war ihm durch seine weltliche Erziehung, die er vor seinem Eintritt in den Tempeldienst genossen hatte, schon eine Grundlage zu diesem Denkmodell vermittelt worden, so daß es ihm leichter fiel, diesen Teil der Lösung zu finden.

Vergegenwärtigen wir uns jedoch, daß er nicht den ganzen Tag vor seiner Tafel meditieren konnte. Neben dieser Aufgabe hatte er ja noch andere Pflichten des täglichen Tempeldienstes zu erfüllen. Er mußte baden, seinen Körper enthaaren und alle anderen Dinge und Dienste verrichten, die das Leben in einer Tempelschule mit sich brachte.

Aber eines Tages war es so weit: Ohne mit dem Mund zu sprechen, fragte er, bekam Antwort und wußte, daß er sich anschickte, den eigentlichen Ausbildungsgang in seinem Tempel zu beginnen.

[1] Im übrigen ist das „X“ auch das Symbol der römischen Zahl 10.

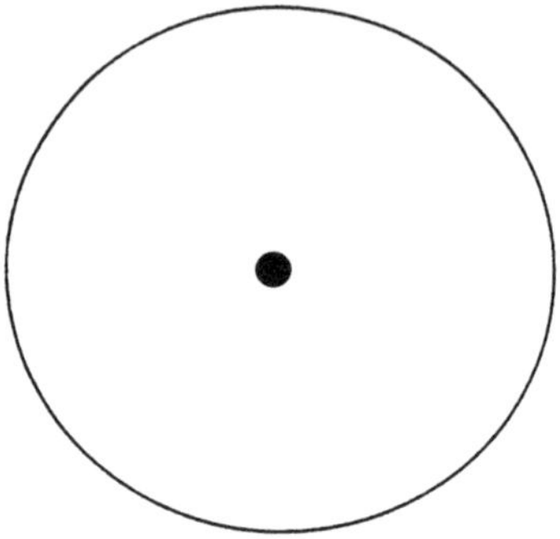

Abbildung 8: Der Priesterschüler erfährt, daß der Punkt in der Mathematik des Geistes dem erwachten Bewußtsein entspricht, das aus einer homogenen Vermischung des „Alles“ hervorgegangen ist. Die erste Tafel wird in der Mathematik des Geistes mit der 0, dem Symbol für „Alles“, gleichgesetzt. Diese zweite Tafel entspricht der 1 und symbolisiert „ein Teil“, abgegrenzt, aber innerhalb des „Alles“.

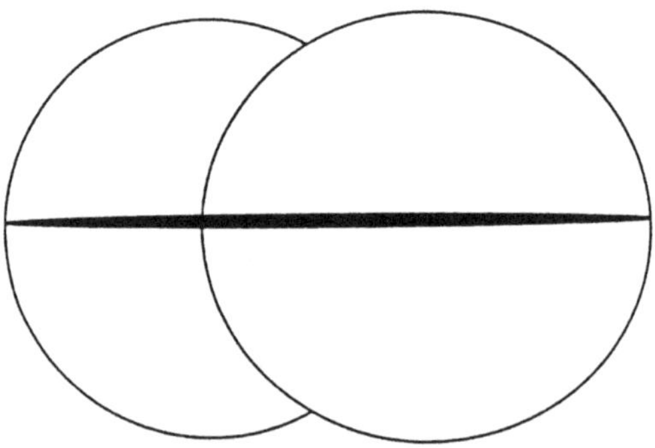

Abbildung 9: Das Bewußtsein hat erkannt, daß es nur begrenzt das „Alles“ der Schöpfung erschauen kann. Der Kreis symbolisiert die äußersten Bezirke der Möglichkeit, Dinge zu erkennen. In der Mathematik des Geistes entspricht dies der Zahl 2, weil das Bewußtsein seine Fähigkeit zur Bewegung entdeckt, symbolisiert in zwei Punkten, dem kleinstmöglichen Strich. Durch Verlagerung des Standorts entsteht mehr Erkenntnis.

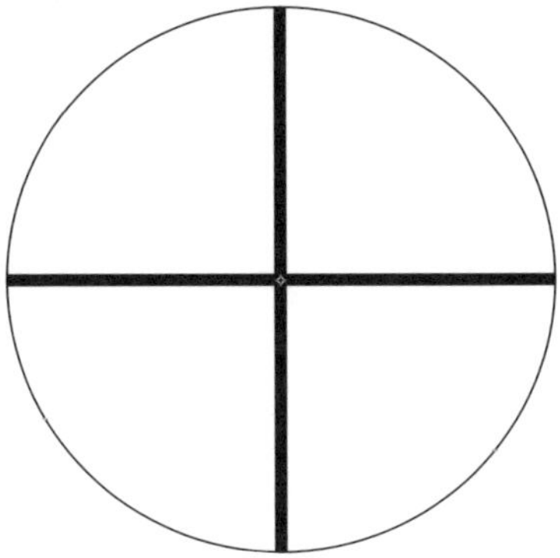

Abbildung 10: Das Bewußtsein erlernt die bewußte Bewegung im Raum, also in der zweiten (Fläche) und dritten Dimension (Pyramide). In der Mathematik des Geistes entspricht das der Zahl 3.

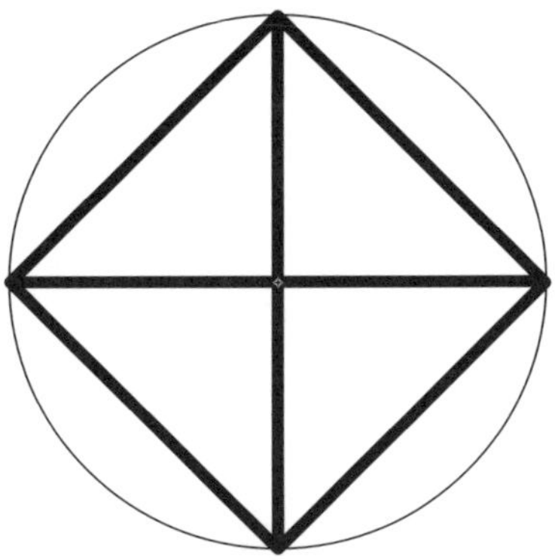

Abbildung 11: Zusätzlich zur Bewegung lernt das Bewußtsein, das Phänomen Zeit zu begreifen. Aber im Gegensatz zu unserer derzeitigen Weltanschauung liegt das Geheimnis der Zeit in dem der „Gleichzeitigkeit". Das Bewußtsein kann gleichzeitig an vier Punkten sein. In der Mathematik des Geistes wird diesem Zustand die Zahl 4 zugeordnet.

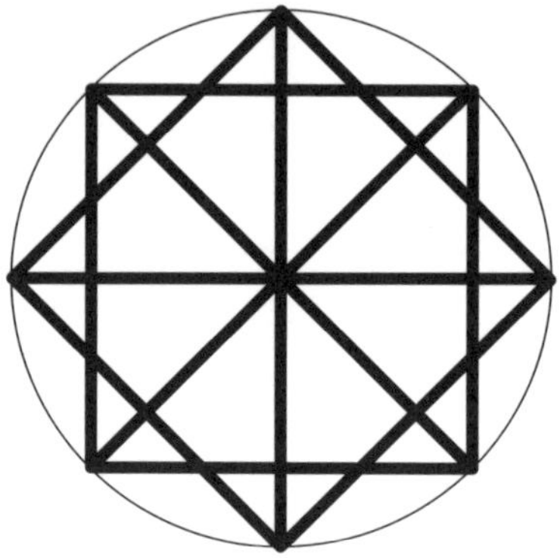

Abbildung 12: Diese Tafel zeigt die Situation der „Gleichzeitigkeit in zwei Schöpfungen" (Materie und Antimaterie?). Sie ist eines der großen, bisher noch kaum bekannten Geheimnisse der Mathematik des Geistes und entspricht der Zahl 5, die auch für die Umkehrung steht.

V

Im Lateinischen wurde das „V" als Zahlzeichen für die Fünf gewählt. Es steht für die ersten fünf Zahlen, also 1, 2, 3, 4 und 5.

Λ

Es gibt aber noch das auf den Kopf gestellte „Λ", die 5, welche die Umkehrung fortsetzt bis zur Zehn, also für 6, 7, 8, 9 und 10 steht. Darum ergeben im lateinischen Zahlensystem die untere 5 und die fortführende 5 zusammen das Zahlzeichen für 10, das X.

Erkennen Sie den Hintersinn der Auswahl römischer Zahlen in diesem Beispiel?

Da der Verstand des Menschen im 20. Jahrhundert die weiteren Erkenntnisse bislang nicht erfassen konnte, macht es wenig Sinn, hierüber öffentlich Ansichten zu diskutieren: Wir können ganz einfach (noch) nicht beurteilen, ob diese uralte Überlieferung richtig oder falsch ist. Der Ansatz ist in neun Aussagen komprimiert.

Faszinierend an diesen Urzeichen, Ursymbolen oder dieser Urgeometrie des Geistes ist, daß sie im gesamten Universum, für die Schöpfung insgesamt gelten und jede nur denkbare Intelligenz auf diese Grundformen stößt oder stoßen wird und auf diese Weise zum Kern aller Geheimnisse vordringen kann, sofern das den Verstand tragende Organ fähig geworden ist, diese Botschaft zu verstehen.

Die jungen Priester erarbeiteten sich Tafel um Tafel und konnten nebenher im sogenannten altägyptischen Schlangenspiel 22 Jahre lang diese Erkenntnisse praktisch erspielen. Diese Information erleichtert das Verständnis der Tafeln 5 bis 10. Wir kennen übrigens eine Pattsituation dieses Spiels, die der unseres Schachspiels gleicht. Wenn Sie Lust haben und die Grundregeln des Schachspiels beherrschen, versuchen Sie sich selbst einmal an einer kleinen Sequenz. Die Regeln lauten: Sie müssen die Gesetzmäßigkeiten des Spiels selbst entdecken und auf Richtigkeit überprüfen.

Im siebten Teil dieses Buches ist beispielhaft beschrieben, wie dreidimensionales Schach zu spielen wäre.

Nach einigem Nachdenken können wir nun folgende Zustände des Bewußtseins ableiten, vermögen sie aber im Gegensatz zu unserem Priesterschüler nicht zu praktizieren:

1 Bewußtsein
2 Bewußtsein in Bewegung
3 Bewußtsein in Bewegung im Raum
4 Bewußtsein in Bewegung in Raum und Zeit
5 Bewußtsein in Bewegung gleichzeitig
6 Bewußtsein im Alles gleichzeitig
7 Bewußtsein im Alles gleichzeitig Alles fühlen
8 Bewußtsein im Alles gleichzeitig Alles Fühlen und Alles Denken
9 Bewußtsein des Alles

… und es beginnt auf unerklärliche Weise wieder von vorn: Vom Allbewußtsein separiert sich ein Funkenbewußtsein … und so fort.

Hatte unser ägyptischer Geselle in der Ausbildung des Geistes das Phänomen – die Bewegung in der Schöpfung – und als Konsequenz daraus begriffen, woher sich das Bewußtsein Energie, die es für diese Bewegung benötigt, stufenweise beschaffen kann, so wurde er von da an einbezogen in das große „altägyptische Schlangenspiel“, das Spiel der Gottesarbeiter im Tempel. Mit diesem Spiel konnte man alle Vorgänge in der Schöpfung nachspielen.

Es wurde jeweils von zwei Schülern begonnen und nach Möglichkeit zu Ende gespielt. Die reguläre Beendigung des Spiels nach frühestens 22 Jahren bedeutete zugleich den Abschluß der Ausbildung. Es entspricht analog der Wanderung des Bewußtseinsfunkens – wie oben beschrieben – durch die einzelnen Zustände der Erkenntnis. Das Spiel bestand aus zehn verschiedenen Spielbrettern, die nach und nach, entsprechend den Erfordernissen, gleichzeitig zu bespielen waren: Jede Veränderung durch einen Spielzug veränderte das Geschehen auf allen Spielfeldern.

Hierzu ein Beispiel: Wurden Situationen auf den Spielebenen „Alles" und „Gleichzeitig" gespielt, dann mußten die Spieler mit ihren Entscheidungen sehr vorsichtig sein, denn die Veränderung der Position einer Spielfigur bedeutete, daß alle Spielfiguren auf allen Ebenen nach der Regel von ihrer Position zu bewegen waren. Das konnte katastrophale Folgen haben, daher spielte man neben dem Spiel auf den Spielfeldern mit kleinen Täfelchen in der Theorie den beabsichtigten Zug und seine Folgen durch. Dies war übrigens die Geburtsstunde der Spielkarten. Sie sind die Nachfolger jener Täfelchen. Selbst in den Symbolen heutiger Spielkarten erkennt man, wenn man wissenden Auges schaut, die Urquelle der altägyptischen Priesterausbildung.

Es gibt zwischen der Mathematik des Geistes, die wir eben kurz kennengelernt haben, dem Lehrsatz des Hermes Trismegistos, dieses im Mittelalter sogenannten „Dreifachweisen Ägypters", den Schachfiguren und unseren Spielkarten eine Verknüpfung.

Hermes Trismegistos geht von zwei Dreiecken aus, die wie eine römische Zehn auf der Spitze stehen:

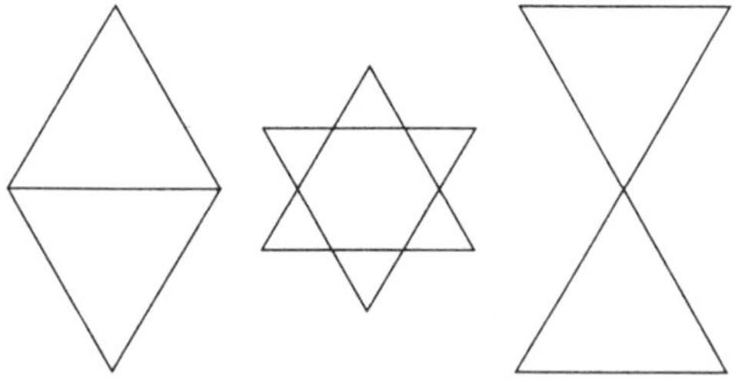

Abbildung 13: Die drei möglichen geometrischen Ansichten des doppelten Dreiecks: Raute, Stern und X

Die Raute ist am deutlichsten zu identifizieren: Sie entspricht dem Karo in unserem Spielkartensystem und symbolisiert die Materie, Erde, Feststoff etc.

Der Stern ist unter anderem bekannt als Davidsstern, er entspricht dem Kreuz in unserem Kartenspiel und symbolisiert die Chemie, Vermischung, das Flüssige.

Das Dreieck mit der Spitze nach unten wurde in unserem Kartenspiel zum Herz, das Dreieck mit der Spitze nach oben zum Pik.

Die höchste Form ist die Figur X. Sie symbolisiert die Mathematik, die Naturgesetze etc.

Wir finden also die folgenden Entsprechungen:

Karten	**Schach**	**Zahl**
As	Turm	1
König	König	0
Dame	Dame	10
Bube	Läufer	10
Zehn	Springer	10
Neun	Bauer in Position	8
Acht	Bauer in Position	7
Sieben	Bauer in Position	6
Sechs	Bauer in Position	5
Fünf	Bauer in Position	4
Vier	Bauer in Position	3
Drei	Bauer in Position	2
Zwei	Bauer in Position	1

Einige der auf den vorangegangenen Seiten ausgeführten Erklärungsversuche mögen spekulativ sein. Die kommenden Jahrzehnte werden jedoch zeigen, wie weit diese Spekulationen mit der Wirklichkeit der Ausbildung der ersten ägyptischen Priestergenerationen in Ägypten übereinstimmen.

Keine Spekulation ist dagegen die Erklärung, daß die geometrischen Formen, in Stein gehauen, aus der Zeit der ersten Denker bis zu uns gekommen sind. Sie wurden bisher jedoch lediglich als in Stein gemeißelte „mathematische Aufgaben" identifiziert.

Neben der Schulung des Geistes wurden auch die anderen Übungen nicht vernachlässigt, so zum Beispiel die körperlichen Übungen, um geistige Kräfte in sich aufzubauen. Betrachten wir nun, was uns Pythagoras hierzu an Regeln und indirekten Hinweisen hinterlassen hat.

Abbildung 14: Kreis mit Viereck, in Stein gehauen; die beiden Hilfslinien dienen nur der Verdeutlichung.

7. Kapitel: Pythagoras, Missionar für Europa

Von keinem griechischen Mathemathikphilosophen ist so viel bis auf uns gekommen wie von Pythagoras. In der Renaissance wurde sein Name ohne „h“ geschrieben – Pitagora –, was man sehr frei als „der Weise der Pi-Formen“ interpretieren kann.

Geboren wurde er im 6. Jahrhundert v. Chr. und verbrachte seine ersten Lebensjahre, so die Überlieferung, auf der griechischen Insel Samos. Als 18-jähriger flüchtete er mit einem Freund bei Nacht und schloß sich dem Umkreis des Anaximander sowie Thales von Milet an.

Beiden fiel der junge Pythagoras wegen seiner geistigen Talente auf. Es ist verbrieft, daß ihn Thales, nachdem er ihm eine Art Grundausbildung in ägyptischem Wissen vermittelt hatte, nach Ägypten schickte, und zwar zu den Priestern in Memphis und Heliopolis (Diospolis). Somit ist die oben aufgestellte Hypothese, Thales sei von den ägyptischen Priestern aufgefordert worden, talentierte Griechen zwecks Priesterausbildung nach Ägypten zu schicken, zumindest nicht von der Hand zu weisen.

„… wenn er dem Rat Thales’ folgen und nach Ägypten reisen würde, um von den Priestern zu lernen, so werde er der Göttlichste und der Weiseste sein und über allen Menschen stehen …“, so dürfte ihn Thales motiviert haben. Offenbar waren die ägyptischen Priester bereit, Außenstehenden, fremden Völkern, ihr Wissen anzubieten.

Interessant ist zudem, daß Pythagoras nicht direkt nach Ägypten reiste, sondern zuerst nach Sidon, seiner Geburtsstadt. Dort sah er sich bei den phönizischen Hierophanten um. Er ließ sich in alle Mysterien einweihen, die in Byblos, Tyros und in anderen Teilen Syriens praktiziert wurden. Daraus können wir heute schließen, daß er soviel wie möglich lernen wollte, bevor er nach Ägypten kam. Schließlich, so berichtet die Fama, drängte es ihn nach Ägypten, wo er die von Thales versprochenen Wissensschätze erringen wollte.

Ein legendäres Leben

Um seine Überfahrt nach Ägypten rankt sich eine Legende, die eines Religionsstifters würdig wäre. Demnach habe sich Pythagoras ägyptischen Schiffsleuten genähert, die gerade am Fuße des Karmelberges in Phönizien am Strand vor Anker gegangen waren, und sie gefragt: „Geht die Fahrt nach Ägypten?“

Sie bejahten, und Pythagoras ging an Bord. Er setzte sich dort nieder, wo er die Seeleute am wenigsten bei der Arbeit störte, und verharrte während der gesamten Passage, zwei Nächte und zwei Tage, in einer Art Meditationshaltung, ohne zu essen, zu trinken oder zu schlafen.

Die Legende berichtet ferner, zweifellos, um das Image von Pythagoras noch weiter zu fördern, „daß die Überfahrt wider Erwarten ohne Unterbrechungen, widrige Winde oder gereizte Stimmung an Bord erfolgte. Die Seeleute seien der Meinung gewesen, ein göttlicher Daimon ziehe wahrhaftig mit ihnen von Syrien nach Ägypten.“[1]

Während der folgenden 22 Jahre hielt er sich am Nil auf, vorwiegend in Heliopolis unweit der großen Pyramiden von Gizeh und Sais. Wie wir inzwischen wissen, entsprechen diese 22 Jahre genau der Zeitspanne, die für eine umfassende Priesterausbildung in Ägypten benötigt wurde.

Es ist weiter überliefert, daß Pythagoras in den „allerheiligsten Gemächern bei Sternkunde und Geometrie weilte und die Einweihung in alle Göttergeheimnisse empfing“. Einen Nachbau solcher allerheiligster Gemächer können wir in der Tempelanlage von Denderra besuchen. Dieser Tempel wurde dreihundert Jahre nach Pythagoras von den griechischen Herrschern in Ägypten errichtet.

Die Legende besagt, daß Pythagoras nach seinem Ägyptenaufenthalt „von den Kriegern der Kambyses gefangengenommen und nach Babylon verschleppt wurde“. Es ist aber auch möglich, daß hierdurch nachträglich, gleichsam entschuldigend, erklärt werden sollte, warum er nach seiner Zeit in Ägypten noch für zwölf Jahre nach Babylon ging.

Nach Abschluß seiner Ausbildung zum ägyptischen Priester hatte der künftige Missionar keinen Grund mehr, sich länger in

[1] Jamblichos, De vita pythagorica liber

Ägypten aufzuhalten. Babylon, das darf nicht vergessen werden, galt damals als gleichwertiger Hort allen Wissens. Wahrscheinlicher als die Legende, er sei nach Babylon verschleppt worden, ist es daher, daß er im Zweistromland Mesopotamien überprüfen wollte, was ihm zum Gesamtbild der „Wurzel allen Wissens“ noch fehlte.

Während seines zwölfjährigen Aufenthalts in Babylon studierte Pythagoras vor allem die Zahlenlehre, Mathematik also, die Musik, folglich die Lehre von den Schwingungen, und die übrigen Wissenschaften wie Astronomie und Medizin. Schließlich kehrte er – mit etwa 56 Jahren! – in seine Heimat auf die Insel Samos zurück und begann mit seiner Arbeit.

Dieser kleine Überblick über das Leben von Pythagoras soll nicht den Anspruch erheben, die einzig wahre, richtige Wiedergabe zu sein. Die Pythagoras-Forscher stimmen hinsichtlich des Lebens und der Lehre des Weisen aus Griechenland keineswegs überein, und es ist wenig sinnvoll, heute – nach 2500 Jahren – zu behaupten, diese oder jene sei die einzige zutreffende Überlieferung.

Vier Daten gelten indes als gesichert:

1. Pythagoras wurde von Thales nach Ägypten geschickt.
2. Er hielt sich 22 Jahre in Ägypten auf.
3. Er hielt sich zwölf Jahre in Babylon auf.
4. Mit etwa 56 Jahren begann Pythagoras seine Tätigkeit in der Öffentlichkeit.

Als er seine Lehrtätigkeit in Griechenland aufnahm, versammelten sich um ihn eine Reihe wissensdurstiger Griechen, die keine Möglichkeit hatten, nach Ägypten zu reisen. Beinahe zwangsläufig geriet der Universalgelehrte Pythagoras in Konflikt mit dem etablierten Wissen und dessen Repräsentanten sowie mit den etablierten Mächtigen, die ihre Macht auf die Landesgesetze stützten. Was Pythagoras seinen Schülern nahebrachte, entfernte sie unvermeidlich von der bisherigen Weltanschauung der Griechen, wirkte fremd und galt somit von vornherein als gefährlich.

So wie in unserem Jahrtausend andersdenkende Christen gezwungen waren, um 1700 nach Nordamerika auswandern, so erging es Pythagoras und seinen Anhängern auf der Insel Samos, nur eben rund 2300 Jahre früher. Nach Unteritalien verbannt, konnte sich die Schule des Pythagoras anfänglich ungestört entwickeln, war man doch in eine ungeliebte Kolonie der Griechen abgeschoben worden. Aber da die Kolonien mit der Zeit für das Mutterland an Bedeutung gewannen, fiel Pythagoras abermals in Ungnade, mußte nochmals sein Werk im Stich lassen und weiter nach Norden fliehen, um dort weiter lehren zu können. Er starb im hohen Alter, mit über achtzig Jahren, wie die Überlieferung besagt.

Der pythagoräische Orden

Zu seinen Lebzeiten hatte Pythagoras seine Anhänger in Form einer Bruder- und Schwesternschaft organisiert. Dies läßt Rückschlüsse auf das zu, was er in Ägypten oder in Syrien gesehen hatte.

Kurze Zeit nach dem Tod des Meisters spaltete sich der pythagoräische Orden – wir werden noch einiges von dieser sanft dirigierten und in Stufen oder Entwicklungskreisen geführten Schule hören – in zwei Fraktionen. Die eine Richtung, „Akusmatiker" genannt, versuchte mit Hilfe der Worte, die Pythagoras gelehrt hatte – der „Akusmata", symbolischer Sprüche mit mystisch-verschlüsseltem Sinn – Erkenntnis zu erlangen. Die Anhänger dieses Ritus setzten sich mehr und mehr durch, so daß die zweite Richtung, genannt „Mathematiker", in den letzten zweitausend Jahren fast nur noch im Untergrund operieren konnte. Da sich diese Erscheinung in der Kultur gesetzmäßig zu wiederholen scheint, ist ein kurzer Blick darauf ratsam.

Die pythagoräischen „Mathematiker" (von „Mathesis", einer bestimmten Seelen- und Geisteshaltung) akzeptierten nur das, was sich beweisen ließ, sie fühlten sich als zum Weiterforschen befähigt und reklamierten für sich, die eigentliche Lehre zu vertreten. Sie forschten und dachten weiter nach und benutzten hierfür die Wissenschaften der Arithmetik, der Geometrie, der Harmonielehre (von der Harmonie der Schwingungen) und der Sternenkunde. Dieser Streit zwischen „Akusmatikern" und „Mathematikern" ist niemals beigelegt worden.

Pythagoras bezeichnete denjenigen, der seine Kraft der Lösung von Daseinsfragen widmete, als „Mathematiker". Seit langer Zeit geben jedoch in den Weltreligionen die Akusmatiker den Ton an. Sie alle berufen sich auf das Wort, das ihnen von Göttern, Heiligen oder Propheten überliefert sei:

Gott hat gesagt … (Juden).
Jesus hat gesagt … (Christen).
Mohammed hat gesagt … (Islam).
Buddha hat gesagt … (Buddhisten).

Da sich die Worte ihrer Glaubensüberlieferungen (scheinbar und tatsächlich) nicht mit den Ergebnissen der Naturwissenschaften decken, geraten sie mit den durch Wissenschaft und Forschung erweiterten Erkenntnissen vom Dasein, vom Universum und von den Gesetzen der Natur zunehmend in Konflikt.

Früher konnte man behaupten, die Sonne drehe sich um die Erde, weil mal glaubte, daß die Erde der Mittelpunkt der Schöpfung sei und die Himmelslichter erst nach der Erde geschaffen wurden. Heute kann man das zweifellos nicht mehr sagen, nachdem die Naturwissenschaftler nachgewiesen haben, daß sich die Erde um die Sonne dreht. Ähnlich verhält es sich mit der Glaubenslehre, das erste Leben in der gesamten Schöpfung sei in einem Garten Eden irgendwo in Mesopotamien entstanden: Stellen wir uns den Schock für die Akusmatiker vor, falls nachgewiesen wird, daß überall im Universum fast gleichzeitig Leben entstanden ist.

Die Akusmatiker verlieren in Zeiten, in denen Forschung betrieben werden kann, an Glaubwürdigkeit und folglich an Macht. Also versuchen sie nach Möglichkeit, den Geist freier Forschung zu unterdrücken, damit keine Ära der Erkenntnis heraufdämmern kann. Genau dieser Konflikt zwischen Akusmatikern und Mathematikern zieht sich seit Pythagoras' Zeiten durch sämtliche Kulturepochen.

Schon sehr früh – bei Aristoteles (384-322 v. Chr.) – beginnt man zu bewerten, welche der beiden Richtungen die „wahren" Pythagoräer seien. Selbstverständlich bezeichnet der versachlichende, die verstandesbetonte Sichtweise bevorzugende Aristoteles die Mathematiker als „wahre" Pythagoräer. Für ihn waren die „Akusmata" Sprüche ohne Beweise.

Doch wir sollten nicht Partei ergreifen. Interessanter ist die Überlegung, warum die „Mathematiker" in der Vergangenheit lange Zeit die schwächeren Argumente zu haben schienen. Ganz einfach: Ihre durch Mathematik und Logik, Überlegung und Ableitung erzielten Erkenntnisse konnten nicht faßbar oder zumindest in der Natur sichtbar gemacht werden. So waren sie eben doch nicht praktisch nachweisbar, und die „Akusmatiker" bekamen Vorteilspunkte gutgeschrieben, weil sie solche Beweisführungen nicht brauchten. Sie konnten sich auf Dogmen berufen.

Die Grundidee des Pythagoras scheint jedoch die gewesen zu sein, beide Richtungen miteinander zu verknüpfen, weil sie sich gegenseitig befruchten. Glauben könnte für ihn die Erinnerung an Gewesenes sein, Wissen die Wiederentdeckung der Hintergründe des Gewesenen.

Als in unserer Zeit, nun vor gut 250 Jahren, vielleicht sogar als Folge der Renaissance, die Naturwissenschaften endlich ihren erfolgversprechenden Weg des Erforschens der Naturphänomene einschlugen, machte die Gruppe der Mathematiker immer aggressiver gegen die Akusmatiker Front. Das Ergebnis: eine neue Einseitigkeit, nur mit umgekehrten Vorzeichen. Unsere Zeit akzeptiert keine Dogmen mehr, aber sie huldigt einem Weltbild, das als wirklich nur noch anerkennt, was man sehen, wiegen, tasten und schmecken kann. Von einem ausgewogenen Verhältnis zwischen der Entwicklung des Wissens um Naturgesetze und dem Glauben an Überlieferungen sind wir nach wie vor weit entfernt.

Es gibt genügend Stimmen, die eine Versöhnung der Natur- und Geisteswissenschaften fordern, nur wie sich diese bewerkstelligen ließe, wie man sich auf die gemeinsame Wurzel allen Wissens besinnen könnte, scheint bislang niemand zu sehen. Doch das Rezept für diese Versöhnung befindet sich möglicherweise in den Überlieferungen des Pythagoras, dessen Lehre des Alleswissens öffentlich gelehrt wurde.

Versuchen wir nochmals, im Leben des Pythagoras nach Hinweisen auf altägyptische Quellen zu forschen. Als er, wie wir schon hörten, nach Samos zurückkehrte, wurde er nicht nur „als Philosoph, Wissenschaftler und Lehrer geehrt, sondern auch wegen seiner Schönheit, Weisheit und seines göttlichen Wesens gerühmt".[1]

Nach seiner Verbannung in die griechische Kolonie Krotona, 530 v. Chr., konnte er dort etwa zwanzig Jahre lehren. In Unteritalien entstand sein erstes Universitätsinternat, und es ist anzunehmen, daß Pythagoras hier die Grundzüge der Einrichtungen, die er in Ägypten bei den Priestern kennengelernt hatte, instal-

[1] Ebd.

lierte und somit möglicherweise als erster die Idee klösterlicher Lebensgemeinschaften in Europa verwirklichte. Daher sind die Bruderschaftsregeln der Pythagoräer für uns von großem Interesse. Sie ergänzen die späteren Berichte von Herodot.

Die Eintrittsbedingungen waren einfach: Die überlieferten Berichte besagen, daß das Betragen und nicht die Überzeugung oder das verstandesmäßige Wissen bei der Aufnahme in sein Universitätsinternat den Ausschlag gab. Da wir vorhin gelesen haben, daß die wahre Lehre nur telepathisch empfangen wurde und Fragen einzig telepathisch gestellt und beantwortet wurden, liegt der Schluß auf der Hand, daß Pythagoras größten Wert auf das Talent des künftigen Bruders und weniger Gewicht auf sein bisher angeeignetes Wissen legte.

Mit dem „Betragen“ war jedoch nicht das gekonnte, heuchlerische Verhalten gegenüber anderen gemeint, sondern die Fähigkeit, sich in allen äußeren Situationen zu beherrschen. Nennen wir es das Schweigen der Gefühle, der inneren Regungen, der Meinungen über die Mitwelt und so weiter. Ein wenig erinnern diese Regeln an die fernöstlichen Übungen zum inneren Gleichgewicht, die der Esoteriker praktiziert.

Die Überlieferung spricht aber von einer weiteren Bedingung, die sich nicht so einfach in das Bild des „Ägypters“ Pythagoras fügt: Der Bruderschaft konnte man nur angehören, wenn man die Vorschriften der Enthaltsamkeit auf das Gewissenhafteste befolgte und ein Leben führte, das dem grundlegenden Zweck der Bruderschaft, dem „Einklang mit Gott“, entsprach. Diese strikte Enthaltsamkeit paßt eigentlich nicht zu Pythagoras’ Lehre, dürfte aber mit der Sittenverderbtheit von Krotona – der Umgebung seiner Wirkungsstätte – zu erklären sein, aus der sich seine Schüler rekrutierten. Pythagoras hat also in seiner Bruderschaft, die der Festigung der Charaktere der Schüler diente, von den Brüdern und Schwestern lediglich verlangt, den Irrwegen der ortsansässigen Griechen abzuschwören. Würde er heute eine Schule gründen, so könnte analog eine Regel lauten, daß die Brüder sich nur zu Fuß fortbewegen und auf keinen Fall ein Auto oder ein anderes Verkehrsmittel benutzen dürften.

Pythagoräische Rituale

Nach zwanzigjährigem Wirken mußte Pythagoras von Krotona nach Metapont fliehen, wo er im hohen Alter starb. Zu dieser Flucht zwang ihn unter anderem öffentliche Empörung über die harten Methoden, mit denen am Ende des Einführungsjahres die Selbstbeherrschung des angehenden Pythagoras-Schülers auf die Probe gestellt wurde.

Dieses Ritual wurde streng geheim gehalten, damit seine Wirkung nicht durch gezielte Vorbereitung seitens des Schülers unterlaufen werden konnte. Am Ende der Vorbereitungsphase, wenn die Aufnahme des neuen Bruders oder der Schwester in den inneren Kreis des Meisters bevorstand, wurde der Prüfling, ohne über Sinn oder Zweck informiert zu werden, in ein Erdloch gesteckt und dort drei Tage unter freiem Himmel bei sengender Hitze, wenig Nahrung und ohne Wasser sich selbst überlassen.

Der Mittag des dritten Tages markierte zugleich Höhepunkt und Ende des schlimmen Rituals. Wie zufällig erschienen die Brüder und Schwestern des inneren Kreises, also diejenigen, die mit Meister Pythagoras persönlich sprechen und diskutieren durften. Sauber gekleidet und gewaschen, fingen sie an, den übernächtigten, hungrigen, durstigen, ungewaschenen Prüfling zu verspotten und über seine Charakterschwächen zu lästern. Wenn dem wackeren Adepten daraufhin nicht die Stricke der Beherrschung rissen und er dem psychischen Streß standhielt, war er endgültig in die Gemeinschaft aufgenommen. Auch für die Brüder des inneren Kreises war dies übrigens eine Prüfung, denn sie sollten immer wieder lernen, daß es im Meer der positiven Gedanken stets auch den gegensätzlichen Pol geben muß, da sonst mit dem Bewußtsein für das Schlechte auch das Gute verloren zu gehen droht.

Drehte der Prüfling in dieser extremen Situation durch und verlor seine innere Ruhe, dann wurde er aus dem Universitätsinternat verwiesen. Die so abgewiesenen Aspiranten – einige Namen sind überliefert – wurden zu den erbittertsten Feinden der Bruderschaft und rächten sich später blutig, indem sie die Gemeinschaft bei jeder sich bietenden Gelegenheit bis auf den Tod verfolgten.

Pythagoräische Geometrie des Geistes

Pythagoras lehrte unter anderem, daß man, wenn man eine Strecke in zwölf Teile teilt (s. Abb. 15) und aus den Teilen 3, 4 und 5 ein Dreieck konstruiert, ein rechtwinkliges Dreieck erhält.

Abbildung 15: Eine Gerade in zwölf gleichen Teilen

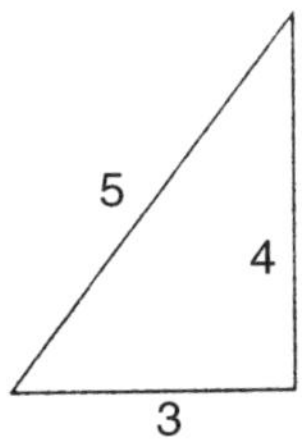

Abbildung 16: Ein rechtwinkliges Dreieck

Auf den ersten Blick scheint das keine besondere Enthüllung zu sein, aber vergessen wir nicht, daß es neben der Geometrie hier um die Mathematik des Geistes geht. Folglich erklärte Pythagoras seinen Schülern die Bedeutung

des Punktes	(Bewußtsein)
der Linie	(Bewegung des Bewußtseins = Gedanke)
des Winkels	(zwei Gedanken verhalten sich zueinander wie…)
des Dreiecks	(Synergie von Gedanken)
der Pyramide	(Faktor Zeit)
des Würfels	(Faktor Gleichzeitigkeit)
der Kugel	(Gegenwelt zum Punkt)

Auch hierzu ein kleines Beispiel: Für Pythagoras war die Geometrie keine mathematische Spielerei mit Lineal, Zirkel und Kreide. Jede dieser Linien entsprach dem Verlauf, der Kraft und der Qualität (gut oder böse) eines Gedankens. Auch das Dreieck, das sich aus den Teilen 3, 4 und 5 ergibt, stellt einen Gedanken dar.

Um die Kraft der Gedanken zu berechnen, versetzt man die Linien in die nächst höhere Dimension, das heißt hier ins Quadrat. Und siehe da: Unsere Gedanken werden berechenbar:

$a^2 + b^2 = c^2$
3 mal 3 = 9
plus 4 mal 4 = 16
ist 5 mal 5 = 25!

Der Gedanke a und der Gedanke b, von zwei Quellen unterschiedlich gedacht, ergeben, weil sie den gleichen Inhalt haben, eine Kompromißrichtung mit der neuen Gedankenintensität c. c ist also die Gesamtkraft dieser beiden Gedanken.

Zwar kann man nun theoretisch seine eigenen Gedanken berechnen, aber das ist für einen Pythagoräer die Mühe nicht wert, denn von ihm wurde verlangt, seine Gedanken zu zügeln, um den einen großen Gedanken, den Schöpfungsgedanken, zu verstehen. Um möglichst nahe an den Schöpfungsgedanken heranzukommen, sich mit ihm zu vereinigen, wurde diese Technik theoretisch besprochen.

Bei dem sogenannten Schöpfungsgedanken handelt es sich in Wirklichkeit um sechs Schöpfungsgedanken. Denn die Schöpfung spielt sich, wie wir in der dritten Dimension beheimateten Geschöpfe unschwer erkennen, im Raum ab, also in der Steigerung der Geometrie: der Trigonometrie.

Grundsätzlich lassen sich von einem Punkt A aus räumlich sechs exakt definierte, in einem Winkel von 90 Grad befindliche Linien zeichnen, die Pythagoras als Gedanken definierte.

Moses, auch er ein Mann mit ägyptischer Priesterausbildung, sprach vom Wort, das am Anfang aller Schöpfungsdinge über ALLEM schwebte. Und nach dem sechsten Tag – dem sechsten Gedanken – hörten bei ihm die Schöpfungsgedanken auf. Das ist aus altägyptischer Sicht richtig, denn die sechs Schöpfungsgedanken bezogen sich auf die physische Welt. In der nächst höheren Welt ging es mit den Schöpfungsgedanken jedoch weiter, ebenso streng nach den Regeln wie zuvor. Und um diese Fortentwicklung und Ableitung – was kommt nach diesen ersten sechs Gedanken? – drehte sich alles Mühen der Pythagoräer und auch der jungen ägyptischen Priester.

Pyramidenbau und pythagoräische Formel

Ein letzter Ausflug in die Welt des Pythagoras soll dieses Kapitel beschließen und uns zugleich näher an unser zentrales Thema – das Geheimnis der Pyramiden – heranführen: Die pythagoräische Formel, eine Grundlage des alten Ägypten, ist auch in den Pyramidenbauwerken nachweisbar. Wenn wir in einem rechtwinkligen Dreieck die Seiten ins Quadrat erheben, dann – so entdeckte Pythagoras – ist a^2 plus b^2 gleich c^2.

Die Bedeutung dieser Formel wurde jahrhundertelang kaum beachtet. Tatsächlich aber ist sie der Einstieg in eine vergessene Welt der Philosophie, wenn man sie richtig anzuwenden versteht. Pythagoras ging es, wie gesagt, nicht um eine geometrische oder mathematische Spielerei, sondern um die mathematische Begründung von unfaßbaren Dingen. Er hinterließ uns eine Knospe, wir müssen diese Knospe zum Blühen bringen.

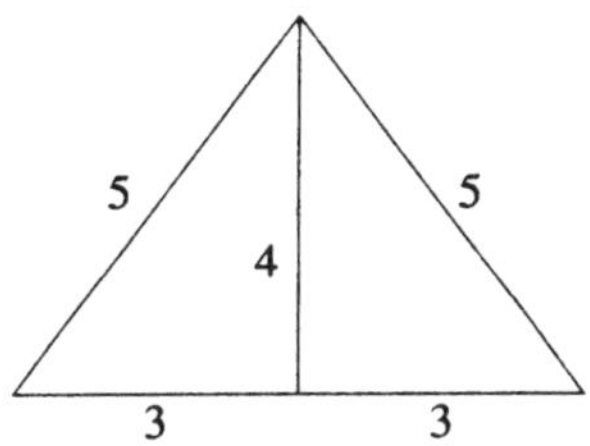

Abbildung 17: Ein aufgeklapptes rechtwinkliges Dreieck

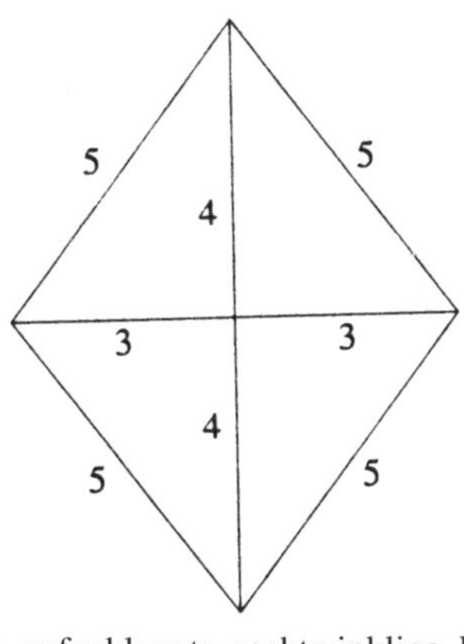

Abbildung 18: Das aufgeklappte rechtwinklige Dreieck wird durch Verdoppelung zur Raute

Die Abbildung 18 zeigt die vollständige geometrische Figur, die Pythagoras im Auge hatte, als er sich über seine Formel „$a^2 + b^2 = c^2$“ freute, für die er, so sagt man, den Göttern tausend Ochsen opfern ließ. Es ist das pythagoräische Dreieck mal vier! Die Abmessungen sind klar definiert:

Wir sehen zwei Diagonalen in der Raute von sechs und acht Teilen der ursprünglichen Gesamtlänge von zwölf Teilen. Die äußeren Kanten sind jeweils fünf Teile lang, zusammen also zehn.

Die Pythagoräer versuchten nun, auf dieser Grundlage den oder die Schöpfungsgedanken zu berechnen. Sie sind somit, zumindest für uns, die Urväter der Gnostik.

1. Die erste Erkenntnis lautete: Wenn man eine beliebig lange Strecke, Gerade, einen Durchmesser in zwölf gleiche Teile teilt, dann entsteht aus drei, vier und fünf Teilen ein Dreieck mit einem Winkel von neunzig Grad.

   Für den Pythagoräer symbolisierte die Gerade einen Gedanken. Je länger die Gerade, desto intensiver der Gedanke.

2. Die zweite Erkenntnis, die sich aus einer Kombination von Formel und Zuordnung ergibt: Der Schöpfungsgedanke, also die beliebig lange Gerade, wird berechenbar, wenn man sie in zwölf Teile zerlegt und daraus ein rechtwinkliges Dreieck konstruiert.

   Will man zwei mit unterschiedlicher Intensität gedachte Gedanken hinsichtlich ihrer Gesamtkraft bestimmten, so gilt: $a^2 + b^2 = c^2$. Wobei wir allerdings noch den kleinen Fehler, der sich in den letzten zweitausend Jahren eingeschlichen hat, korrigieren müssen. Ohne an der Formel etwas zu verändern, weisen wir dem Neunzig-Grad-Winkel das A zu. Die pythagoräische Formel lautet nun: $b^2 + c^2 = a^2$.

3. Wird die Formel wie unter 2. beschrieben herangezogen, dann ergibt sich eine weitere sehr bedeutsame Beziehung zwischen Gnostikern und Pythagoräern: $a = a^2$.

   Wobei hier auch die Frage beantwortet wird, was in der nächsthöheren Dimension aus dem Punkt a wird. Im Klartext heißt das: Er erhält die doppelte Kraft. Daraus leitete Pythagoras ab, daß sich mit jeder Dimension die Kraft, Schwingung oder was auch immer verdoppeln wird. Er wies das auch in der Musik (Oktave) nach.

Aber noch etwas läßt sich ableiten:

Alles, was wir in unserer	
Dimension *gedacht* haben,	$b^2 + c^2$
werden wir in der nächsthöheren	
Dimension *sein*!	$= a^2$

Umkehrung: Haben wir (theoretisch) überhaupt nichts gedacht ($b^2 + c^2 = 0$), dann verharren wir weiter in dieser Dimension. Wer sich mit Reinkarnationsproblemen beschäftigt hat, dem dürfte die hier dargelegte Ableitung helfen, die Wiedergeburtshypothesen besser zu verstehen, denn:

Reicht die Summe der Gedanken (das a^2) für ein dauerndes Verbleiben in der nächsthöheren Dimension nicht aus, dann kehrt das schwache a, sobald sein Wert unter a^2 sinkt, wieder in die nächstniedrigere Dimension zurück.

Nach diesem Ausflug in die Welt des Geistes der alten Ägypter sollten wir gelernt haben, dem Wenigen, was uns von ihnen noch geblieben ist, mit Achtung zu begegnen. Vielleicht erahnen wir nun auch, was sich ursprünglich hinter Titeln wie den folgenden verbarg:

Vorsteher aller Propheten von Theben,
Hüter des Geheimnisses von Himmel, Erde und Unterwelt,
Großer des Schauenden des Re,
Größter der Leiter der Handwerker des Ptah…

8. Kapitel: Ausbildung zum Heiler im alten Ägypten

Für die Einstimmung in das Bild vom Heiler im alten Ägypten war es notwendig, diesen teils weltanschaulichen, teils philosophischen Ausflug zu unternehmen. Die für viele Leser ungewöhnlichen und unbekannten Denkmuster dürften Schwierigkeiten bereitet haben, trotzdem sind sie erforderlich, um im folgenden Theorie und Praxis der Technik der Heilung durch kanalisierte Heilkräfte besser verstehen zu können.

Keine Frage, auch die Ägypter der Antike litten an Krankheiten. Sie wurden alt, verbrauchten sich genau wie wir. Also entwickelten sie schon lange vor uns nach ihrem Stand des Wissens Methoden, um Krankheiten zu lindern und das Altern möglichst zu verzögern oder gar aufzuheben. Was spricht gegen die Vermutung, daß der legendäre Methusalem ein alter Ägypter war?

Altägyptische Krankheitsbilder

Wie im „Haus des Lebens" die Theorie des Heilens vermittelt wurde, sieht man besonders gut im Tempel Kom Ombo. Im hinteren Bereich dieses Tempels befinden sich die „Gebärkammern", in deren äußeres Mauerwerk Abhandlungen zur Anatomie, Physiologie und Pathologie gemeißelt wurden. Sie sind nur nicht so gegenständlich real dargestellt wie in den medizinischen Fakultäten unserer heutigen Universitäten in Präparatsammlungen oder Büchern. Doch auf den zweiten Blick finden wir zum Beispiel in Kom Ombo eine Tafel mit chirurgischen Instrumenten.

Weit und breit ist jedoch weder eine Darstellung der Verletzungen oder Probleme eines Kranken zu sehen noch, wo oder wie ein Eingriff vorgenommen wird. Nur die Instrumente werden dargestellt. An allen Plätzen mit solchen Tafeln für die Ausbildung zum Heiler wird deutlich, daß man vor der Tafel den Einsatz der Instrumente in der Theorie besprach, der anschließend in der Praxis am Patienten vom Meister vorgeführt

Abbildung 19: Chirurgische Instrumente auf einer Tafel im Tempel Kom Ombo

wurde – immer und immer wieder, bis der Student selbst operieren konnte.

Aus einer anderen Quelle ist uns eine Art von Lehrtafel bekannt, die auf die Orte möglicher Verletzungen und Brüche hinweist. Dieses Dokument stammt aus der Zeit der Ptolomäer.

In einer Wandmalerei am Grab von d'Ipuy in Theben aus dem Neuen Reich entdecken wir, daß hier die sachgerechte Einrichtung einer Verrenkung dargestellt wird.

Diese Aufzählung ließe sich beinahe beliebig fortsetzen. Schon im Alten Reich kannte man etwa auch die *Gynäkomastie*, ein hormonell, meist durch Lebererkrankung und -zirrhose bedingtes Anschwellen der Brust bis hin zu schmerzhaften Entzündungen der Brustdrüsen, die meist bei Männern auftritt. Solche Darstellungen finden sich im Grab des Mehou in Sakkara und auf einem Relief des Ankh-ma-hor.

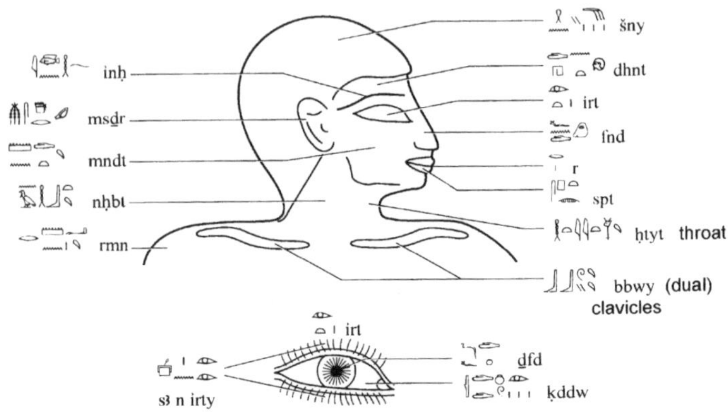

Abbildung 20: Stellen, an denen mit Problemen zu rechnen ist. In dem Buch *Medizin im alten Ägypten* von F. Nunn ist akribisch zusammengetragen, welche Organe mit welchen ägyptischen Hieroglyphen-Kombinationen bezeichnet sind.

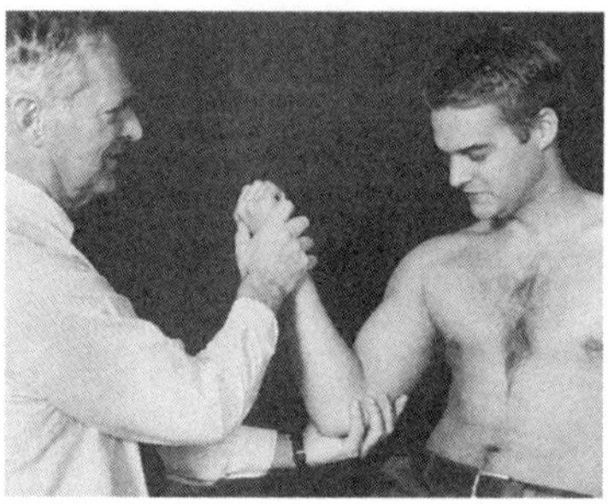

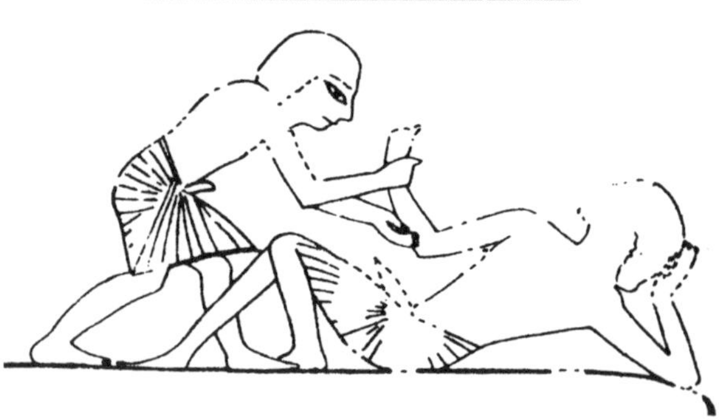

Abbildung 21: Dem am Boden Liegenden wird ein Arm sachgerecht (am Handgriff zu erkennen) eingerenkt.

Ebenso finden wir in den altägyptischen Zeugnissen ein Beispiel für eine Ernährungsstörung. Diese Erkrankung, die wir heute als *Anorexia neurosa* kennen, war im alten Ägypten offensichtlich häufig zu finden, denn auf einem Steinblock im Bereich der Pyramide des Unas nahe der Stufenpyramide von Sakkara ist diese Krankheit in mehreren Sequenzen dargestellt. Die *Anorexia neurosa* ist eine Ernährungsstörung, bei der sich der Kranke – psychisch bedingt – vor der Einnahme von Nahrung ekelt. Er erbricht oder provoziert das Erbrechen, um die eingenommene Speise nicht bei sich behalten zu müssen.

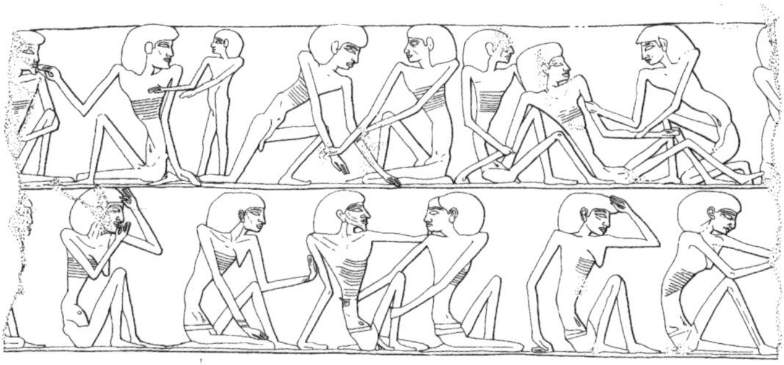

Abbildung 22: Anorexia neurosa? Viele Ägyptologen deuten diese Bilder so, daß die Pharaonen ihre Gefangenen verhungern ließen. Es spricht jedoch nichts dafür, daß die Ägypter in der 6. Dynastie ihre Gefangenen verhungern lassen mußten. Erst recht ist unvorstellbar, daß die alten Ägypter, falls dies tatsächlich praktiziert wurde, solche Übel in Bildern darstellten.

Ein Erkrankungstyp – die Gruppe der statistisch häufigsten Erkrankungen – fehlt jedoch bisher in unserer Betrachtung und ist auch sonst in der Literatur über das alte Ägypten nicht zu finden: Es sind die seelischen Erkrankungen und die seelisch bedingten Organerkrankungen. Man fragt sich, ob die Ägypter seelisch so stabil und mental so gesund waren, daß sie sich solchen Problemen nicht stellen mußten. Meine Antwort ist durch dieses Buch schon gegeben: Die Ägypter kannten psychische und psychosomatische Erkrankungen, und sie behandelten diese gesundheitlichen Störungen in ihren „Häusern des Lebens", allerdings, ohne darüber Dokumentationen zu hinterlassen. Diese Therapien waren Teil des Kultes im Tempel.

Schulung der Heiler im „Haus des Lebens“

Wer heute einen Tempel im alten Ägypten besucht – den imposanten Bau zu Karnak, das geistige Zentrum der antiken Stadt Theben, die in ihrer Blütezeit eine Million Einwohner gehabt haben soll, oder die nahegelegene Anlage des Tempels von Luxor –, der betritt die Innenhöfe und Säulensäle mit dem Gefühl, ein Gotteshaus im europäischen Sinn zu besuchen. Vieles erinnert an uns Europäern bekannte Muster. Daß diese Bauten bis auf ihr Allerheiligstes keine Dächer wie unsere Dome besitzen, stört uns weiter nicht, denn man erklärt sich diese Auffälligkeit auch ohne Hilfe des Reiseleiters: Bei der Hitze und dem immer blauen Himmel wäre eine großflächige Überdachung unnütz und unangenehm, würde sie doch nur die Hitze in den Räumlichkeiten darunter stauen.

Dieser subjektiv-eurozentrische Vergleich mit unseren Kirchen verhindert jedoch, daß wir die „Häuser des Lebens“ als multifunktionale Einrichtungen begreifen. Je jünger die Anlage, desto weniger sticht ins Auge, daß sie in erster Linie Orte der Lehre und der Ausbildung waren. Die Vergottung der im alten Ägypten bekannten Gesetze der Physik sowie die chemischen Endprodukte, die man an diesen Orten herstellte, führten in der Zeit des Niedergangs zu ständigen Umbauten und Veränderungen der Bauwerke. Uns heute teils unbekannte, teils bekannte Reformatoren des ägyptischen Glaubens haben zusätzlich die ursprünglichen Konzeptionen zerstört. Erst die Griechen müssen, als sie das Land besetzten und als Ptolomäer in die ägyptische Geschichte eingingen, begonnen haben, gezielt nach den Quellen des ägyptischen Wissens zu suchen. Das Ergebnis sind die von ihnen errichteten Tempelanlagen, zum Beispiel die Tempel von Denderra, von Edfu oder von Kom Ombo. Dort versuchten sie zu rekonstruieren, was der Überlieferung nach vor langer Zeit in Theorie und Praxis miteinander verbunden war. Aber wie wir bereits erfuhren, verfälschten die Ptolomäer vieles, da sie die Überlieferung mißverstanden und zeitgenössische Ägypter sie über die wahren Hintergründe nicht mehr belehren konnten. So erklärt sich, daß man seit den Ptolomäern annimmt, das Gebärhaus etwa habe einzig der rituellen Geburt eines Gottes gedient, obwohl es ursprünglich eine Entbindungsstation der Ägypter darstellte.

Die altägyptische Bezeichnung „Haus des Lebens“ weist auf die Aufgabenstellung der Einrichtung hin: In den „Häusern des Lebens“ wurde

- geboren,
- am Leben erhalten,
- ermöglicht, gesund und vital zu bleiben,
- im Sterben begleitet und gestorben sowie
- für die (letzte) Ruhe vorbereitet.

Später, als die Bevölkerungszahl anschwoll, konnten nicht mehr alle Ägypter derart intensiv versorgt werden. Zwangsläufig wurden nun nur noch problematische Geburten im „Haus des Lebens“ durchgeführt, das nicht lange darauf als Gebärhaus nur noch Privilegierten, beispielsweise Priesterinnen oder Herrscherinnen, offen stand.

Einfacher war die ambulante Betreuung der Bewohner Ägyptens zu gewährleisten. Wer sich krank fühlte oder krank war, begab sich oder wurde in das „Haus des Lebens“ gebracht und dort behandelt. Die Kapazität der Behandlungsmöglichkeiten richtete sich nicht – wie heute bei stationärer Versorgung – nach der Bettenzahl, sondern nach der Anzahl der Priester, die diese Kunst beherrschten. Nach der Behandlung kehrte der Patient in sein Haus, zu seiner Familie zurück.

Aus der Besoldungsliste der Priester am Taltempel der Pyramide Sesostris II. von Kahun (Papyrus Berlin 10 005) geht hervor, daß von den täglichen Einnahmen von 410 Broten 340 an die Totenpriester ausgezahlt wurden. Daraus kann man scheinbar schließen, daß sich achtzig Prozent der Priester mit Toten beschäftigten. Dieser Schein trügt jedoch insofern, als sich die Totenpriester keineswegs nur um Tote kümmerten. Abgesehen von der Entbindung, bei der Priesterinnen helfend eingriffen, waren sie vielmehr für alle körperlichen Belange des Ägypters zuständig.

Wie erklärt sich aber die weitverbreitete irrige Ansicht, daß man sich in einer Einrichtung, die immerhin „Haus des Lebens“ hieß, fast ausschließlich mit Toten beschäftigt habe? Wir haben es hier wiederum mit einem spezifischen Fall klischeebedingter „Blindheit“ zu tun: Nach der vorherrschenden Überzeugung der heutigen Ägyptologie sind Pyramidenvortempel, andere Grabmale oder Taltempel lediglich Eingangspforten zum Mausoleum des Pharao, in denen nach dieser Logik einzig und allein ein Totenkult betrieben werden kann. Warum aber stellt niemand die so naheliegende Gegenfrage: Wozu sollte ein längst gestorbener Pharao (vorsichtig geschätzt) mindestens vierzig Totenpriester benötigen?

Betrachtet man jedoch die Anlage einer Pyramide mit dem sie umgebenden Areal als Krankenhaus, in dem genau wie in unserer Zeit geboren, gelitten und gestorben wurde, dann braucht man sich mit bizarren Scheinproblemen wie einem Heer von Totenpriestern nicht länger abzumühen: Das Personal setzt sich zu zwanzig Prozent aus Geistlichen und zu achtzig Prozent aus Ärzten zusammen, wie man dies von einer medizinisch fortgeschrittenen Zivilisation mit geistlicher Führung wohl erwarten darf.

Die größten Anlagen dieser Art wurden stets sechs bis 15 Kilometer außerhalb der Städte und Siedlungen erbaut. So befand sich die – wir sollten zum besseren Verständnis einen Begriff aus heutiger Zeit benutzen – „Universitätsklinik" von Memphis, der Hauptstadt Ober- und Unterägyptens, einige Kilometer entfernt in Sakkara, auf der westlichen Seite des Nils. Wir kennen die Pyramide in dieser Anlage als Stufenpyramide von Sakkara oder Pyramide des Djoser. Im Zuge meiner Wiederentdeckung der Heilkräfte im Umkreis der Pyramiden hat sich dieser Komplex als besonders wirkungsvolle Stätte erwiesen. Keine Wunder: Schließlich liegt sie in unmittelbarer Nähe der Hauptstadt des alten Ägypten!

Allgemein wird angenommen, daß die Anlage des Pyramidenfeldes von Gizeh nach der von Sakkara entstand. Ein Vergleich zeigt, daß in Gizeh zusätzlich eine Art Verweilplatz für Kranke geschaffen wurde. Heute würden wir dazu Bettentrakt sagen. Die Anlage von Gizeh mit den uns bekannten Pyramiden des Cheops und des Chephren gehörte zu Heliopolis, dem ältesten geistigen priesterlichen Zentrum Ägyptens während langer Zeit. Es ist nur logisch, daß hier die größte „Universitätsklinik" des Landes gebaut wurde.

Wir müssen davon ausgehen, daß die Cheopspyramide, obwohl die schönste und höchste, nicht die „Zentralpyramide" war, sondern in erster Linie als Instrument für Heilzwecke diente. Die Chephrenpyramide wurde, wie wir noch sehen werden, als Verstärker der Cheopspyramide hinsichtlich der Heilkräfte der Erde benutzt, sie diente aber auch der Priesterausbildung und als „Aufschwingtrainer" für die Priester höheren Grades. Somit ist die Chephrenpyramide die „Zentralpyramide" der Anlage. Die Mykerinospyramide schließlich war das „Entladeinstrument“ für die fortgeschrittenen, noch in Ausbildung befindlichen Priester, aber auch für die Entsorgung der Restlebensenergie der Gestorbenen sehr wichtig. Die bis in unsere Zeit überlieferte, so häufig mißverstandene Warnung vor einem „Fegefeuer“ meint in Wirklichkeit nichts anderes als diese Auswirkung nicht entsorgter, überschüssiger Restenergien aus den Körpern der Verstorbenen.

Geburtshilfe

Kehren wir nochmals in eine solche altägyptische Klinik zurück und betrachten etwas genauer eines der drei Hauptbetätigungsfelder der Heilpriester/innen: die geburtshilfliche Assistenz. Mit jedem neugeborenen Kind wurde nach ägyptischer Anschauung ein Gott geboren, also war es logisch, daß man bei der Geburt nach Kräften half.

Die alten Ägypter sahen das ungeborene Kind bis zum Augenblick der Namengebung durch den Vater nicht als eigenständiges Wesen, sondern als Organ der Mutter an. Kam es während der Geburt zu Komplikationen, zu einer Querlage oder einer anderen Situation, in der die Mutter das Kind nicht gebären konnte, dann wurde es, nachdem alle Hebammenkunst versagt hatte, im Mutterleib zerstückelt. Für die ägyptischen Priester war es ein krankes Organ, das man entfernen mußte, damit die Frau am Leben blieb. Es ist anzunehmen, daß für sie dieses Organ erst nach Durchtrennung der Nabelschnur zum Menschen und damit zugleich zum neugeborenen Gott wurde.

Die Niederkunft erwartete man in einem kleinen, fensterlosen Raum. In der Mitte dieses Raumes waren Steine zu einer Art Geburtsstuhl zusammengestellt. Die Entbindung erfolgte nicht im Liegen, sondern im Sitzen, wobei vor und hinter der Gebärenden je ein Helfer stand, wahrscheinlich zwei Priesterinnen.

Die Entbindungsstation von Denderra

Im Inneren des rechteckigen Gebäudes befand sich die „Entbindungsstation“, wie wir heute eine solche Einrichtung in einem Krankenhaus bezeichnen. Die Wände waren mit Hinweisen zur Vorgehensweise bei Komplikationen während Schwangerschaft und Entbindung ausgemalt, allerdings ohne bildliche Darstellung der Geburt selbst. Wir müssen uns darauf besinnen, daß während der gesamten Zeit der ägyptischen Weltanschauung, also auch noch während der Zeit der Besetzung durch Griechen und Römer, auf die Darstellung von Krankheiten oder von der Norm abweichenden Erscheinungsformen verzichtet wurde. Man glaubte damals, die dargestellten Übel durch bloßes Anschauen anzuziehen. „Denke positiv" ist ein Leitsatz, der einem solchen Glauben entspringt.

Von der wissenschaftlichen Ausschmückung des „Tors zum Leben" ist heute kaum mehr etwas zu sehen, denn diese Räume wurden in den letzten zweitausend Jahren von den Nachfahren der Ägypter als Viehstall, Behausung oder Unterschlupf benutzt. Hierbei wurde auch über offenem Feuer gekocht, wodurch der Wandschmuck im Lauf der Zeit zerstört wurde.

Ganz anders jedoch der Zustand der Außenwände. Durch den Flugsand der libyschen Wüste geschützt, sind sie heute noch mit gut erhaltenen Reliefs übersät. Kaum jemand weiß, daß diese Bilder der Ausbildung der jungen Priester beziehungsweise – in Denderra – der jungen Priesterinnen dienten. Die Darstellungen zeigen uns, wie man sich seinerzeit die Entstehung des Lebens erklärte.

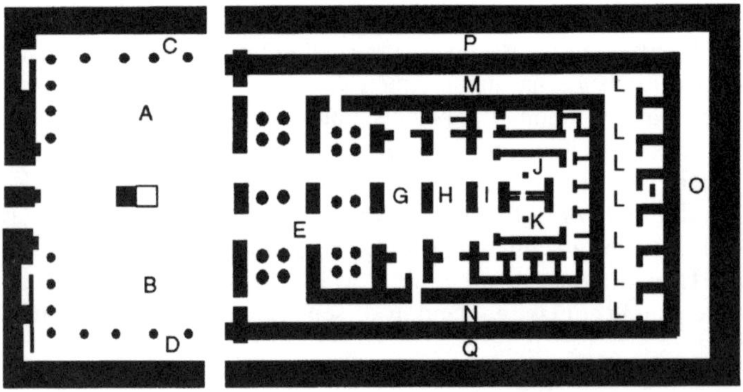

Abbildung 23: Grundriß des Tempels von Kom Ombo mit Gebärkammern

Brüche, Unfälle, Verletzungen

Im Haus des Lebens war man für die Unfallhilfe bei Verrenkungen, Verstauchungen, Brüchen und äußerlich sichtbaren Verletzungen jeder Art gerüstet. Es gibt eine Darstellung von Verletzungen, die Arbeiter im Tal der Könige bei der Bearbeitung der Gräber erleiden konnten. Sie befindet sich in einem Grab im Gräberfeld der Arbeiter und diente wohl auch zur Ausbildung der „ersten Helfer" nach der Verletzung.

Der Drehpunkt aller Ausbildung im alten Ägypten war die enge Verknüpfung von Lehre und Praxis. Das Wissen um die Kunst des Heilens wurde jedoch, wie gesagt, nicht in Schriftrollen, auf Papyrusblättern oder sonstigem leicht vergänglichen Material aufgezeichnet. Ganz im Gegenteil: Man meißelte die Lehre in Stein. So konnten Generationen von Lernenden ein und dasselbe Lehrbuch benutzen. Ein weiterer Vorteil war sicher der, daß es nicht verbrennen konnte. Zweifellos kam es auch in damaliger Zeit gelegentlich zu Bränden, auch innerhalb der Anlagen, nur wurde darüber nicht berichtet, denn dies hätte den nächsten Brand angezogen.

Man hatte im alten Ägypten ein eng verzahntes System von Ausbildung und Praxis geschaffen, das bis in die römische Zeit Ägyptens praktiziert wurde. Daher verfügen wir noch heute über sehr gut erhaltenes Schulungsmaterial aus Tempeln der ptolomäischen Zeit.

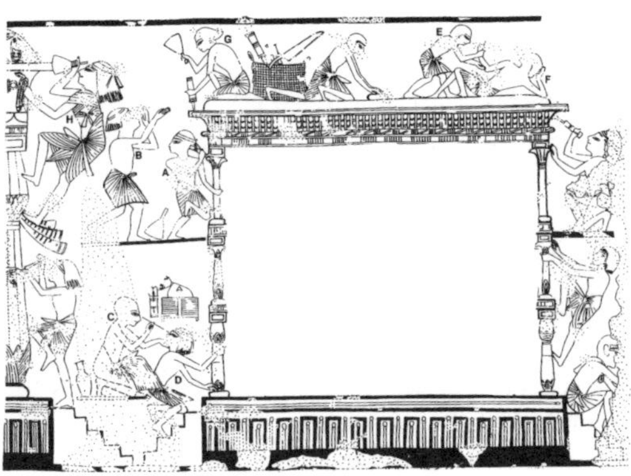

Abbildung 24: Darstellung von Arbeitsunfällen während des Baus der Grabanlagen im Tal der Könige: Verletzungen der Augen, der Hände, der Knochen und deren Behandlung

Durchführung von Operationen

Schon in vordynastischer Zeit konnten die ägyptischen Ärzte Operationen durchführen. Hierfür entwickelten sie scharfe Instrumente, die sich durchaus mit heutigen modernen Operationsinstrumenten vergleichen lassen. Auch wenn sie nicht aus Materialien wie Stahl, Chrom oder Titan gefertigt waren, unterscheiden sich diese chirurgischen Werkzeuge äußerlich kaum von denen in unseren Operationssälen. Das ist nicht mit einer prophetischen Gabe ägyptischer Handwerker oder Heiler zu erklären, die Formen der Instrumente richteten sich vielmehr nach den Erfordernissen beim jeweiligen Eingriff. Wir können also schon aus der Form der chirurgischen Instrumente auf deren tatsächliche Verwendung und die genauen medizinischen Kenntnisse der alten Ägypter schließen, die ihnen Anfertigung und Einsatz solcher „hypermoderner" Werkzeuge ermöglichten.

Im Tempel von Kom Ombo in Oberägypten sieht man eine solche Tafel, auf der chirurgische Instrumente zu Ausbildungszwecken gezeigt werden.

In diesem Buch konzentrieren wir uns überwiegend auf die wiederentdeckten oder zumindest identifizierten Heilmethoden, welche die Priester 3000 v. Chr. und früher praktizierten. Schriftliche Aufzeichnungen liegen uns jedoch erst ab der Zeit um 1500 v. Chr. vor. Man könnte in der Tat annehmen, daß die Ägypter vorher nicht krank geworden seien. Vielleicht aber litten sie durchaus auch an Krankheiten, kannten jedoch andere, ungleich wirkungsvollere Heilungsmethoden.

Der Edwin-Smith-Papyrus gilt als ältestes Chirurgiebuch der Welt. Er enthält fast fünfzig typische Fälle von Verletzungen des Gehirns bis hin zur Identifizierung von Problemen im unteren Rückenmarksbereich.

Aus der Art und Weise, wie im Edwin-Smith-Papyrus die Fälle beschrieben werden, kann man schlußfolgern, wie die Ausbildung der künftigen Heiler unter freiem Himmel erfolgt sein dürfte:

- Jeder Beschreibung einer Krankheit geht eine kurze zusammenfassende Diagnose voraus.
- Dann folgt eine detaillierte Diagnose.
- An diese Beschreibung des Krankheitsbildes schließt sich eine unmißverständlich formulierte Prognose an, welcher Verlauf der Krankheit zu erwarten ist.

Der Lehrer erklärte seinen Schülern außerhalb des Operationsraums die Aufgabe, und je nach Ausbildungsstand durften einer oder mehrere seiner Schüler an der nächsten Operation teilnehmen. Diese dürften während des ganzen Tages erfolgt sein und wurden von vielen Priestern ausgeführt.

Jedem Priester waren Schüler zugewiesen, die er auszubilden hatte. Solange das nur die eigenen Söhne waren, gab es keine Übermittlungsprobleme, denn die Väter sorgten schon dafür, daß ihre Söhne in jedes erdenkliche Geheimnis eingeweiht wurden. Später, als man zur Gruppenausbildung überging, wird sich das unmerklich geändert haben. Vermutlich war es die allmählich sinkende Genauigkeit bei der Einweisung in die Heilkunst, die zum Verfall führte.

Wir sehen das deutlich im Papyrus Edwin Smith: Dort war – bereits 1500 v. Chr. – eine Art Kommentar zum Originaltext notwendig geworden. Das hing wohl auch mit den Veränderungen der altägyptischen Sprache zusammen: 1500 v. Chr. mußten die im Papyrus verwendeten Wörter, Fachbegriffe und Redewendungen bereits erklärt werden. Experten aus heutiger Zeit vermuten, daß dieser Papyrus eine Art chirurgisches Standardwerk ägyptischer Heilerschulen gewesen sein muß, wobei wir allerdings nicht mehr wissen, wo die zugehörigen steinernen Illustrationen, die Friese, gestanden haben. Interessant für uns ist jedoch, daß der Papyrus nach Feststellung der Ägyptologen in einer Sprache abgefaßt ist, die bis 5000 v. Chr. zurückreichen soll.

Andere medizinische Dokumente aus dem alten Ägypten befassen sich mit Geschwüren, Zysten, mit der Zuckerkrankheit, mit Fieber, Entzündungen, Erkrankungen des Darmausgangs, des Mastdarms, des Magens, kurz, mit all den Leiden, die auch uns Heutige treffen können. Man rätselt derzeit noch vielfach darüber, wo die Ägypter lange vor dem Bau der Pyramiden dieses Wissen erworben haben könnten. Daß sie in der Anatomie besser bewandert waren als andere alte Völker, führt man auf den Brauch der Einbalsamierung und Mumifizierung zurück. Aber auch diese Erklärung ist nicht sonderlich überzeugend: Diese Künste entwickelten sich nach und nach und erreichten ihren Höhepunkt erst um 1000 v. Chr., als das System altägyptischen Heilwissens bereits wieder in Bruchstücke zerfallen war.

Sieht man von wenigen Fragmenten aus der Zeit der Griechen und Römer in Ägypten ab, so findet man im Grunde keine altägyptischen Darstellungen menschlicher Organe. Dies wird meist mit der Grundhaltung der alten Ägypter erklärt, den menschlichen Körper ganzheitlich und in „kosmischer“ Vollkommenheit zu sehen. Grundsätzlich wich man damals auf die Abbildung prinzipiell ähnlicher tierischer Organe aus, wenn es darum ging, krankhafte Veränderungen darzustellen. Man empfand eine tiefe Scheu vor der Betrachtung von Dingen des Lebens, die nicht innerhalb der Norm lagen, weil man befürchtete, sich durch den bloßen Anblick mit dem Problem selbst anzustecken. So erfanden die Ägypter Zeichen, die von tierischen Organformen ausgingen, jedoch ebenso auf die entsprechenden Organe des Menschen bezogen waren.

Wie berichtet wird, habe die alte Sprache nicht weniger als hundert anatomische Bezeichnungen gekannt. Insbesondere die Bedeutung des Herzens, die Bewegung des Herzens sowie die Gefäße und Adern waren bekannt; darüber hinaus sogar Nerven, von denen man bereits wußte, daß sie für die Bewegung der Glieder notwendig waren.

Wenn es sich um sichtbare Schäden der Organe, Muskeln, Skelettknochen, der Haut oder der Körperöffnungen handelte, verstanden es die Ägypter meisterlich, diese Erkrankungen chirurgisch zu versorgen. Warum aber, so fragen sich viele Experten heute, griffen sie, wenn es um die Behandlung von inneren Krankheiten ohne handgreifliche Ursache ging, auf Magie und Zauberei – wie wir dies heute bezeichnen würden – zurück?

In der Regel wird diese Merkwürdigkeit damit erklärt, daß die Ägypter in Fällen, in denen keine sichtbaren äußeren Gründe vorlagen, annahmen, daß böse Geister oder Dämonen den Leib des Patienten attackierten. Sie seien der Ansicht gewesen, daß eine unbekannte Kraft von außen auf den Kranken einwirke, und diese anonyme Kraft hätten sie in ihren magischen Praktiken personifiziert. Ähnlich wie in der Kunst der Physik und Chemie, in der das gewünschte Endprodukt als Heilbringer oder Kraftspender vergottet wurde, habe man also die unerwünschten Erscheinungen der jeweiligen Kunst, Technik oder Synthese dämonisiert. Und da im „Haus des Lebens“ Krankheiten als unerwünschte Erscheinungen galten, habe man dort Dämonen für den Ausbruch von Krankheiten ohne äußerlich sichtbare Ursachen verantwortlich gemacht.

Diese Erklärung mag wiederum für die Zeit des Niedergangs zutreffen, als das Wissen um die „krankmachende Kraft“ verloren gegangen war und nur noch unbegriffene Bruchstücke in Zauberpraktiken überdauerten. Der Erklärungsversuch blendet jedoch die Tatsache aus, daß in den Jahrtausenden davor ein umfassendes Heilwissen beherrscht, gelehrt und praktiziert wurde, dessen magische Ritualisierung wohl weniger die Essenz als eine späte Schwundform dieses Wissens darstellt.

Sicherlich sahen es die Priester auch zur Zeit der altägyptischen Hochkultur als ihre Aufgabe an, zwischen Menschen und Göttern zu vermitteln. Dazu gehörte wohl auch die Vorstellung, man müsse den Dämonen Einhalt gebieten, was jedoch nicht durch magische Praktiken geschah, sondern indem man das Problem des Krankseins als „geistiges Problem" ansah. War das die Geburtsstunde jeglicher Geistheilung?

Möglicherweise ja – aber es steckt noch erheblich mehr dahinter. Die alten Ägypter bedienten sich bei ihren uns heute unbekannten Heilmethoden der Kräfte unserer Erde. Ob dies nun die Magnetfelder waren, Strahlungen, die – als Nebenprodukte der Vorgänge im Erdinneren – durch die Erdkruste an die Erdoberfläche dringen und in den Weltraum abgegeben werden, oder ob es sich um Einstrahlungen aus dem Kosmos handelt, können wir heute nicht mehr (oder noch nicht) entscheiden: Das ursprüngliche Wissen darüber ist um 2000 v. Chr. verloren gegangen. Übrig blieben jene rituellen Praktiken am Krankenbett, eine Art Beschwörung oder Exorzismus bis hin zur Anwendung von Drogen.

Aber das alles sind, um es noch einmal zu wiederholen, Phänomene des Verfalls.

Mit diesen Jahrhunderten des Niedergangs, als in Ägypten zerriebene oder lebendige Insekten oder sonstige abscheuliche Erzeugnisse tierischer oder pflanzlicher Herkunft verordnet wurden, werden wir uns in diesem Buch *nicht* beschäftigen. Inzwischen gibt es auch genügend Veröffentlichungen, die uns über die Heilkräuter und Essenzen dieser ägyptischen Epoche aufklären, in denen Papyrus und Lotuspflanze eine zentrale Rolle spielen. All das hat jedoch mit den von den alten Ägyptern bewußt genutzten Heilkräften der Pyramide nichts zu tun. Dieser kleine Ausflug sollte lediglich verdeutlichen, daß auch im alten Ägypten klar zwischen Krankheiten, die auf operativem – chirurgischem, also handwerklichem – Wege behandelt werden konnten, und Störungen der Organe unterschieden wurde. Diese Funktionsstörungen, die wir heute innere Krankheiten nennen, konnte man in der altägyptischen Blütezeit ebenso erfolgreich behandeln wie äußerlich sichtbare Erkrankungen.

Seelenheilkunde

Die heute in westlichen Gesellschaften nachweislich größte Gruppe von Erkrankungen ist psychisch bedingt. Die herrschende Meinung besagt, daß durch Ärger im Beruf, mit der Schwiegermutter, mit dem Lebenspartner, mit den Kindern oder den Nachbarn eine Reihe von Erkrankungen – von Asthma bis Schlaflosigkeit, von der Magersucht bis zur Fettsucht und so fort – ausgelöst würden. Depressive Verstimmungen, Hysterie oder Todessehnsucht – dies alles sind Erkrankungen, die in irgendeiner Weise einen psychosomatischen Hintergrund haben können, in denen sich also durch seelischen Druck ein organisches Leiden entwickelt.

Im Ägypten der alten Zeit jedoch tauchen psychosomatische Erkrankungen nirgends auf. Eine Ausnahme bildet vielleicht die oben gezeigte Darstellung einer *Anorexia neurosa*, also der seelisch bedingten Ernährungsstörung, im Volksmund „Magersucht" genannt. Der Kranke erbricht sofort die zugeführte Nahrung, ekelt sich vor der Nahrungsaufnahme, so daß er praktisch inmitten des Überflusses verhungert, wenn man nicht ärztlicherseits eingreift. So fragt man sich: Wie wurden diese lebensbedrohlich Erkrankten von den Heilern im alten Ägypten behandelt?

Meine Antwort, liebe Leser, kann Sie an dieser Stelle nicht mehr allzusehr verwundern: Psychosomatische Erkrankungen wurden im Umkreis der Pyramiden, Obelisken und Sphingen durch Bestrahlung mit Erdkräften therapiert. Die Behandlung erfolgte nach dem Prinzip, dem Geschwächten Kraft zuzuführen, dem energetisch Überladenen Kraft zu entziehen. Dafür gab es – aufgrund der baulichen Eigenart der steinernen Instrumente mit Tempelchen, Liegehäusern und dergleichen – markierte Plätze, an denen der Kranke für eine bestimmte Zeit verweilen mußte. Die Zeitdauer entsprach der durch den Priester verordneten Zahl der Gebete, die an dieser Stelle zu beten waren. Um es in einer griffigen Formel zusammenzufassen:

- Die *Beichte* der alten Ägypter war die regelmäßige *Konsultation* des Priesters,

- der *Inhalt* ihrer Beichte jedoch war die Beschreibung der beobachteten *Symptome*,
- die auferlegte *Buße* war die *Therapie,* die am Ort der Konsultation erfolgte,
- wobei die verordnete Zahl der *Gebete* das Zeitmaß für die erforderliche *Therapiedauer* war.

Ägypten belegte seine Heiler mit Namen in der typischen Art des Landes. So wurden Darmspezialisten die „Wächter des Anus“ genannt; Ärzte für Innere Medizin hießen „die das Geheimnis der Säfte des Leibes kennen“. Wenden wir uns nun aber den Spezialisten zu, die „das Geheimnis des menschlichen Geistes kennen“.

Dritter Teil:
Der Einsame von Kairo

9. Kapitel: Ein Geschenk der alten Ägypter

Ich begegnete ihm in der Sultan-Hassan-Moschee in Kairo. Für einen Ägypter schien er mir ungewöhnlich groß, ich schätzte ihn auf 1,85 m. Er war hager, sein Körper in einen schwarzen Umhang, einem Burnus ähnlich, eingehüllt. Das wettergebräunte, schmale Gesicht wurde von einem turbanartigen Kopfputz, wie er für Mekkapilger typisch ist, weitgehend eingerahmt. Den Mund leicht geöffnet, bereit, sofort zu reden, wenn er gefragt würde, stand er da und schaute mich mit diesen großen, glänzenden Augen eines sehr überzeugten Moslems an, der alle heiligen Stätten des Islam besucht und besonders intensiv seine Überzeugung lebt. Vielleicht war das auch der Grund, warum ich ihn anfänglich nicht beachtet hatte, denn diesem Typ Gläubigen begegnet man häufig an historischen Plätzen der moslemischen Welt, nicht nur in Ägypten, sondern im gesamten Einflußbereich des Islam.

Ich beugte mich vor, um den Marmorboden der Sultan-Hassan-Moschee zu fotografieren. Wie lange war das schon her, fast 25 Jahre, daß ich zum ersten Mal von dem Geheimnis des Innenhofs dieser heiligen Stätte in Kairo gehört hatte. Damals … am 2. Juli 1969 stand ich zum ersten Mal vor den Pyramiden von Gizeh, in der Hitze der Mittagssonne, bei fast vierzig Grad im Schatten der Cheopspyramide. Der Sand flimmerte, Sand, nichts als Sand, wohin man sah. Außer unserer Gruppe waren weit und breit keine Touristen zu sehen. Es waren die Jahre, in denen Ägypten, isoliert von der Welt, unter Nasser einen Weg zum Sozialismus suchte.

Eines steht fest: Damals war das Umfeld der Pyramiden in einem romantischeren Flair zu sehen als heute. Als der Sand den Sphinx samt Vorfeld der Pyramiden zum Teil zehn Meter hoch und höher bedeckte, sah das Weltwunder, die Pyramiden von Gizeh, noch richtig phantasievoll aus. Heute bietet das wie mit einem riesigen Staubsauger gereinigte Vorfeld einen traurigen Anblick. Von dem Sphinx aus gesehen meint man einen durchlöcherten Käse vor sich zu haben, auf dem die Pyramiden wie steinerne Dreiecke thronen. Der Sand des Vergessens, der noch bis vor einigen Jahren die häßlichen Spuren der letzten fünftausend Jahre verdeckt hatte, ist systematisch entfernt worden. Heute jedoch sehen wir nur allzu deutlich, was im Laufe der vieltausendjährigen Geschichte seit Errichtung der Pyramidenanlage vornehme, mächtige, verarmte oder gedankenlose Menschen – jeder von seinem Zeitalter geprägt – sich haben einfallen lassen, um sich im Schatten der Pyramiden einen Platz für die Ewigkeit zu sichern. Es ist zu begrüßen, daß die Anlage vom Sand befreit wurde, und es ist sicher nützlich, daß Sponsoren mit großem finanziellem Aufwand für die Restaurierung der Spuren des alten Ägypten sorgen. Der visuelle Eindruck für den heutigen Besucher, zum Ende des zweiten Jahrtausends unserer Zeitrechnung, ist dennoch erschreckend.

Damals – 1969 – wußte ich nicht, daß eine Bemerkung unseres Fremdenführers fast dreißig Jahre später zu einem der entscheidenden Hinweise in diesem Buch führen würde. Er sagte: „Die Erbauer dieser Anlage haben in einer Art Bilderschrift eine Gebrauchsanweisung an der Chephrenpyramide hinterlassen, welchen Sinn die Bauwerke haben und wie diese genutzt werden können."

Hier muß ich noch die kleine Geschichte einflechten, wie wir just zu diesem Fremdenführer kamen: Im Jahr 1969 regierte Abdel Nasser Ägypten. Als Offizier der ägyptischen Armee war er am Putsch gegen den letzten König von Ägypten, Faruk, beteiligt gewesen und hatte als zweiter Diktator nach dem Putsch die Macht in Ägypten und somit auch über den strategisch wichtigen Suezkanal übernommen. Nassers größtes Projekt war der Bau des Assuan-Staudamms mit Hilfe der damaligen UdSSR. Politisch an Moskau angelehnt, wurde er von den westlichen Alliierten wirtschaftlich boykottiert. Dies hatte zur Folge, daß der Tourismus in Ägypten in den 18 Jahren seit dem Sturz Faruks zum Erliegen gekommen war.

Nur ganz wenige Touristen traf man an den alten Monumenten, und die raren Besucher im Nationalmuseum von Kairo waren unauffällige Reisende aus dem Ostblock, die das Land besuchen durften. Auf dem Flughafen waren wir mit dem einzigen Flugzeug angekommen, das an diesem Tag dort gelandet war. Unsere viermotorige Iljuschin war in Bukarest gestartet – damals der einzige Weg für überzeugte westliche Ägyptenfans, um zu den Pyramiden zu gelangen.

Kein Wunder, daß wir Valuta besitzenden Reisenden aus dem westlichen Lager, die sich zu diesem Trip zusammengefunden hatten, für alle arbeitslosen Reiseführer in Kairo eine besonders interessante Gruppe waren. Hinter den Kulissen muß es – dies war mir damals allerdings nicht bewußt – einen Machtkampf gegeben haben, wer unseren Bus durch Kairo begleiten durfte. Da ich heute einen besseren Einblick in die Mentalität der ortsansässigen Ägypter habe, meine ich, daß die Entscheidung, uns einen etwa 75 Jahre alten englischen Professor für Ägyptologie zuzuweisen, politisch begründet war. Dieser Engländer, wie einem Roman von Agatha Christie entsprungen, war trotz aller Entbehrungen in Kairo geblieben, um seinem Lebenswerk nahe zu sein. Durch Kontakt zu westlichen Touristen konnte er sich nicht mit unerwünschten politischen Ideen infizieren, also war er, so vermute ich heute, der richtige Mann – und auch für mich, rückblickend betrachtend, zur richtigen Zeit in Kairo. Daß er ein Geschenk der alten Ägypter an mich (bitte entschuldigen Sie meine Gefühlsduselei) gewesen sein muß, ist mir aber erst seit 1996 klar.

Zunächst vermittelte er uns die üblichen Erklärungen für Touristen: wie hoch, wie alt, wer das Monument wann und weshalb erbaut hat. Daneben gab er uns noch einige zusätzliche Informationen, denen aber gleichfalls noch nichts Sensationelles anhaftete. So entsinne ich mich, daß wir mit ihm vor der Chephrenpyramide standen und er uns erklärte, wie und mit welchen Mitteln die Steinblöcke geschlagen und auf dem Nil über Hunderte von Kilometern transportiert worden seien. Er erläuterte uns, daß die Cheopspyramide aus etwa 2,5 Millionen solcher 1,5 bis 2,5 Tonnen schwerer Steine erbaut worden sei, das Bauwerk etwas über 140 Meter hoch und die Frage, ob es je eine Spitze besessen habe, noch immer ungeklärt sei. Der Fuß der Pyramide messe etwa 225 Meter pro Seite, und bis zum 14. Jahrhundert n. Chr. habe der Mantel der Pyramiden aus poliertem Kalksandstein bestanden, den noch Herodot vor 2300 Jahren gesehen und beschrieben hatte.

Das Ende der Vollkommenheit der Pyramiden, so unser Reiseführer weiter, nahte in Gestalt Sultan Hassans, des Eroberers von Kairo. 1345 begann er mit dem Bau der nach ihm benannten Sultan-Hassan-Moschee, für den er die Chephrenpyramide als Steinbruch benutzen ließ. Man löste die Steinblöcke aus der Außenhaut der Pyramide, anschließend wurden sie aus ihrer Lage gehebelt und rutschten krachend und polternd an den Seiten der Pyramide zu Boden. Was unten halbwegs brauchbar ankam, wurde zur Baustelle der Moschee gebracht und für das Mauerwerk verwendet. Was auf dem Weg in die Tiefe zerbarst und zertrümmert im Sand landete, ließ man einfach liegen, so daß sich am Fuß der Pyramide bald ein zwanzig bis dreißig Meter hoher Berg aus Bruchstein anhäufte. Dieser Trümmerwall ist heute längst verschwunden. Private Bauherren verwendeten das Material zum Bau ihrer Häuser oder, wie es auch in unserer Zeit geschieht, zum Ausbau von Straßen. Im oberen Teil der Chephrenpyramide sieht man, wie weit die Arbeiter seinerzeit gekommen sind. Wie ein Hut wirken die Reste der Verkleidung der Außenhaut an der Spitze, die nicht demontiert wurde, weil das für die Arbeiter in dieser Höhe zu gefährlich geworden wäre.

Abbildung 25: Die Chephrenpyramide heute: Der Kalksteinmantel, den noch Herodot beschrieb, ist seit dem 14. Jahrhundert weitgehend zerstört

Soweit der erste Teil der Erläuterungen unseres damaligen Reiseführers, die durchaus den Informationen ähneln, welche man auch heute als aufmerksamer Pyramidenbesucher in Erfahrung bringen kann. Anschließend aber beschrieb uns der Ägyptologe etwas, das heute keinem Reiseführer in Ägypten mehr geläufig ist.

Der englische Gentleman, ein Stöckchen unter dem Arm, erklärte uns, daß an der Chephrenpyramide, in der Form eines Frieses rings um das Bauwerk laufend, eine Art Gebrauchsanweisung, eine marmorne Erklärung der Anlage eingemeißelt gewesen sei. Heute weiß ich, daß dies durchaus dem Konzept der alten Ägypter entsprach, die außen, wie wir schon gesehen haben, an den Gebäuden ihrer Tempel jeweils eine Art Erklärung – Studienmaterial, Lehrtafeln – anbrachten zu dem, was sie im Inneren der Gebäude praktizierten. Heute frage ich Zweifler: Warum sollten sie bei den Pyramiden eine Ausnahme gemacht haben?

Im übrigen gibt es ja auch im Zusammenhang mit den Pyramiden Beispiele für eine solche Praxis. In Abbildung 26 sieht man das Pyramidon, die Spitze einer kleineren Pyramide, mit einem Fries, das sich rings um die Pyramide zieht.

Abbildung 26: Die Spitze der Pyramide des Anemenhets III.

Unser Reiseführer also beschrieb uns, daß einst rings um die Chephrenpyramide, zirka 1,8 Meter über dem Fuß des Monuments, einem Fries ähnlich ein Band aus farbigen marmornen Bildern verlaufen sei, das geometrische Figuren dargestellt habe. Ganz nebenbei äußerte er die Vermutung, daß es sich hierbei um die Beschreibung des Baus der Pyramide gehandelt haben könnte, aber bemerkenswert sei, daß es sich nicht um Hieroglyphenschrift handle. Vermutlich habe Sultan Hassan vor der Zerstörung des Mantels der Chephrenpyramide sowohl dieses Fries als auch Bodenplatten, die in unmittelbarer Nähe der Pyramiden verlegt waren, entfernen lassen, da sie sonst vom Geröll der Bruchsteine verschüttet worden wären.

Gegen Abend führte unser Reiseführer uns in die Sultan-Hassan-Moschee von Kairo und zeigte uns den Fußboden des großen Gebetshofes. Dort hatte der Sultan die Marmorteile auf dem Boden auslegen und einige Portale mit Bruchstücken der Pyramidenverkleidung ausschmücken lassen. Ob er einen bewußten Plan verfolgte oder nicht, vermutlich rettete er hierdurch die entscheidenden Hinweise auf Sinn, Zweck und Funktion der Anlage von Gizeh – zumindest der Chephrenpyramide – bis in unsere Zeit vor der Zerstörung. Gleichgültig, wer in Kairo an der Macht war, kein moslemischer Potentat hätte es gewagt, Hand an die Moschee zu legen und Teile aus ihr zu entfernen.

Damals wußte ich noch nicht, daß die Anlagen, in denen die alten Ägypter Pyramiden oder Obelisken errichtet hatten, in Wahrheit Krankenhäuser waren. Ich hielt sie, genau wie jeder andere Besucher, für Grabmale. Daher konnte ich 1969 noch längst nicht erkennen, was für einen faszinierenden Hinweis mir der Ägyptologe mit seinen nebenbei geäußerten Erklärungen gegeben hatte.

Doch ab 1993 wurden diese in meinem Hinterkopf gespeicherten Angaben zum Mittelpunkt einer abenteuerlichen Suche in Kairo. Nach der Entdeckung der geheimnisvollen Phänomene im Umfeld der Pyramiden erinnerte ich mich an den alten aristokratischen Briten. Doch unglücklicherweise fiel mir nicht mehr ein, in welche Moschee er uns seinerzeit geführt hatte. Kein Problem, sollte man meinen, der Reiseführer wird schon wissen, um welche Moschee es sich handelte. Doch erstaunlicherweise wußte keiner der jungen ägyptischen Reiseführer von dem historischen Zusammenhang zwischen der Chephrenpyramide und einer im 14. Jahrhundert erbauten Moschee. Einige von ihnen versuchten, für mich zu recherchieren, doch ohne Ergebnis. Es blieb mir also nichts weiter übrig, als auf eigene Faust systematisch nach dem Steinfußboden in einer Moschee zu suchen, deren Standort mir entfallen war.

Heute weiß ich, warum dieses Wissen regelrecht vertuscht wird. Einige wenige Insider in Kairo hüten dieses Geheimnis, weil sie befürchten, daß sonst Scharen von Touristen in die Sultan-Hassan-Moschee pilgern würden, doch nicht aus moslemischer Frömmigkeit, sondern der altägyptischen Steine wegen!

Abbildung 27: Der Innenhof der Sultan-Hassan-Moschee

In einer Zeit, in der die Mullahs ärgerlich reagieren, wenn der Blick der Menschen häufiger auf den Pyramiden der Pharaonen als auf den Minaretten Allahs ruht, ist diese Geheimniskrämerei verständlich – auch wenn sie für mich den beschwerlichen Nachteil hatte, daß ich kreuz und quer durch Kairo streifen mußte, auf der Jagd nach einer Moschee, von der man mir unablässig versicherte, daß sie überhaupt nicht existiere.

Aber 1996 wurde meine Zähigkeit endlich belohnt. Fasziniert schritt ich die durch die weite, prachtvolle Sultan-Hassan-Moschee, wo ich nicht nur die Bruchstücke vom Fries der Chephrenpyramide wiederfand, sondern auch jenen eingangs erwähnten moslemischen Weisen kennenlernte, von dessen Einsichten und Überlegungen ich im folgenden berichten will.

10. Kapitel: Altägyptische Botschaften im Heiligtum Allahs – die Sultan-Hassan-Moschee

Nach Meinung der Akademien vor Ort ist die Hypothese, daß die Platten in der Sultan-Hassan-Moschee von der Chephrenpyramide stammten, schlicht und ergreifend falsch. Ebenso schlicht ist allerdings die Begründung, mit der man diese Ansicht zu belegen versucht: „Das Material, farbiger Marmor", wird man beschieden, „wurde nicht für die Außenhaut der Pyramiden von Gizeh verbaut."

Wo aber, so lautet meine Gegenfrage, steht geschrieben, daß an den Pyramiden ausschließlich polierter Stein verwendet wurde?

Folgende Hypothesen sind gängig:

- *Zur Spitze der Pyramiden:* Sie seien aus einem anderen Material gefertigt gewesen, zum Beispiel aus Kristall, Gold oder aus schwarzem Granit wie die erhaltene Spitze der Pyramide Anemenhets III.
- *Zur Außenhaut, dem Pyramidenmantel:* Jede Seite sei in einer anderer Farbe – blau, rot, grün, gelb – angestrichen gewesen.
- *Zum Pyramidenfuß:* Die Pyramiden sollen im Wasser gestanden haben, das verdunstende Wasser habe einen Summton erzeugt.

Vielleicht haben die Verantwortlichen für ihre Mystifikation weitere gewichtige Gründe, die aus unserer westlichen Sicht nicht zu erkennen sind. Fest steht jedoch, daß kein Reiseführer während seiner Ausbildung überhaupt von der Hypothese erfährt, der Boden der Hassan-Moschee könnte von der Chephrenpyramide stammen. Statt dessen beharrt man – ohne dies plausibel zu belegen – auf der offiziellen Meinung: Steine von der Pyramide wurden zu anderen Zwecken verbaut, die Ausschmückung der Pyramide aber wurde nicht zweckentfremdet – und schon gar nicht für den Bau der Hassan-Moschee.

Die moslemische Geistlichkeit, wie gesagt, scheint zu befürchten, daß die öffentliche Bekanntmachung des Zusammenhangs zwischen Sultan-Hassan-Moschee und Chephrenpyramide zu einem unheiligen Run auf das Heiligtum Allahs führen könnte. Dagegen scheint mir eine andere, durch diese Furcht ausgelöste Gefahr noch akuter und bedrohlicher zu sein: Sollte dieses in Kairo wohlgehütete Geheimnis in nächster Zeit durch die Veröffentlichung dieses Buches populärer und häufig öffentlich diskutiert werden, dann könnten sich die ägyptischen Religionshüter veranlaßt sehen, den Boden der Moschee abzudecken, gar herauszureißen oder auf andere Weise für die Öffentlichkeit unzugänglich zu machen.

Vorwände hierfür fänden sich im heutigen Ägypten mühelos. Die beliebteste Begründung für die Sperrung eines Gebäudes lautet „Einsturzgefahr als Spätfolge eines Erdbebens". Ebenso nonchalant werden ganze Areale abgesperrt, indem man sie als „militärischen Sperrbezirk" deklariert, um beispielsweise ungestört nach versteckten Antiquitäten suchen zu können. Ob politische, religiöse oder archäologische Interessenten dahinter stecken, erfährt man in solchen Fällen nie. Statt dessen aber kursieren – schließlich sind wir im Orient – nach jeder Sperrung eines Gebäudes oder Geländes tausend Gerüchte. Und nicht lange, dann riskieren wagemutige junge Männer ihr Leben und dringen heimlich in die gesperrten Objekte ein …

Was die Sultan-Hassan-Moschee betrifft, so kämen etwaige Sperrungen jedoch zu spät: Der Boden ist fotografiert, die steinernen Botschaften stehen den Forschern zur weiteren Untersuchung am Schreibtisch zur Verfügung. Mit der Veröffentlichung dieses Buches finden diese in Stein verewigten mathematischen Bilder einen Weg in die Öffentlichkeit, der keine Zensur mehr ermöglicht.

Der Wissende erkennt sofort, daß diese Steinbilder nicht der Phantasie eines genialen Künstler entsprungen sind. Die Sequenzen weisen zum Teil noch die Schnittstellen zu den ursprünglich ihnen folgenden Bildern auf. Man identifiziert folgende Grundformen:

- insgesamt vier supergroße viereckige Flächen, die jeweils die Mitte einer der vier Pyramidenseiten bedeckt haben könnten,
- eine Anzahl großer Flächen, eckig bzw. rund,
- etliche Sequenzen, die länger als breit sind,
- einige Bilder wurden mit neutralem Marmor ausgefüllt: Sie dürften zusätzliche Hieroglyphen oder sonstige Symbole ent-

halten haben, die aber entfernt wurden, weil man sonst auf die Herkunft des Fußbodens hätte schließen können.

Abbildung 28: Details der Bodenplatten in der Sultan-Hassan-Moschee

Abbildung 29: Details der Bodenplatten in der Sultan-Hassan-Moschee

Abbildung 30: Details der Bodenplatten in der Sultan-Hassan-Moschee

Abbildung 31: Details der Bodenplatten in der Sultan-Hassan-Moschee

Abbildung 32: Details der Bodenplatten in der Sultan-Hassan-Moschee

Abbildung 33: Details der Bodenplatten in der Sultan-Hassan-Moschee

Abbildung 34: Details der Bodenplatten in der Sultan-Hassan-Moschee

Abbildung 35: Details der Bodenplatten in der Sultan-Hassan-Moschee

Abbildung 36: Details der Bodenplatten in der Sultan-Hassan-Moschee

Für uns sind die geometrischen Figuren deshalb interessant, weil sie die Pyramiden von Gizeh zeigen, allerdings in einem Vorstellungsmuster, an das sich unser Gehirn noch gewöhnen muß. Sie erklären:

- wie man die Funktion der Pyramiden einschaltet,
- wie man sie ausschaltet,
- welche Kräfte außerhalb der Bauwerke in welcher Richtung wirken,
- den Zusammenhang zwischen Obelisk und Pyramide sowie deren Zusammenwirken.

Man erkennt anhand dieser Figuren auch ohne viel Phantasie, daß der Obelisk sozusagen die abgespeckte Pyramide darstellt, d.h. wie man sich die Kräfte des Objekts nutzbar machen kann, ohne das ganze Volumen auszufüllen. In den Kapiteln über die Heilkraft der großen Pyramiden werden Sie mehr darüber erfahren. Lassen Sie mich bitte zuvor noch zu meiner Begegnung mit dem „Einsamen von Kairo" zurückblenden – so habe ich den weisen Moslem für mich genannt, da er als Gnostiker eine auch im Islam keineswegs populäre Weltanschauung vertritt.

Der Mathematiker Gottes

Wenn man einen rund tausend Quadratmeter großen Fußboden Abschnitt für Abschnitt fotografiert, dann hat man einige Zeit damit zu tun. Daher wurde mir nach und nach bewußt, daß dieser schon von seinem Äußeren her auffällige Mann mich sehr genau beobachtete. Ich fing an, mir Gedanken zu machen: Konnte er wissen, was ich wußte, oder war sein Interesse an mir doch nur ein Zufall? Wollte er nicht, daß ich die geometrischen Muster so präzise fotografisch archivierte? War er ein Polizist? Seinem Aussehen nach hätte er es sein können.

In dieser etwas angespannten Situation tat ich, was wohl jeder getan hätte: Ich lächelte den Beobachter gelegentlich, wenn ich aufschaute, an. Als nächste vertrauensbildende Maßnahme nickte ich freundlich mit dem Kopf. Zwischendurch machte meine Kamera klick, klick, klick. Schließlich gab ich mit meinen Augen zu verstehen, daß ich diesen Fußoden sehr schön fand, und als Höhepunkt hatte ich mir ausgedacht, dies auch noch mit Gesten zu unterstreichen.

Endlich war ich fertig und schaute ihn nun erleichtert an, denn meine Befürchtung, daß er mich bei meiner Arbeit stören würde, war grundlos gewesen. Dies schien für ihn wohl das Signal zu sein, daß er mich ansprechen konnte.

Er begann mit der in der arabischen Welt üblichen ersten Frage nach der Nationalität: „Deutscher?“

Ich nickte und ließ mich so in ein Gespräch ziehen, mit dessen Verlauf und Inhalt ich an diesem Ort niemals gerechnet hätte.

„Ich sehe, Sie interessieren sich für die Sultan-Hassan-Moschee?“ fuhr der hagere Herr fort.

„Ja“, antwortete ich vorsichtig, „ein wunderschönes Bauwerk.“

„Wollen Sie auch die alte Koranschule sehen?“ fragte er mich.

„O ja“, antwortete ich. Einerseits interessierte mich auch dieser allgemein nicht zugängliche Teil der Moschee, andererseits wollte ich durch höfliche Zustimmung meinen Tribut dafür leisten, daß ich ungestört den Marmorfußboden hatte fotografieren dürfen.

„Dann folgen sie mir ...“, forderte mein neuer Bekannter mich ohne weitere Umschweife auf.

Das Programm der folgenden halben Stunde hätte jedem Dokumentarbericht alle Ehre gemacht. Wir besuchten gemeinsam die ehemalige Ausbildungsstätte für islamische Geistliche. Er zeigte mir das „Internat“, in dem die Zöglinge gelebt und auch gelitten hatten, wenn die Suren des Koran nicht so rasch und detailgetreu in ihren Köpfen haften blieben wie von den Lehrern gewünscht. Er erklärte mir die Methoden der Ausbildung, etwa daß an dieser Koranschule immer vier Lehrer wirkten, die unterschiedliche Auslegungen des Koran vertraten. Benötigte der Schüler während seines Studiums weitere Erklärungen, so wandte er sich an einen Lehrer seiner Sympathie und ließ sich anschließend auch die anderen Meinungen erläutern. So konnte er sich seine Meinung zu diesem und jenem Auslegungsproblem bilden und vermochte auch selbst zu beurteilen, mit welcher Betonung eine bestimmte Stelle einer Sure des Koran gelesen werden mußte, konnte oder sollte. Denn wie die Rhetorikschule des Islam lehrt, ändert sich die Bedeutung eines Substantivs, je nachdem, wie man es betont. Ein und dasselbe Wort – beispielsweise „Löwe“ – kann somit, je nach rhetorischer Farbgebung, „schöner“, „stolzer“ oder „prächtiger“ Löwe und unzählige weitere Nuancen bedeuten.

Unser Rundgang führte uns nun zum Grab des Hussein. Wir befolgten das Ritual, den Namen Hussein dreimal laut auszurufen, damit ein Wunsch in Erfüllung ginge. Sodann wurde mir noch eine besondere Ehre erwiesen, indem wir das Minarett bestiegen, wo man mit einem herrlichen Rundblick über Kairo belohnt wird. Schließlich kehrten wir zu unserem Ausgangspunkt zurück. Wir setzten uns auf die Stufen zum Innenhof meines Interesses, mit Blick auf den Marmorfußboden, den ich so ausdauernd fotografiert hatte. Mein moslemischer Begleiter und ich hatten uns nun kennengelernt. Genauer gesagt: Er hatte mich geprüft. Für ihn war ich jetzt kein gewöhnlicher Tourist mehr, sondern ein am Islam und insbesondere an der Moschee interessierter Deutscher. Daher war ich nun akzeptiert als Gesprächspartner, mit dem er über Bau, Nutzung und Bedeutung dieser Moschee sprechen konnte.

Eine Weile saßen wir schweigend nebeneinander. Mein Blick streifte über die Mosaikformationen des Fußbodens, auf dem genaugenommen keine Linie zu erkennen war. Ich dachte darüber nach, ob meine Fotos gelungen waren.

Scheinbar aus naivem Wissensdurst, allerdings nicht ohne Hintersinn fragte ich ihn endlich, was dieser prächtige Fußboden wohl zu bedeuten habe. Kaum hatte er meine Frage verstanden, bemerkte ich, daß sich seine Haltung veränderte. „Man sagt, daß es das Testament Hassans sei“, antwortete er.

Wieder schwieg ich und überlegte, wie ich am besten antworten konnte. Nach einer weiteren Kunstpause entschloß ich mich, einen Teil „meines Wissens“ ins Spiel zu bringen. „Ich habe vor dreißig Jahren, als ich schon einmal hier war, gehört, daß diese Marmorkunstwerke von der Chephrenpyramide stammten“, setzte ich schließlich nach.

„Das ist richtig“, war die für mich überraschend knappe Antwort. „Hassan kannte das Geheimnis der Pyramiden“, begann er nun leise zu dozieren. „Für ihn waren es Bauwerke heute unbekannter Propheten, die im Namen Allahs eine zeitlose Botschaft hinterlassen haben.“

Irritiert blickte ich ihn an. „Wie soll man das verstehen?“

„Zeitlos sind nur die Botschaften der Mathematik“, fuhr er fort. „Die Zahlen sind die Buchstaben des Ewigen.“

„Meinen Sie damit Allah?“ fragte ich.

„Nein, ich meine das Ewige als Zeit.“

„Dann wären ja Meister der Mathematik nichts anderes als Propheten."

„So ist es."

„Ich habe aber nie davon gehört, daß Propheten des Islam mathematische Formeln verkündet hätten", stichelte ich, wie es meine Art ist.

„Wenn ein wahrer Prophet ein Gesetz der Schöpfung verkündet, zum Beispiel, wie ein Geschöpf zu beten hat, um von der Schöpfung erhört zu werden, dann hat er eines der Gesetze der Schöpfung verkündet, eine mathematischen Gesetzmäßigkeit. Regeln der Mathematik kann man nicht fälschen."

„Davon habe ich gehört. Ich weiß, daß Leonardo da Vinci, ein großer Italiener, der vor fünfhundert Jahren gelebt hat, ein zeitloses und daher unverfälschbares Testament hinterlassen hat. Es soll aus einer mathematischen Gleichung mit über tausend Unbekannten bestehen. Die Lösung einer jeden dieser Unbekannten steht für einen Buchstaben, die im Zusammenhang gelesen die *Academia Leonardo da Vin*, eine Art Schule der Löwenkunst des Lebens, ergibt."

„Davon weiß ich nichts", antwortete mein Gesprächspartner, „spielen Sie auf den Sphinx vor der Chephrenpyramide an?"

„Nein", antwortete ich verblüfft, denn den Löwenkörper vor der Pyramide wollte ich wirklich nicht mit Leonardo da Vinci in Verbindung bringen.

„Hier zum Beispiel" – er deutete auf den Boden – „sehen Sie zwei Dreiecke, obwohl Sie nur eines sofort erkennen. Die Differenz aus beiden Dreiecken ist die gemeinte Zahl. Auf diese Art und Weise kann man einen Zahlenwert festlegen, gleich in welcher Weltanschauung, gleich nach welchem Intelligenzmuster man denkt."

„Das Verhältnis von Dreieck eins zu Dreieck zwei", rief ich verblüfft aus, „ist die Zahl!"

„Ja, so ist es gemeint. Innerhalb des Dreiecks sehen Sie Vierecke, Dreiecke, hell, dunkel …"

„Ja, ich sehe sie."

„Wer zu lesen versteht, wird erkennen, daß entweder die hellen oder die dunklen Dreiecke eine Minus- beziehungsweise eine Pluszahl darstellen."

„So habe ich es noch nie gesehen", gestand ich.

„Oder es handelt sich um eine ins Quadrat erhobene Zahl. Das geht aus dem Zusammenhang hervor, innerhalb dem der Zahl eine Bedeutung zugeordnet wurde."

Ich betrachtete das Dreieck in Abbildung 37 längere Zeit. Schließlich nahm ich den Dialog wieder auf, indem ich den geheimnisvollen moslemischen Mathematiker ansah. „Nur verstehe ich nicht, wo der Anfang, wo das Ende der Formel ist."

Abbildung 37: Details der Bodenplatten in der Sultan-Hassan-Moschee

Abbildung 38: Details der Bodenplatten in der Sultan-Hassan-Moschee

„Der Anfang liegt immer an einem rechten Winkel."

„Ja, aber dann gibt es mindestens zwei Möglichkeiten, wie man anfangen könnte."

„Das stimmt", antwortete mein Gesprächspartner scharf, „jeder Anfang hat zwei Möglichkeiten."

Ich merkte, daß ich entweder zu dumm oder falsch gefragt hatte. Also mußte ich, um das Gespräch nicht abreißen zu lassen, sehr behutsam meine weiteren Fragen stellen …

Mit diesem kleinen Auszug aus meiner Begegnung mit dem geheimnisvollen Moslem wollte ich ein wenig von der Atmosphäre vermitteln, in der auch die folgenden „Gerüchte" zur Sprache kamen. Es würde zu weit führen, an dieser Stelle das gesamte, fast zweistündige Gespräch wiederzugeben, das wir schließlich in einem Straßencafé in der Nähe der Moschee fortsetzten. Für mich stand fest, daß ich in der Sultan-Hassan-Moschee einem moslemischen Gnostiker begegnet war.

Während unseres Gesprächs überzeugte mich der Gelehrte davon, daß Sultan Hassan, der vor 650 Jahren in dieser Stadt gewirkt hatte, „ein Mathematiker Gottes" gewesen sei. Hassan muß weitaus mehr über das alte Ägypten gewußt haben, als bis heute bekannt geworden ist. Demnach hat er alles, was er im Zusammenhang mit den Pyramiden anordnete und unternahm, mit voller Absicht getan, auch wenn wir seine Beweggründe (noch) nicht verstehen können. Schließlich war er es, der die Pyramiden gewaltsam öffnen ließ, um nach Schätzen zu suchen. Hatte er womöglich schon vor 650 Jahren die Geheimnisse der Pyramiden entdeckt? Hat er die Hinweise auf ihre Geheimnisse in Kammern und Archiven ausgeräumt und wegschaffen lassen? Oder hat Hassan nur vergeblich nach etwas gesucht, das vor ihm schon die Ptolomäer beseitigt hatten und das womöglich dem Brand der Alexandrinischen Bibliothek zum Opfer gefallen ist?

Eine Bewegung der Gnostiker wurde nach den Kreuzzügen, die im 11. Jahrhundert n. Chr. begannen, durch ehemalige Kreuzritter in Europa ausgelöst. Sie wirkten für einige Zeit im Untergrund, bis sie schließlich durch die Inquisition aufgerieben wurden. Vermutlich bildete sich Sultan Hassan später mit Hilfe derselben Quellen im Orient aus. Und in meinem moslemisch-gnostischen Gesprächspartner, dem „Einsamen von Kairo", fand Hassan einen späten, aber würdigen Nachfahren. Für mich steht nach diesem Gespräch jedenfalls fest, daß der Erbauer der Moschee die Platten der Chephrenpyramide absichtlich im Gebetshof des islamischen Heiligtums auslegen ließ, um die geheimnisvollen Inhalte vor Zerstörung durch Narren und Vandalen zu schützen.

11. Kapitel: Die Energiemaschine Gottes

Bei der Betrachtung der Platten des Fußbodens kamen wir auf ein weiteres Thema zu sprechen, das mich deshalb so elektrisierte, weil ich aus einer anderen Quelle immer wieder auf eine vierte Pyramide, die auf dem Plateau von Gizeh gestanden haben muß, aufmerksam gemacht worden war.

Hat es eine solche vierte Pyramide, nach Abmessungen und Größe ein Ebenbild der Mykerinospyramide, gegeben? Wann und von wem wurde sie abgetragen? Nach der Beschreibung des Frieses von der Chephrenpyramide hatte diese als Gegenpol zwei Pyramiden, entsprechend der Formel:

$$1 = 0{,}5 + 0{,}5 \text{ oder}$$
$$1 = \tfrac{1}{2} + \tfrac{1}{2} \text{ oder}$$
$$1 = 2 \text{ mal } \tfrac{1}{2}$$

Dazu die Cheopspyramide:

$$1 = \tfrac{1}{3} + \tfrac{1}{3} + \tfrac{1}{3}$$

Beide Pyramiden zusammen würden somit einer Formel entsprechen, die so simpel ist, daß man kaum an einen tiefen Hintersinn denkt; dennoch muß ein großes Geheimnis der Schöpfung in dieser Tafel verborgen sein:

$$1$$
$$\tfrac{1}{2} + \tfrac{1}{2}$$
$$\tfrac{1}{3} + \tfrac{1}{3} + \tfrac{1}{3}$$
$$\tfrac{1}{2} + \tfrac{1}{2}$$
$$1$$

Gab es eine vierte Pyramide von Gizeh?

Angenommen, es hätte auf dem Pyramidenplateau von Gizeh ursprünglich vier Pyramiden gegeben, so müßte die vierte, fehlende Pyramide nach den Regeln der alten Ägypter das Gegenstück zur Mykerinospyramide sein.

Manchem wird die Suche nach einer vierten Pyramide wenig sinnvoll erscheinen, da es auf dem Pyramidenfeld von Gizeh ohnehin sehr viel mehr als drei oder vier Pyramiden gibt. Wenn man schon eine geheimnisvolle vierte Pyramide identifizieren will, ließe sich einwenden, warum wählt man nicht einfach einen der kleinen Bauten, welche die drei großen – Cheops, Chephren und Mykerinos – ohnehin ergänzen? Mit einem solchen bequemen Einwand hätte man aber das eigentlich interessanteste Geheimnis des Pyramidenbaus von Gizeh vom Tisch gefegt.

Im Übersichtsplan von Gizeh (siehe Abb. 4, Seite 46) sehen wir, daß die Cheops- und die Mykerinospyramide in der Tat von kleineren Pyramiden umgeben sind. Die Chephrenpyramide dagegen steht praktisch allein. Vergegenwärtigen wir uns die Verhältnisse in der Sultan-Hassan-Moschee: Dort tauchen in der Geometrie der Platten von der Chephrenpyramide keinerlei Zeichen für Zahlen auf, die irgendwie dechiffriert werden müßten. Vielmehr werden jeweils zwei Figuren beschrieben. Der rechnerische Unterschied zwischen beiden Figuren ergibt eine Zahl, die man entsprechend der Schreibweise seiner eigenen Zeit in eine Ziffer, Zahl, in einen Wert verwandeln kann.

Das einfachste Beispiel zur Verdeutlichung:

- Ein Mosaikstein zeigt zwei unterschiedlich große Vierecke.
- Wir messen die Seiten beider Vierecke.
- Wir errechnen die Fläche beider Vierecke nach unseren Methoden und drücken die Resultate mit unseren Zahlzeichen aus.
- Wir setzen die Vierecke ins Verhältnis: Ein Viereck hat in unserer Maßeinheit die Fläche 25,5. Das andere Viereck hat die Fläche 51,0.
- Nun erkennen wir, daß sich die beiden Vierecke wie 1 zu 2 verhalten.
- Somit repräsentiert das eine Viereck die Ziffer, die wir heute als „1“ schreiben, und das andere Viereck die Ziffer, die wir heute als „2“ schreiben.
- Zweite Möglichkeit: Wir ziehen das Viereck mit der Fläche 25,5 von dem Viereck mit der Fläche 51 ab. Somit repräsentiert das eine Viereck den Wert „1“, das andere Viereck den Wert „½“.

Im alten Ägypten muß man solche Überlegungen tagtäglich umgesetzt haben, denn die grundlegende dualistische Weltsicht erforderte es, keine Kraft und kein Phänomen ohne das untrennbar zugehörige Gegenstück darzustellen oder auch nur zu denken.

Andererseits vermied man es – wie oben beschrieben – nach Möglichkeit, negative, kranke, schlechte Eigenschaften, Tatsachen oder Ereignisse darzustellen, weil man Angst hatte, daß sich diese Dinge für den Betrachter, Leser oder Anwender wiederholen würden. Ergo versuchte man in vielen Fällen ein Problem durch *Aussparung* auszudrücken, indem man es sozusagen durch eine Leerstelle repräsentierte.

Könnte diese Überlegung erklären, warum auf dem Feld von Gizeh die nach der mathematischen Logik der Anlage zwingend erforderliche vierte Pyramide „fehlt"?

Nähernd wir uns dem Problem aus einer anderen Richtung und suchen anhand einer Übersicht, die 1974 Kurt Mendelssohn in seinem Weltbestseller *Das Rätsel der Pyramiden*[1] zusammengestellt hat, nach dem fehlenden Glied in der Kette:

Übersicht nach Mendelssohn über die Nebenpyramiden von Gizeh

Hauptpyramide	Nebenpyramiden	Anmerkungen
Meidum (Mèdûm)	1	zu klein für Bestattung
„Knickpyramide"	1	zu klein für Bestattung
„Rote Pyramide"	–	
Cheopspyramide	3	Süd: leer, Mitte: leer Nord: leer
Chephrenpyramide	1	nicht begehbar, Eingang zu klein
Mykerinos	3	Süd: Grabkammer mit rotem Granitsarkophag, leer Mitte: Grabkammer mit kleinem Granitsarkophag (mit Skelett einer jungen Frau) West: Grabkammer, leer

[1] Das Rätsel der Pyramiden, Lübbe Verlag, Bergisch-Gladbach 1974, Seite 84

Nehmen wir nun an, daß die Cheopspyramide nicht die Zentralpyramide der Anlage war, und kombinieren folgende Fakten miteinander:

Erstes Paar: Cheops- und Chephrenpyramide

- Beide Pyramiden sind grob gesehen gleich groß.
- Cheopspyramide: nicht Hauptpyramide, drei Nebenpyramiden.
- Chephrenpyramide: Hauptpyramide.
- Gegenstück der Chephrenpyramide ist aus dualistischer Sicht die Cheopspyramide.

Zweites Paar: Mykerinos- und die unbekannte vierte Pyramide „x"

- Die Mykerinospyramide ist grob gesehen halb so groß wie die Chephrenpyramide (ca. halbe Höhe, halbe Kantenlänge).
- Chephrenpyramide: Hauptpyramide.
- Mykerinospyramide: 0,5 der Chephrenpyramide, drei Nebenpyramiden.
- x-Pyramide: 0,5 der Chephrenpyramide, ? Nebenpyramiden.
- Mykerinos + x ergibt das Gegenstück im zweiten Paar.

So gesehen schreit die Unbekannte „x" in dieser Formel geradezu danach, gelöst zu werden.

Eine weitere Bemerkung zum Dualismus im alten Ägypten. Dieses Prinzip, nach dem schön – häßlich, gut – böse, feucht – trocken und so fort immer zusammen gehörten, wurde auch auf den Menschen angewendet. So wurden Mann und Frau mit unterschiedlicher Hautfarbe dargestellt. Auf Bildern oder Skulpturen, sofern farbig gestaltet, wurde die Frau immer hell-, der Mann hingegen dunkelhäutig gezeigt. Die Kinder des Paars sind auf den Abbildungen stets deutlich kleiner als ihre Eltern, da man auch klein – groß als dualistischen Gegensatz sah.

Ebenso wurden Gegenstände paarweise gesehen. Im großen Tempel zu Karnak – nahe dem früheren Theben, heute Luxor – standen ursprünglich zwei riesige Obelisken, an anderer Stelle auf der Westseite des Nils zwei Kolossalstatuen etc. Nach den Regeln dieser Ordnung war es also konsequent, *zwei* große Pyramiden in Gizeh bauen.

Aber schon beim Sphinx müßte der aufmerksame Sachkundige ab sofort stutzen und fragen: Wo ist der zweite Sphinx geblieben, der doch keinesfalls fehlen darf, wenn die alten Ägypter dem Dualismus huldigten?

Und das gleiche gilt eben auch für die Mykerinos, die dritte Pyramide von Gizeh. Wo also ist ihr Gegenstück geblieben? Folgende Fragen drängen sich dem Betrachter auf:

- Wurde die vierte Pyramide nie gebaut?
- Hat man für sie nach dem Prinzip der Aussparung (s.o.) lediglich einen leeren Platz reserviert, sie also gleichsam negativ dargestellt?
- Ist sie in der Erde versteckt worden?
- Wurde sie in späterer Zeit als erste Pyramide vollständig abgetragen, weil alle äußeren Hinweise verrieten, daß man hier etwas Bedeutsames finden könnte?
- Hat man womöglich damals, als die vierte Pyramide beseitigt wurde, etwas gefunden?
- Was war es, wo befindet es sich heute?

Fragen, die faszinieren, weil sie bisher selten oder nie gestellt wurden und man nie ernsthaft nach Antworten gesucht hat. Fragen, die eben deshalb neue Sichtweisen ermöglichen und vielleicht den einen oder anderen verborgenen Schatz ans Tageslicht bringen werden.

Pyramidenpower und altägyptische Radiästhesie

Werfen wir nochmals einen Blick auf den Lageplan des Plateaus von Gizeh. Zur besseren Orientierung ist er diesmal mit einem Netzgitter versehen (siehe Abb. 39).

Nun werden weitere Gesetzmäßigkeiten der Anlage sichtbar. In den Planquadraten lassen sich die Bauwerke bequem einordnen. Die vermißte Pyramide – unser „x" in der Gleichung – müßte demnach in der linken unteren Ecke zu finden sein oder sich befunden haben. Angenommen, diese vermißte Pyramide hätte tatsächlich existiert, so hätte sie auch optisch zur Symmetrie der Anlage beigetragen.

Abbildung 40 zeigt möglicherweise die Anlage von Gizeh vor dem Abtragen dieser vierten Pyramide. Falls dies zutrifft, muß die Pyramide aber schon lange vor dem Niedergang des alten Ägypten abgerissen worden sein. Wir kennen weder die Gründe für diese Demontage noch die Funktion der vierten Pyramide,

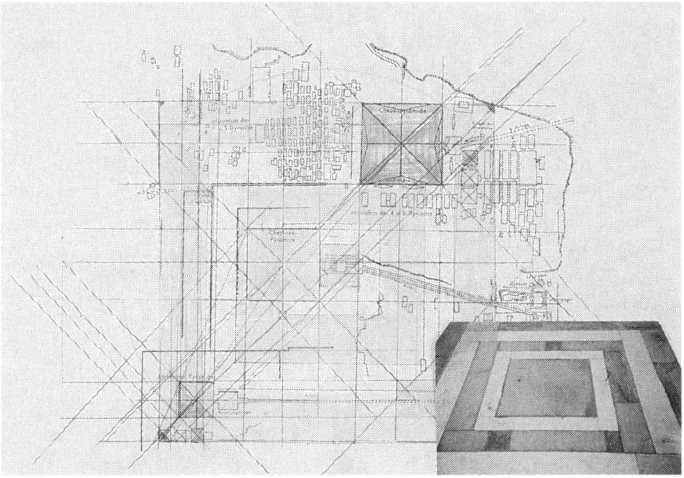

Abbildung 39: Gerasterter Lageplan des Pyramidenfeldes von Gizeh

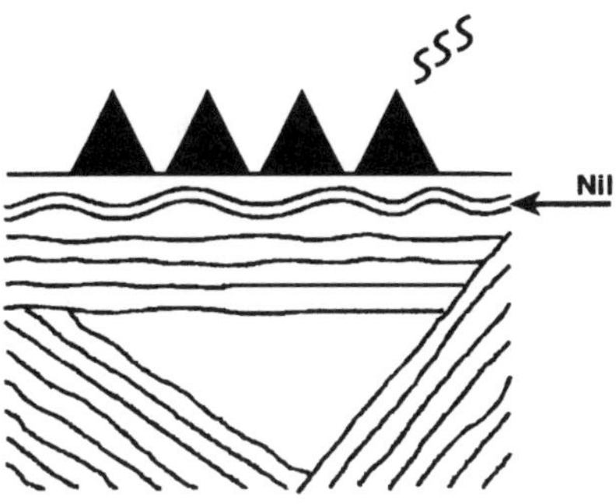

Abbildung 40: Prähistorische Vase. Zeigt dieser Querschnitt der Verzierung auf der Vase das Pyramidenfeld von Gizeh zu einem Zeitpunkt, als dort noch alle vier Pyramiden standen?

wenn es sie jemals gegeben hat. Zumindest schriftlich scheint uns kein Zeugnis ihrer einstigen Existenz vorzuliegen. Allein das ist schon sehr merkwürdig, so als ob das Monument mit aller Macht in den Nebel des Vergessens gestoßen worden wäre. Was könnte der Grund hierfür gewesen sein? Vielleicht ein Schaden, eine Katastrophe für die Menschen, weshalb man zum Schutz der Nachkommen in Theorie und Praxis eliminierte, was einst durch die vierte Pyramide repräsentiert worden war?

Um eine erste Spur von Dingen aufzunehmen, die nicht mehr dokumentiert sind, stehen uns nur wenige Hilfsmittel zur Verfügung, darunter die Radiästhesie. Daher entschloß ich mich, das Rätsel um die vierte Pyramide mit Hilfe dieser Wissenschaft zu untersuchen.

Schreitet man heute das fragliche Areal ab, auf dem sich die vermißte Pyramide befinden müßte, so widerfährt dem Radiästhesisten ein Schlüsselerlebnis. Die Messungen in diesem Gebiet sind so extrem stark, daß wir nach den ersten Erfahrungen ernsthaft raten, sich nicht allzu lange dort aufzuhalten. Möglicherweise deuten die Meßergebnisse sogar auf Radon, auf geringe Spuren von Radioaktivität hin.

Werfen wir erneut einen Blick auf die prähistorische Vase (Abbildung 40): Wir sehen vier Pyramiden, davor den Nil und dann die Wellenlinie, die wir als Magnet- oder Kraftlinien der Erde bezeichnet haben. Einer dieser Kraft- oder Magnetströme kommt an der von links gesehen ersten Pyramide an die Erdoberfläche.

Weiter links daneben erkennen wir Menschen, die in einer Art Häuschen, möglicherweise Schutzkammern, stehen. Davor aber sehen wir andere Menschen, die an zwei Griffen eine Stange mit dreieckiger Spitze halten. Waren es die Radiästhesisten des alten Ägypten? Ist hier deren damalige Technik, die Kräfte der Erde zu ermitteln, abgebildet? Ich meine: ja! Denn auf dieser Vase ist sehr genau dargestellt, was wir in der Praxis vor Ort erleben können: Power im Umkreis der Pyramiden und besonders auch im Feld der „vermißten" vierten Pyramide!

Welche weiteren Indizien sprechen dafür, daß es die vierte Pyramide vielleicht doch gegeben hat? Indirekt wurde auch diese Frage von meinem Gesprächspartner in der Sultan-Hassan-Moschee beantwortet. Während unserer Diskussion der einzelnen Abbildungen auf dem Fußboden der Moschee fragte er mich: „Wie deuten Sie diesen Teilausschnitt?" (vgl. Abbildung 41)

„Wenn ich die Darstellung im Zusammenhang mit Ägypten sehe, erkenne ich vier Pyramiden", antwortete ich ihm. „Wenn ich das Bild mehr mechanisch betrachte, dann sieht es wie eine Art Kippschalter aus. Denn die vierte Pyramide steht auf diesem Bild nicht auf der Basis, sondern auf der einen Seite um 45 Grad angehoben. Sie bildet mit den anderen Pyramiden ein Viereck."

„Genau“, stimmte mir mein Gesprächspartner zu, „das ist der Effekt, der bei den Pyramiden von Gizeh, die seinerzeit durch die Alten Weisen von Heliopolis konzipiert wurden, erwünscht war. Auf dem Platz, auf dem die vierte Pyramide stehen müßte, stand irgend etwas, ein Bauwerk vielleicht, in dem die Priester in ihrer letzten Stufe der Ausbildung mit Allah sprechen konnten, so wie es der Prophet Moses getan hatte und wie es alle wahren Propheten können.“

Wie Sultan Hassan einmal gesagt haben soll: „Der Boden in der Moschee soll die Rückerinnerung an die alten Propheten eines Tages erleichtern.“ Nun ist allgemein bekannt, daß sich sowohl die alten Ägypter als auch die Babylonier mit Prophetie und Zeitphänomenen beschäftigt haben. Nicht ohne Grund finden wir bei den Erben der alten Ägypter, in Griechenland, viele Orakelstätten. Meinte Sultan Hassan, der offensichtlich etwas mehr wußte, als uns überliefert ist, daß sich irgendwo in Gizeh ein besonderes Zentrum für die Zeitreisen der Propheten befand?

Abbildung 41: Sultan-Hassan-Moschee. Oben: Gesamtübersicht; unten: Fußbodenmosaik mit vier Pyramiden (vergrößerter Ausschnitt)

Es gibt noch einen weiteren Hinweis auf unsere vierte Pyramide: Im ehemaligen Fries der Chephrenpyramide ist dargestellt, daß eine ganze Pyramide in zwei kleine Pyramiden mit halber Größe zerfällt (vgl. Abbildung 42). Das Besondere hierbei ist, daß diese beiden Teile in einem 45-Grad-Winkel verdreht gesehen werden. Das Geheimnis liegt, so mein Gesprächspartner aus der Sultan-Hassan-Moschee, in der Drehung um 45 Grad.

Berücksichtigt man, daß das Fries an der Chephrenpyramide angebracht war, könnte man Abbildung 42 so deuten, daß dort zum einen die zwei Pyramiden Cheops und Chephren und auf der anderen Seite, getrennt durch 19 Sphären, die Chephren allein sowie als synergetische Verstärker die zwei kleinen, um 45 Grad verdrehten Pyramiden zu sehen sind.

Abbildung 42: Ausschnitt aus dem ehemaligen Fries der Chephrenpyramide

So funktionierte das altägyptische Energiesystem

Mit den obenstehenden Überlegungen haben wir die weltanschauliche Interpretation bereits um einen Aspekt erweitert, der uns im folgenden noch intensiver beschäftigen wird: um die Frage nach den möglichen *Funktionen* dieser gewaltigen Anlage, die gleichfalls nur vor dem Hintergrund des dualistischen Weltbildes der alten Ägypter diskutiert werden kann.

Betrachten wir nun also den Lageplan des Plateaus von Gizeh (Abbildung 39) unter dem Gesichtspunkt der wahrscheinlichen Funktionen der Pyramidenanlage:

Die Zentralpyramide – die Chephrenpyramide – steht in der Mitte. Der Aufweg führt vom Taltempel mit dem Sphinx zur Chephrenpyramide hinauf, dem strahlenden Mittelpunkt der Anlage. Der Blick des heutigen Betrachters wendet sich zwar der Cheopspyramide zu, weil die Chephrenpyramide im Bereich ihrer Spitze nicht vollständig von der Außenverkleidung „befreit" ist, folglich unser Auge beleidigt, da sie unvollkommen erscheint. Aber durch diese – wie wir sahen – allein historisch bedingte Äußerlichkeit sollten wir uns nun nicht mehr beirren lassen.

Abbildung 43: Sphinx und Chephrenpyramide, vom Tal aus gesehen

Die Chephrenpyramide wurde für den großen Kult des „Vatikans" der Ägypter, Heliopolis, gebaut. Der Hüter des „Großen Hauses", Pharao genannt, schöpfte in dieser Anlage eine Kraft, die er auf die umliegenden Häuser der Siedlungen – auf welche Weise auch immer – verteilte oder weitergab. Das war der tiefere Grund, warum kein Ägypter sein Haus, den Ort seines täglichen Lebens, verlassen wollte, denn das hätte bedeutet, für diese Zeit die Quelle seiner Gesundheit, seines Lebens preiszugeben, ohne zu wissen, wie sich eine solche Unterbrechung für ihn auswirken konnte.

Des weiteren diente die Zentralpyramide zu Studien und Übungen, welche die Priester in der Phase der Vollendung ihrer Ausbildung ausführten. Dies dürfte der eigentliche Hauptzweck der Anlage gewesen sein. Nach Jahren einer intensiven Vorbereitung der Übungen *an* – wohlgemerkt: nicht *in* – der Pyramide wurden sie immer näher an diese „Steckdose" oder „Quelle der Energie" herangeführt. Derjenige von ihnen, der die Nebenwirkungen einer zu starken Aufladung seines Körpers am besten ertrug, wurde schließlich zum neuen Pharao auf Zeit.

Diese Funktion konnte ein Mensch nur für eine begrenzte Periode ausüben, sonst hätte sie ihm zu sehr geschadet. Es ist durchaus möglich, daß die Sitte, am „siebten Tage" zu ruhen, aus dieser Zeit stammt. Ähnlich wie wir heute Mitarbeitern, die an ihren Arbeitsplätzen einer Strahlung ausgesetzt sind, nur ein bestimmtes Maß an Belastung zumuten, dürfte man damals bei diesem Dienst am „Energieborn" Schutzmaßnahmen befolgt haben. Für eine kontinuierliche Nutzung benötigte man viele Pharaonen gleichzeitig! Am besten versteht man das energetische System der alten Ägypter, wenn man sich vor Augen führt, wie die Energieverteilung in der Praxis vor sich ging:

- Die *„Energiemaschine Gottes"*, bei den Israeliten „Bundeslade" genannt, wurde von einem *„Großen Hüter des Hauses", einem Pharao,* bedient. Er schaltete sie ein und aus (siehe Abbildung 44).
- Das Ergebnis, der energetische Nutzen, wurde von ihm auf die *„mittleren Hüter des Hauses", auf die Priester,* verteilt (acht Kanäle, siehe Abbildung 44).
- Diese Vermittler verteilten die Kraft auf die „Hüter des Hauses", die Männer in der Großfamilie.

Dies könnte ein Grund dafür gewesen sein, daß die Männer in der Hochzeit des alten Ägypten von der allgemeinen Versorgung des Haushalts weithin befreit waren: Sie sicherten den Kontakt zum „mittleren Hüter des Hauses" und fungierten als Ausbilder ihrer Söhne.

Abbildung 44: In der Bildmitte sieht man eine Kugel, umgeben von einem Schaltring, der sich aus zwei Typen von Obelisken[1] zusammensetzt. Der Ring ist ausgeschaltet.

Abbildung 45: Die Kugel ist eingeschaltet, daher die Strahlen, die von der Kugel ausgehen.

Dieses System änderte sich im Verlauf von dreitausend Jahren, weil die Kraftquellen entweder nicht mehr voll funktionierten oder durch unkundige Pharaonen nicht mehr voll ausgeschöpft werden konnten. Je weltlicher der „Hüter des großen Hauses"

[1] siehe 13. Kapitel

wurde, desto weniger war er bereit, das Leben eines „Bienenkönigs“ zu führen, der wie in einem Energienest eingesperrt lebte. Aber diese Isolation war eine Grundvoraussetzung für die Funktionsfähigkeit des Systems, da er durch Kontakt mit Lebewesen, die auf einem geringeren Energieniveau existierten, zuviel Energie verlor. Beachtete er diese Regel nicht, so wurde er auf Dauer unfähig, auf hohem Energieniveau zu agieren. Vergegenwärtigen Sie sich bitte die später aufgestellten Regeln für Priester, die keine aus tierischen Produkten gefertigten Kleidungsstücke tragen durften, da zum Beispiel Wollstoffe zur energetischen Entladung führen.

Die Schwachstelle dieses Systems – das untermauern auch zahlreiche Gerüchte im „Schatten der Pyramiden“ – war der Pharao selbst. Für ihn scheint es (wie ein Kurzschluß infolge Überspannung) lebensgefährlich gewesen sein, sich unvorbereitet der Energiequelle zu nähern. Doch genauso riskierte er sein Leben, wenn er ohne Vorbereitung den Bezirk der Quelle wieder verließ (plötzliche, unkontrollierte Entladung wie bei einem Kondensator).

Der Niedergang dieses Systems der alten Ägypter begann demnach wohl mit menschlichem Versagen: Ihrer Isolation im energetischen „Bienenkorb“ überdrüssig, scheinen die Pharaonen mit der Zeit nach Methoden gesucht haben, wie sie sich sowohl im weltlichen Bereich aufhalten und ausleben als auch die Erwartung des Volkes erfüllen und als Energieverteiler fungieren konnten. Auch ihr wachsendes Machtstreben scheint hierbei eine Rolle gespielt zu haben: Wollten sie nicht nach einiger Zeit in die Reihe der namenlosen Priester zurückkehren, so mußten sie Wege finden, um dieses grenzenlose Macht verleihende Amt dauerhaft bekleiden zu können.

Die technische Erfindung, mit der dieses Problem Jahrtausende vor der „Entdeckung der Elektrizität“ gelöst wurde, müßte die heutige Ägyptologie an ihrem Zerrbild einer Kultur zweifeln lassen, die angeblich selbst der bescheidensten Techniken unkundig war.

Das Geheimnis der Pharaonenkrone

Die priesterlichen Energieexperten waren gefordert, eine Technik zu ersinnen, die zweierlei leisten mußte:

- Abschirmung gegen schlagartige Entladung (Kondensatoreffekt),
- Schutz vor zu schneller Aufladung in der Nähe des Energiegenerators (Kurzschlußeffekt).

Die Lösung dieses Problems waren die auf Bildern und an Masken immer wieder bewunderten, jedoch als reiner Zierat mißdeuteten Pharaonenhüte.

Diese Pharonenhüte oder -kronen waren so konstruiert, daß sie nur bestimmte Energieströme passieren ließen. Mit anderen Worten: Sie hatten die Funktion von Filtern. Der Vorteil dieser Konstruktion ist offensichtlich: Man mußte nicht die gesamte Energieladung ertragen, sondern lud sich allein mit den wertvollen Energieanteilen auf, während die restliche Ladung abgeschirmt wurde. Bilder des späten Atonkultes zeigen im Prinzip, wie diese Technik funktionierte. Auf diesen Darstellungen (siehe Abb. 46) sieht man, wie Strahlen der Sonne zum Teil den Pharao erreichen und zum anderen Teil von seinem Hut abprallen, sozusagen an ihm abgleiten oder abgeleitet werden.

Abbildung 46: Eine Darstellung des Atonkultes: Der Pharao und seine Gattin tragen abschirmende Hüte. Ein Teil der als Hand dargestellten Sonnenstrahlen prallt von ihnen ab.

Auch in der Bibel werden diese altägyptischen Praktiken indirekt erwähnt. Als Moses die Israeliten aus Ägypten fortführte, verordnete er ihnen in Form von Geboten bestimmte Riten. So durften sie sich zum Beispiel „keine Platten mehr auf den Kopf machen“ (3. Moses 21,5). Diese Platten bewirkten offenbar, daß die Aufladung des menschlichen Körpers mit Energie gesteigert wurde, mit dem unerwünschten Nebeneffekt, daß bei ungeübten Menschen charakterliche Kurzschlüsse wie Jähzorn und unerklärliche Affekthandlungen auftraten. Denn anscheinend steigerte die Aufladung *sämtliche* Qualitäten eines Menschen, die guten und die schlechten Züge seines Charakters gleichermaßen.

Bei ihrem Auszug aus Ägypten nahmen die Israeliten, wie oben bereits angesprochen, auch altägyptisches Wissen und Pharaonentechnik mit sich. Ihre sagenumwobene Bundeslade war nichts anderes als eine Energiemaschine nach ägyptischem Vorbild. Und der Tempel Salomo dürfte eine mehr oder weniger getreue Rekonstruktion des Energiesystems der Pyramiden gewesen sein.

Ein Aufenthalt im Tempel Salomo muß daher in jener Zeit, als die „Energiemaschine“ noch voll in Funktion war, für unausgeglichene Individuen einigermaßen gefährlich und für den gewöhnlichen Mann von der Straße zumindest problematisch gewesen sein. So besannen sich auch die Israeliten auf jene Technik, deren Urbild sie in Ägypten kennengelernt haben dürften: Sie ordneten an, daß ein jeder Käppchen oder Hut zu tragen habe, insbesondere beim Betreten des Tempels.

Gläubige Juden tragen noch heute das allem Anschein nach aus den Pharaonenhüten entwickelte Käppchen, das ursprünglich der Abschirmung vor Energieströmen diente. Im altägyptischen Original wie auch in seiner israelitischen Nachbildung war es jedoch mit Kupfer-, Silber- oder Goldfäden gitternetz- oder spiralförmig durchwirkt. Die ursprüngliche Funktion und Beschaffenheit der jüdischen Kopfbedeckung mag weithin vergessen sein: Auch die Juden verfügen ja über keinen funktionsfähigen Tempel Salomo mehr, den sie ständig betreten könnten oder dürften. Doch in (unbewußter, wenn auch sicherlich von einigen Rabbinern noch insgeheim bewahrter) Erinnerung an ihre große Vergangenheit tragen sie als Andenken bis heute die rituelle Kopfbedeckung, die einst eine höchst pragmatische Funktion besaß. Entziffern wir im israelitischen Ritus das altägyptische Vorbild, dann entspricht

der Tempel	dem „Großen Haus“,
die Synagoge	dem „mittleren Haus“,
der Rabbiner	dem geistigen „Vorstand des kleinen Hauses“.

In der Praxis wäre demnach jeder Haushaltsvorstand zugleich ein Rabbiner. Auch wenn das ganze System heute sozusagen abgeschaltet ist, kann man mit der vorhandenen, selbst aufgebauten Energie experimentieren. Wenn Sie eine erste Selbsterfahrung mit einem solchen Käppchen machen wollen, lesen Sie bitte im siebten Teil dieses Buches – Experimente und Übungen – nach. Die Herstellung des Instruments ist denkbar einfach.

Fassen wir zusammen: Zur Abschirmung unerwünschter Energieströme ersannen die alten Ägypter die Pharaonenkronen. Auf dem Kopf getragen, verhinderten diese einerseits, daß durch schlagartiges Einfließen von Energie das Gehirn geschädigt werden konnte. Auf der anderen Seite aber sorgten sie dafür, daß sich der Pharao bei öffentlichen Auftritten, bei seinen Ausflügen in die profane Welt, nicht zu stark entlud. Dies wurde zusätzlich durch Isolierungen in Baldachinen, Stühlen, Sandalen und Schutzkappen für die Fußzehen gewährleistet. Solche Gegenstände sind im Nationalmuseum von Kairo ausgestellt und können identifiziert werden, wenn man diese Geräte, meist als Grabbeigaben über die Zeit gekommen, mit anderen Augen betrachtet.

Die Kugel der Kraft

Kehren wir nun ein letztes Mal in die Sultan-Hassan-Moschee in Kairo zurück und betrachten genauer die Darstellungen, welche die Funktion der Pyramidenanlage von Gizeh behandeln. Auf Abbildung 44 sehen Sie ein Gerät, das wir nun ohne große Mühe als Einschaltmechanismus identifizieren können.
Dieser Schaltmechanismus funktionierte offenbar so: Werden die hellen Spitzen nach innen in Richtung Kugel geklappt, dann kommt es zu einem Kraftabfluß nach acht Richtungen. Das geht aus Abbildung 45 hervor: Der Einschaltmechanismus ist verschwunden, die Kugel ist in voller Funktion.

Der Atonkult, der etwa 1500 Jahre v. Chr. entstand, muß als letzter Versuch der Reformation und Regeneration altägyptischen Wissens angesehen werden. Abbildung 46 zeigt den Vorgang der Aufladung in Form von Händen, die Strahlen der Sonne berühren; die Hände sind ein Indiz für eine Kraft.

Auf dieser Abbildung tragen sowohl der Pharao als auch seine Gattin einen Hut. An ihnen prallt ein Teil der Strahlen ab. Vermutlich wußte man noch um 1500 v. Chr. von der Funktion der Energiemaschine, aber ein solches Gerät stand nicht mehr zur Verfügung. Denkbar, daß deshalb die Reformation keine hundert Jahre später zusammenbrach: Die versprochenen Wirkungen blieben aus, da die Rekonstruktion des alten Wissens mißlungen war. Wie die Abbildung jedoch zeigt, wußte man seinerzeit immerhin noch, daß nicht alle Teile des Kraftspektrums nützlich sind, weshalb man nur die erwünschten Kräfte herausfiltern durfte.

„Wären damit die Kronen der Pharaonen erklärt?" fragte ich meinen Gesprächspartner in der Sultan-Hassan-Moschee. Er schmunzelte, als er mir antwortete:

„Die Pharaonen waren die Hohenpriester der Ägypter. Sie waren es, die ursprünglich diese Kraft erzeugten, schöpften oder wie immer man die Inbetriebnahme der Kraftmaschine nennen will. Nur vergessen Sie nicht, diese Kraftmaschine konnte nicht an jedem beliebigen Platz aufgestellt werden, sie funktionierte nur an ganz bestimmten Orten, an denen die Kraft aus der Erde kommt oder die Kraft, die aus dem Himmel kommt, in die Erde eintritt."

„Wäre auch dann noch", fragte ich weiter, „eine Wirkung zu spüren, wenn man sich an einem solchen Ort befindet, die Kraftmaschine, der Kraftverstärker jedoch nicht eingeschaltet ist?"

„Wir kennen im Islam eine Reihe solcher Orte", versicherte mir der moslemische Gnostiker, „an denen man auch ohne Verstärker die Wirkungen zu spüren bekommt. Hier in Ägypten werden solche Plätze von den Kopten gehütet. Meist steht dort ein koptisches Kloster. Aber eines habe ich Ihnen noch nicht gesagt: Die Kugel dort stellt die Quelle dar, den Ort, von wo aus die Kraft wie Wasser auf verschiedene Bächlein verteilt werden kann. Was Sie als Maschine bezeichnen, könnte man genausogut als eine Wasserpumpe sehen, die das vorhandene Wasser mit stärkerem Druck zur Wirkung bringt.

Diese Kraft ist immer da", sagte der Einsame von Kairo zum Abschluß. „Denken Sie an einen heutigen Radioempfänger: Es liegt an uns, ob wir den Schöpflöffel, der Musik einfängt, in den

Äther halten und für uns Musik aus dem Äther schöpfen. Der Sender der Musik kümmert sich nicht darum, ob wir hören wollen oder nicht. Es ist unser Wille, der entscheidet, was wir hören wollen. Allein Allahs Wille aber entscheidet, was gesendet wird.“

Fegefeuer – die Energien der Toten

Nach allem, was wir bisher erfahren haben, ist es zumindest sehr wahrscheinlich, daß die alten Ägypter die Geheimnisse der Lebensenergie von Lebewesen kannten und für sich nutzten.

- Im Haus des Lebens wurde geboren.
- Im Haus der Familie wurde gelebt.
- Im Haus der Familie wurde Energie zugeführt.
- Im Haus des Lebens wurde gestorben.

Was bedeutete dieser letzte Schritt im energetischen Denken der alten Ägypter? Bedeutete für sie der Eintritt des Todes den sofortigen Verlust sämtlicher Lebensenergie? Mit anderen Worten: Beschränkten sie sich darauf, nur den Energiehaushalt der Lebenden zu regulieren, oder bezogen sie auch die Toten in ihr Energiesystem ein?

Wir mit unseren heutigen, von Technik und Rationalität geprägten Gehirnen haben Mühe, uns in die altägyptische Welt zu versetzen. Versuchen wir dennoch, uns ihr Energiebilanz-Konzept vorzustellen[1]:

- Ein Mensch wird geboren: Er startet z.B. mit fünfzig Prozent Lebensenergie.
- Es folgt die Phase des Wachsens, des Aufbaus von Lebensenergie. Nehmen wir an, nach Abschluß der Wachstumsphase verfügt unser junger Ägypter über hundert Prozent Lebensenergie.
- Nun widmet er sich einer intensiven Priesterausbildung, nach deren Vollendung er auch die Fähigkeit des Energieschöpfens beherrscht. Angenommen, er gewinnt hierdurch weitere fünfzig Prozent, so baut er einen Energiepool von 150 Prozent auf.

[1] Die im folgenden genannten Zahlen sind rein fiktive Werte und gültig nur innerhalb dieses Modells!

- Sodann altert er, baut also Lebensenergie ab. Sein Energieniveau sinkt allmählich wieder auf fünfzig Prozent.
- Schließlich stirbt er. Ist damit, wie wir heute glauben, seine Lebensenergie auf Null gesunken?

Die alten Ägypter scheinen anderer Meinung gewesen zu sein. Sie gingen davon aus, daß der soeben Gestorbene noch über einen Rest an Lebensenergie verfüge und man ihm helfen müsse, diese möglichst rasch abzubauen. Im *Altägyptischen Totenbuch* werden die Erscheinungsformen und Nachteile dieser Restenergie beschrieben. Für deren Entsorgung waren die Totenpriester zuständig.

Nehmen wir weiter an, unser Ägypter besitze noch eine Restenergie von fünf Prozent. Die Totenpriester dürften gewußt haben, wie sie dem Gestorbenen helfen konnten, diesen Rest loszuwerden. Was geschah aber beim Tod eines Pharaos, der ja ständig auf einem hohen Energieniveau lebte, oder beim Ableben einer vorzeitig, in der Blüte des Lebens, durch ein Unglück verschiedenen Person? Mit anderen Worten: Was mußte man unternehmen, um einen Gestorbenen von seiner Restenergie zu befreien, wenn diese noch zwanzig oder gar fünfzig Prozent betrug?

Innerhalb des priesterlichen Klinikums von Gizeh gab es eine Anlage, um auch dieses Problem zu lösen. Hierbei muß es sich entweder um eine Anordnung von zwei Obelisken oder um eine kleinere Pyramide gehandelt haben, die an einem Energie abbauenden Ort errichtet wurde.

In der Anlage von Gizeh erfüllte die Mykerinospyramide diese Funktion. Sie bildet folglich, nach unserem heutigen Verständnis von Elektrizität, den Minuspol. Wenn wir vom Dualismus ausgehen, dem die Ägypter huldigten, dann bedeutet dies, daß im Umkreis oder im Innern der Mykerinospyramide Gestorbene von den letzten Resten ihrer Lebensenergie befreit wurden. Man ersparte ihnen auf diese Weise jene Qualen, die man nach katholischer Lehre heute als Fegefeuer bezeichnet: ein Zwischenstadium nach dem körperlichen Leben, in dem sich der Gestorbene nicht von seinem Körper lösen kann. Die in vielen Kulturkreisen übliche Feuerbestattung ist eine im Effekt vergleichbare, allerdings rauhe Methode, diese Restenergie eines gestorbenen Körpers zu entsorgen.

Das notwendige Gegenstück einer Pyramide zur Entsorgung von Lebensenergie war – bezogen auf den Körper – ein Bauwerk zur Auffüllung mit Lebensenergie, also zur Verjüngung und Regeneration. Es liegt auf der Hand, daß dieses Gegenstück der Mykerinospyramide, die vermutlich oder tatsächlich verschollene vierte Pyramide, den Methusalems und nachfolgenden Generationen, von deren hohem Alter die Bibel kündet, zur Lebensverlängerung diente. Auch unsere Messungen deuten darauf hin, daß der Ort, an dem die vierte Pyramide gestanden haben muß, ein regelrechter energetischer Jungbrunnen war.

Vierter Teil:
Die Quellen der Kraft und das Geheimnis der Pyramidenformen

12. Kapitel: Welche Kräfte könnten die alten Ägypter genutzt haben?

Bedauerlicherweise verfügen wir über kein „Zentralarchiv“, das von den alten Ägyptern selbst angelegt worden wäre und in dem wir nachlesen könnten,

- welche Kräfte
- wo und
- wofür

sie genutzt, umgelenkt, kanalisiert und konzentriert haben. Es ist uns aber möglich, aus den Hinweisen auf das Wo und Wofür, die sie uns hinterlassen haben, Schlußfolgerungen zu ziehen. Daher müßten wir in der Lage sein, zwei der drei Unbekannten zu identifizieren. Und unsere Chancen stehen gut, auf diese Weise auch der dritten Unbekannten – dem Wesen der Kräfte – auf die Spur zu kommen.

Wo wurden die Kräfte genutzt?

Die Frage nach den Orten der Kraft können wir nach allem, was wir bisher erfahren haben, ohne Schwierigkeiten beantworten: Sie befinden sich überall dort, wo Pyramiden, Obelisken, Tempel stehen, denn diese waren die Hochschulen für das Wissen und Können im alten Ägypten. Unstrittig dürfte überdies sein, daß dort auch Medizin gelehrt und praktiziert wurde.

Wofür wurden die Kräfte genutzt?

Die Orte der Kraft waren nicht zuletzt Stätten, an denen Heilkräfte genutzt und Methoden der Heilung von Krankheiten praktiziert wurden. Demnach war dort, wo gelehrt und praktiziert wurde, auch das Instrumentarium zur Linderung und Heilung installiert. Wenngleich diese Anlagen auch anderen Zweigen des Wissens und Könnens dienten, steht doch außer Zweifel, daß sie ebenso den damaligen Ärzten zur Verfügung standen.

Welcher Art waren die Kräfte, und welche Qualität hatten sie?

Erst seit den sechziger Jahren unseres Jahrhunderts wissen wir aufgrund von Messungen der ersten Forschungssatelliten, daß unsere Erde von Magnetfeldern, Strahlungsgürteln und Schutzschichten in den höheren Sphären der Gashülle umgeben ist. Nach und nach wächst unser Bewußtsein dafür, daß nicht allein Wasser und Luft, sondern erst deren komplexes Zusammenspiel mit vielen weiteren Kräften das Leben auf diesem Planeten ermöglicht. Doch aufgrund unserer naturwissenschaftlich-technisch geprägten Erziehung im 20. Jahrhundert neigen wir noch immer zu der Ansicht, daß nur das „wirklich existiert", was sich uns so fest wie der „Boden unter den Füßen" präsentiert. Die alten Ägypter haben das allerdings anders gesehen.

Es wird Zeit, daß wir diese weitverbreitete Ansicht von unserem Lebenspunkt im Universum korrigieren. Die Erde, auf der wir leben dürfen, ist im Verhältnis zu unserer eigenen Körpergröße und unserem Körpervolumen ungeheuer groß. Wer macht sich darüber ernsthaft Gedanken? Wären wir Menschen im Durchschnitt zwei Meter groß, dann müßten sich bei rund 41 Millionen Metern Erddurchmesser zirka 20,5 Millionen Menschen zu einem Turm formieren, um den entsprechenden Gegenpunkt auf der anderen Seite der Erde zu erreichen.

Die Erde ist also, in Relation zu unserer menschlichen Statur, nicht etwa klein, sondern ein ungeheuer großes Gebilde. Sie ist auch nicht fest, kalt und – abgesehen von ein paar hier und dort auf der Oberfläche spürbaren Erdbeben – ruhig. Diese subjektiven Eindrücke prägten noch die ersten Lehrbücher der Geologie. Gerade in unserer Zeit aber haben die Geologen begonnen, ihre Vorstellungen vom Inneren des Erdballs für die Lehrbücher neu zu formulieren.

Bislang stellte man sich den Erdkern als einen superschweren, unter hohem Druck befindlichen flüssigen Kern aus Eisen vor, der als stabil und in sich ruhend galt. Über den Erdmantel gab es verschiedene Hypothesen: Man diskutierte, ob das Magma bis zum Kern hin flüssig sei oder stufenweise seinen Flüssigkeitsgrad verändere. Doch die Zeit solcher Diskussionen ist mittlerweile vorbei.

Heute ist durch Messungen erwiesen, daß wir zwischen einem inneren und einem äußeren Erdkern unterscheiden müssen. Innerhalb des Kerns wirbeln flüssiges Nickel und Eisen herum.

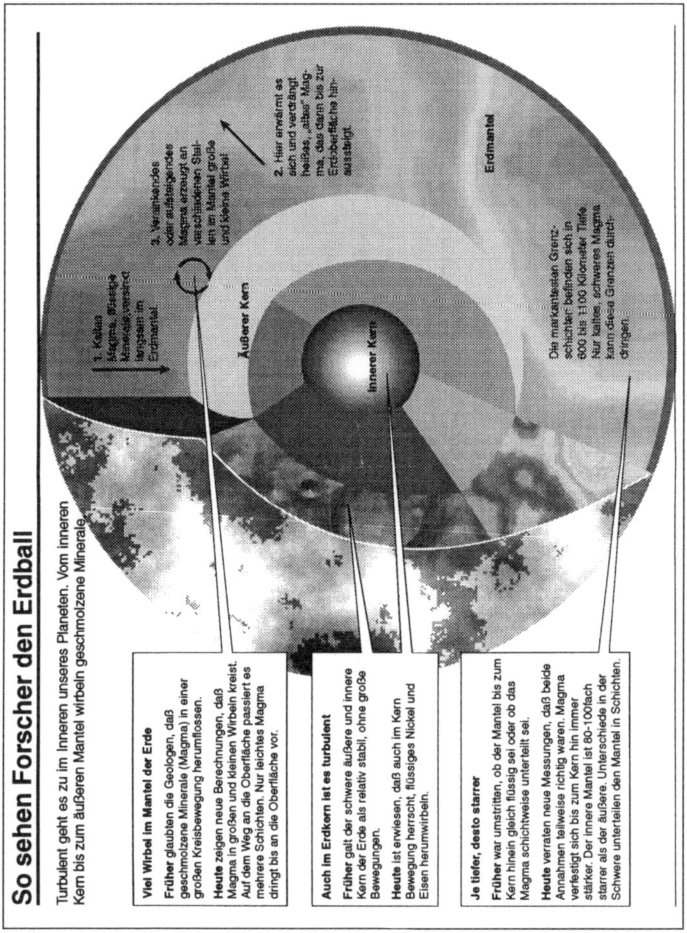

Abbildung 47: Ein Querschnitt durch den Erdball

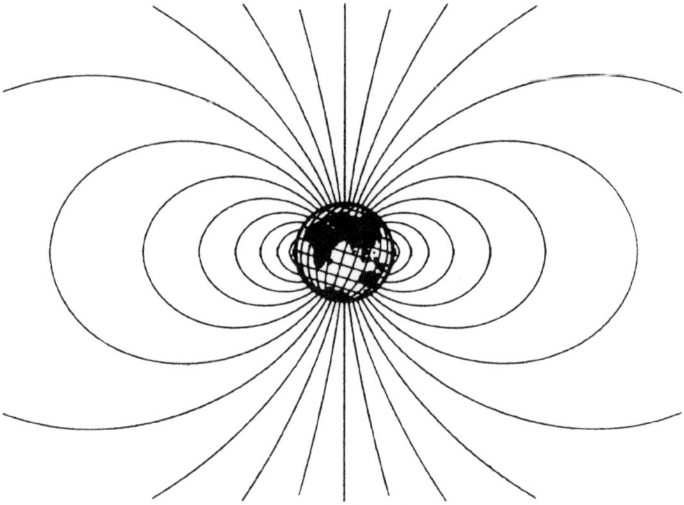

Abbildung 48: Das Magnetfeld der Erde

Im Erdmantel verfestigt sich das Magma zum Kern hin zunehmend. Messungen haben ergeben, daß der innere Erdkern um das Hundertfache starrer ist als der äußere. Im Erdmantel wiederum kreist Magma in großen und kleinen Wirbeln und passiert bei seinen Kreisbewegungen mehrere Lagen unterschiedlicher Magmaschichten. Eine markante sogenannte Grenzschicht befindet sich in 600 bis 1100 Kilometer Tiefe.

Im Inneren unseres Lebensplaneten brodelt es in für uns unvorstellbaren Dimensionen. Weitaus bedeutsamer als die gelegentlichen Ausbrüche von Vulkanen, die leichtes Magma auswerfen und für unsere Auge sichtbar sind, sind die Turbulenzen innerhalb der Erde, welche Wirbel verursachen, die wir weder sehen noch bewußt spüren. Diese gewaltigen Vorgänge im Inneren unserer Erde gehorchen einem einfachen Prinzip: Reibung, die Energie erzeugt.

Wer ist heute noch bereit zu leugnen, daß durch den Eisenkern der Erde Magnetismus aufgebaut wird? Wer ist bereit zu leugnen, daß ein wirbelnder Eisenkern Einfluß auf die Intensität dieses Magnetismus ausübt? Daß die Magnetfelder außerhalb der Erdkruste in 400, 800, 1200 Kilometer Höhe von Satelliten gemessen werden können, ist heute keine Frage mehr.

Umstritten sind somit nur noch die Fragen, wie und wo dieser Magnetismus durch die harte Schale der Erdkruste austritt und wie er sich dort auf die Lebewesen auswirkt.

Daß die alten Ägypter irgend etwas von einem Magnetfeld der Erde wußten, können wir zur Zeit nicht mit Sicherheit bejahen. Sie hatten aber die Möglichkeit, über viele Generationen aufmerksam zu beobachten und ihre Erfahrungen an ihre Nachkommen weiterzugeben. Vielleicht haben sie auf diesem Weg ihre ersten Ansätze zu einem gesünderen Leben gefunden.

Wie könnte eine solche Weitergabe von Beobachtungen funktioniert haben? Versuchen wir diesen Prozeß anhand eines einfachen Denkmodells nachzuvollziehen.

Die Ägypter schöpften ihr Wissen, davon können wir auf jeden Fall ausgehen, aus Überlieferungen. Ihre Wissensquelle war also ein mindestens viertausend Jahre umfassender Zeitraum ungestörter Beobachtung. Auch wenn sich ihre Kultur anders und langsamer als unsere Kultur entwickelt hat, denken Sie bitte daran, daß das Christentum derzeit erst rund zweitausend Jahre besteht und die rasante Entwicklung von Wissenschaft und Technik erst in den letzten dreihundert Jahren einsetzte. In altägyptischen Zeitdimensionen gedacht, hätten wir jetzt noch 2300 Jahre zur Entwicklung unserer Kultur vor uns! Wo werden wir nach 2300 Jahren ungestörter Weiterentwicklung stehen?

Eine so lang andauernde kulturelle Kontinuität ist für die Beobachtung der Natur und die Systematisierung dieses Wissens von unschätzbarem Vorteil. Anders verhält es sich bei der Beobachtung der elementaren Lebensgesetze von Menschen, Tieren und Pflanzen. Abgesehen von Rückschlüssen, die wir aus der Untersuchung von Überresten ziehen können, haben wir, was die Ableitung von „geistigen" Gesetzmäßigkeiten des Lebens angeht, kaum einen Vorteil gegenüber den alten Ägyptern. Denn wir Menschen, ob damals oder heute lebend, haben ein grundlegendes Problem: Wir leben zu kurz, um aus der Beobachtung während eines Menschenlebens Schlüsse auf universelle Gesetzmäßigkeiten ableiten zu können!

Gemessen an einem platonischen Jahr – etwa 26000 Jahre, die Dauer einer Drehung unseres Sonnensystems um den Mittelpunkt unserer Galaxis – dauert ein Menschenleben mit zirka siebzig Jahren nicht länger als das einer Eintagsfliege in Relation zu einem Kalenderjahr. Wie sollte eine Eintagsfliege Gesetzmäßigkeiten erkennen, die während 365 Generationen von Eintagsfliegen auftreten?

Entwickeln wir nun aus dieser Überlegung unser Denkmodell: Wie könnte die „Organisationsform Eintagsfliege" trotz ihres kurzen Lebens die Jahreszeiten Frühling, Sommer, Herbst und Winter identifizieren und womöglich sogar die Unterschiede beschreiben?

Die einzelne Eintagsfliege ist hierzu nicht in der Lage. Aber 3 x 365 Eintagsfliegen, die nacheinander jeweils einen Tag gelebt und über ihr Leben einen Bericht hinterlassen haben, könnten die Struktur der Jahreszeiten identifizieren und dieses Wissen ihrer Nachwelt überliefern. Hierfür müßten sie sich ein System ausdenken, das ihre eigenen Beobachtungen und die Summe der Beobachtungen aller Eintagsfliegen, die vor ihnen gelebt und berichtet haben, übermittelt. Wie könnte ein solches System aussehen?

Die erste Eintagsfliege hinterläßt einen Bericht. Die zweite Eintagsfliege liest den Bericht und vergleicht ihn mit ihrer eigenen Erfahrung. So geht das weiter, bis in dieser Kette die erste abweichende Erfahrung hinterlegt wird. Wieder wird so lange verglichen, bis erneut eine Abweichung sichtbar wird.

Irgendwann wiederholen sich nicht nur die übereinstimmenden Protokolle der einzelnen Eintagsfliegen, sondern auch Abweichungen in den Berichten. Dies dürfte nach etwa 365 Tagen der Fall sein. Wir Menschen wissen das, die Eintagsfliegen aber können es nicht wissen!

Ungefähr im Leben der 730. Eintagsfliege wiederholen sich erneut bestimmte Änderungen des Lebenslaufs, so daß nun aus der Wiederholung eine Gesetzmäßigkeit abgeleitet werden kann. Ab diesem Zeitpunkt kann jede weitere Folge von 365 Eintagsfliegen diese Wiederholungsphänomene nicht nur erkennen, sondern immer präziser beurteilen. Der Schritt zur Erkenntnis der Jahreszeiten steht damit unmittelbar bevor.

Nur: Wie hoch ist die Wahrscheinlichkeit, daß Eintagsfliegen überhaupt das Bedürfnis entwickeln, eine Gesetzmäßigkeit des Universums zu erkennen, die sie während ihrer Lebensdauer kaum berührt? Falls die Eintagsfliegen in dieser Hinsicht uns heutigen Menschen ähneln, steht zu befürchten, daß die Wahrscheinlichkeit äußerst gering ist.

Analysiert man dagegen die Gräber der Pharaonen, die Bauwerke, die das alte Ägypten hinterlassen hat, und das Leben des Volkes in seinen Mythen, dann erkennt man, daß die Ägypter anders dachten, als wir Heutigen oder die Eintagsfliegen in unserem Modell denken. Die ständige Wiederholung des gesetzmäßigen Lebensprinzips bildete das Fundament ihrer Weltanschauung und stand für sie somit außer Frage. Vielleicht hilft auch diese Einsicht zu verstehen, weshalb sie die mündliche Überlieferung von Generation zu Generation als ein hohes Kulturgut pflegten. Und wie bereits unser schlichtes Eintagsfliegen-Modell erahnen ließ, ist es sehr wahrscheinlich, daß die alten Ägypter mittels einer solchen menschlichen Kette von Beobachtern Erkenntnisse gewinnen konnten, die sie ebenso kontinuierlich in Lehre und Praxis für sich nutzten. Für uns Heutige gilt es, dieses Wissen neu zu entdecken, es aus den Bruchstücken der Überlieferung zu entschlüsseln, was ja gewiß weniger aufwendig ist, als dieses Wissen durch jahrtausendelange Beobachtung und Überlieferung erst aufs neue wieder zu sammeln. Allerdings kann diese Neuentdeckung nur gelingen, wenn wir bereit sind, uns von dem schmeichelhaften Klischee zu verabschieden, daß vor unserer Kulturepoche niemals irgendwelche bedeutsamen Entdeckungen gelungen seien.

Betrachten wir abermals die Zeichnung auf der mehrfach erwähnten prähistorischen Vase (siehe Abbildung 49):

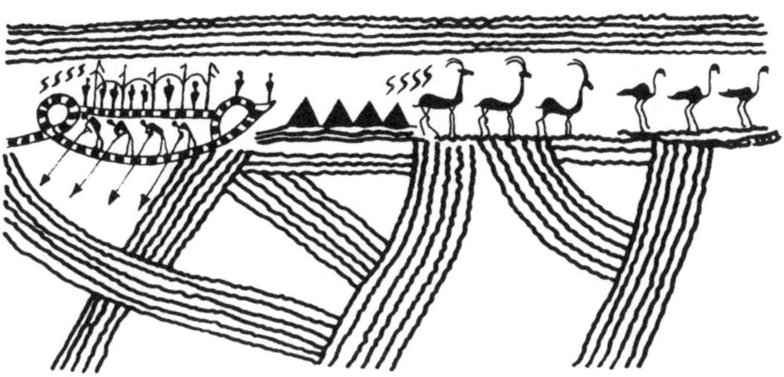

Abbildung 49: Skizze einer prähistorischen Vase

Vieles deutet darauf hin, daß dort Erdkräfte vom uns heute bekannten Typ des Erdmagnetismus dargestellt werden. Im Augenblick, so scheint es, sind die Satellitenmessungen unseres Erdmagnetfeldes noch zu grob. Für die globale Betrachtung unserer Erdkugel reichen sie aus, was uns aber derzeit noch fehlt, ist die Fähigkeit, eine adäquatere Meßtechnik zu entwickeln. Wir benötigen Instrumente, die subtile Messungen von Stärke und Richtung der an der Erdoberfläche austretenden Magnetströme erlauben. Denn allein dort sind diese Kräfte für uns Menschen nutzbar.

Bis zur Einführung von zuverlässigen Meßinstrumenten und zur Entwicklung von aussagefähigen Meßmethoden bleibt uns nichts anderes übrig, als auf die Erfahrungen der Radiästhesie zurückzugreifen und uns dieser Technik zu bedienen. Wir befinden uns hier zwar nicht in populärer Gesellschaft und erst recht nicht in einem schulwissenschaftlich anerkannten Umfeld. Aber wenn uns diese Methoden zu neuen Erkenntnissen verhelfen und, vor allem, solange uns die Schulwissenschaft keine Alternativen anzubieten vermag, sehe ich keinen stichhaltigen Grund, auf diese Hilfsmittel zu verzichten.

Heutzutage werden mit Hilfe der Radiästhesie „Verwerfungen" – Brüche der Erdrinde – lokalisiert. An diesen von Radiästhesisten vermessenen Stellen haben sich Erdschichten gegeneinander verschoben. Diese Gesteinsplatten können wenige Zentimeter schmal sein oder weit auseinander klaffen. Ihre Bruchtiefe reicht bis in den Übergangsbereich zwischen Erdrinde und oberster Magmaschicht hinab. Entlang dieser Verwerfungen finden sich Erdbebengebiete, Vulkane, Geiser. Die Radiästhesie geht davon aus, daß an diesen Stellen Energieteilchen, die aus der brodelnden Küche des Erdinneren und selbst des Erdkerns stammen, leicht und ohne nennenswerten Widerstand durch einen Gesteinsfilter an die Erdoberfläche gelangen können. Auf ihrem Weg an die Erdoberfläche tritt, so vermutet man, ein Sammeleffekt ein: Die Energieteilchen laden sich an verschiedenen Punkten ihrer Passage zu regelrechten Energieballungen auf. In der Radiästhesie kann der Rutengänger anhand differenzierter Rutenausschläge diese Teilchenströme identifizieren.

Waren auch den alten Ägyptern solche Verwerfungszonen bekannt? Ich behaupte: ja!

Verwerfungszonen – Magnetströme aus dem Erdinneren

Die Details der Zeichnungen auf der prähistorischen Vase (Abbildung 49) zeigen uns, daß die alten Ägypter in der Tat die Verwerfungszonen in ihrem Land kannten, zumindest im Umkreis der vier Pyramiden. Auf der Abbildung sehen wir diese Energieströme in Form von Wellenlinien, die an die Erdoberfläche kommen. Die dargestellten Tiere – einmal Säugetiere, einmal Vögel – sind wohl als Hinweis zu deuten, daß sich die betreffenden Tierspezies an diesen Stellen besonders gern aufhalten.

Flußbett- und Uferstrahlung

In der Mitte Ägyptens fließt langsam und gemächlich seit eh und je der Nil. Die Radiästhesie kennt Flußbett- und Uferstrahlungen und erklärt sie mit der Ladekapazität des Wassers, die abhängig ist von Druck, Gefälle, Reibung und Emanationssituation des Untergrundes. Auf unserer Vase ist dieses Phänomen als waagrecht unter dem Nil verlaufende Wellenlinien zu identifizieren.

Kosmischer Energieschatten

Die Radiästhesie spricht des weiteren von einem „Kosmischen Energieschatten“[1] und vermutet, daß die heute bekannten zwei Van-Allen-Gürtel der Ionosphäre die Großstruktur widerspiegeln, während die Feinstruktur – genannt Globalnetzgitter –, die wie Bänder unseren Planeten umgibt, vorerst nur mit Ruten meßbar ist. Im Licht dieser Hypothesen dürfen wir auf unserer prähistorischen Vase die Wellenlinien über den Pyramiden als kosmischen Energieschatten deuten.

Zusammenfassend läßt sich also behaupten, daß die alten Ägypter aufgrund jahrtausendelanger Beobachtung und Überlieferung mit wesentlichen, uns heute (wieder) bekannten Kräften des Magnetismus vertraut waren. Mit hoher Wahrscheinlichkeit besaßen sie die Fähigkeit, Magnetströme aus dem Erdinneren, Flußbett- und Uferstrahlung sowie kosmische Energieströme zu messen und mit Hilfe der Pyramidenanlagen gezielt zu nutzen.

Zum Abschluß dieses Kapitels hier noch einige ergänzende Gesichtspunkte, die nicht aus der Zeichnung auf unserer Vase, aber aus den vor Ort vorgefundenen Verhältnissen abzuleiten sind.

Himmelsrichtungen und Energieeffekte

Sowohl Pyramiden wie Obelisken waren ursprünglich auf einer magnetischen Nord-Süd-Achse ausgerichtet. Auch die Radiästhesie kennt die Wirkungen einer Nord-Süd-Ausrichtung: Im Experiment erlebt der Radiästhesist, daß sie besondere Ener-

---

[1] Oberbach, Dr. Josef, Feuer des Lebens, DBF Verlag, Grünwald 1980

gieeffekte erzeugt (siehe *Experimente und Übungen*, siebter Teil dieses Buches). Wenn man zwei kleine Modellpyramiden aus Stein auf einer Nord-Süd-Achse ausrichtet und eine Testperson auf die Südposition setzt, so fühlt sie sich zunehmend unwohl. Setzt man die Testperson dagegen auf die Nordseite, so belebt sich ihre Stimmung. Nur nebenbei sei hier erwähnt, daß die Volksmedizin ebenso wie die älteste Yogaliteratur die Empfehlung kennt, „in eine bestimmte Himmelsrichtung zu schlafen".

Elektromagnetismus

Die Radiästhesie unterscheidet zwischen dem geoelektrischen und dem geomagnetischen Erdfeld und sieht beide als getrennte Systeme, die zusammen ein „elektromagnetisches Phänomen" ergeben. Die Wechselwirkung beider Systeme wird mit Hilfe der Physik erklärt und genutzt: Einmal verwendet man die Elektrizität, um ein Magnetfeld zu erzeugen (Elektromagnet), dann wieder benutzt man Magneten, um Elektrizität zu erzeugen (Dynamo). Auch wir Menschen nutzen das „elektromagnetische Erdfeld" unbewußt für uns selbst, denn wir benötigen Elektrizität und bedürfen der magnetischen Energie, damit unser biologisches System funktioniert.

Was passiert aber, wenn man den Bedarf seines Körpers an Elektrizität oder an magnetischer Energie

- nicht decken kann, also zuwenig hat,
- oder von einem der beiden zuviel erhält
- oder von beiden Energieformen zuviel zugeführt bekommt?

In diesen Fällen wird man sich unwohl fühlen, wird lustlos, gehemmt sein, oder man ist gereizt und dreht womöglich durch. Kurz: Man wird erst psychisch krank und erkrankt, sofern unbehandelt, schließlich auch physisch.

Zur Behandlung hatten die Heiler im alten Ägypten ausgeklügelte Methoden mit unterschiedlichen Instrumenten zur Verfügung. Einmal waren es die Pyramiden – in verschiedenen Bauformen, wie wir im folgenden Kapitel sehen werden –, dann die Obelisken unterschiedlicher Positionierung und schließlich noch am Körper getragene Instrumente, die heute als Amulette in die Welt der Magie abgerutscht sind.

An meine Kritiker

Noch vor gut hundert Jahren – 1887 – herrschte folgende Meinung in der Medizin:

> „Dieser (Hirnanhang) von der Größe einer kleinen Kirsche geht beim Embryo zum größten Teil aus einem sich abschnürenden Stück der Rachenschleimhaut hervor und ist beim Erwachsenen ohne jede Bedeutung.“[1]

Diese damals noch ‚bedeutungslose Abschnürung‘ von der Rachenschleimhaut gilt heute als eines der wichtigen Steuerungsorgane des Gehirns.

[1] Meyers Konversations Lexikon, 4. Aufl. 1887, Bd. 17, Seite 2

13. Kapitel: Die Geheimnisse der äußeren Formen von Pyramide und Obelisk

Nichts geschah im alten Ägypten rein zufällig – alles hatte seine Entsprechung in einer Gesetzmäßigkeit, die überall im Universum ab einer bestimmten Entwicklungsstufe der Intelligenz erkannt und genutzt werden kann.

Während seiner Ausbildung zum Priester hatte der junge Ägypter ohne äußere Hilfe (siehe 6. Kapitel) die einzelnen Tafeln der Entwicklung des Bewußtseins – oder auch des Geistes – studiert. Wir selbst übrigens, unsere eigene Kultur, stünden innerhalb dieser Entwicklungsstufen des Bewußtseins vor der Tafel, die einen Kreis mit zwei Diagonalen zeigt (vgl. Abb. 50). Diese Tafel stellt das Erkenntnisziel von „Bewußtsein in Bewegung im Raum" dar. Aus der folgenden Tafel der Erkenntnisziele können wir ableiten, daß unser nächstes Ziel „Bewußtsein in Bewegung im Raum gleichzeitig" sein wird.

Abbildung 50 + 51: Die Entwicklung des Bewußtseins: dritte und vierte Dimension

Abbildung 50 entspricht der dritten Dimension – Bewegung im Raum –, Abbildung 51 stellt die vierte Dimension – Bewegung im Raum gleichzeitig – dar. In der Draufsicht erkennt man unschwer den Grundriß einer Pyramide.

Ein einfaches Beispiel, um die dritte Dimension begreiflich zu machen: Stellen Sie sich vor, Sie befinden sich in der Mitte eines kreisrunden Sees. In der dritten Dimension können Sie – entsprechend der Abbildung – auf diesem See in alle vier Richtungen schwimmen, aber eben nur zu *einem* der vier Punkte.

Nun stellen Sie sich vor, Sie befinden sich nicht auf einem See, sondern sind der Mittelpunkt einer Kugel. Von Ihrem Standort aus können Sie sich zu jedem Punkt auf der Innenfläche der Kugel bewegen, aber eben immer nur zu *einem* der unendlich vielen Punkte.

Jetzt begeben Sie sich in die vierte Dimension: Wieder befinden Sie sich zunächst in der Mitte des Sees. Doch nun sind Sie in der Lage, sich *gleichzeitig* in alle vier Richtungen zu bewegen. Sie lösen sich also in der Mitte auf und sind gleichzeitig an den vier Zielpunkten.

Ein Stein, der in der Mitte des Sees ins Wasser fällt, verursacht im Idealfall eine kreisrunde Welle, die *gleichzeitig* alle vier Punkte in der Abbildung 51 erreicht. Was dieser Stein und die Welle können, soll für uns Menschen unmöglich sein? Tatsächlich nutzen wir in unserem ganz profanen Alltag unablässig die vierte Dimension: Sie sprechen in einem Kreis von Zuhörern, und *gleichzeitig* hören alle Menschen, die sich um Sie geschart haben, Ihre Worte. Töne – Frequenzen – sind also Kinder der körperlosen vierten Dimension, die bereits in der dritten Dimension erkannt werden können.

Dieses Buch soll und kann keine Einführung in die Mathematik des Geistes werden, wir müssen aber trotzdem noch einen kurzen Exkurs in diese Wissenschaft unternehmen, um zumindest – ohne Herleitungen und Beweise – einige wesentliche Erkenntnisse der Antike, der Renaissance und aller Wissenden kennenzulernen. Denn erst diese Grundlagen versetzen uns in die Lage, den tieferen Sinn und die Funktion der so auffällig variierenden Formen von Pyramiden und Obelisken zu verstehen.

Mathematik des Geistes

Der Durchmesser eines Kreises wird in zehn Teile geteilt. Abbildung 52 zeigt die beiden Kreisdurchmesser, skaliert zu je zehn Teilen.

A bis M = 5
C bis M = 5
M bis B = 5
D bis M = 5

Hieraus läßt sich ein Dreieck konstruieren. Um diesen Exkurs abzukürzen: Wir erkennen hier bereits die Konstruktionsmerkmale einer Pyramide und sprechen im folgenden nur noch von Pyramiden, hier mit den Maßen A-D-B.

Nun vergegenwärtigen Sie sich bitte, was wir vorhin über Pythagoras erfuhren: Er lehrte uns – wo hatte er es wohl her? –, daß man, wenn man eine beliebig lange Strecke in zwölf gleiche Teile teilt, aus zunächst drei, dann aus vier und schließlich aus den verbleibenden fünf Teilen ein rechtwinkliges Dreieck konstruieren kann.

Diese Lehre übertragen wir nun in unsere Konstruktion:
Nun zeichnen wir die Cheopspyramide in unsere Konstruktionen mit ein. Wir verwenden hierfür den Böschungswinkel 51°52', den wir auf der Strecke M-A und M-B so anlegen, daß die Böschungslinie der Pyramide genau den Punkt D1 schneidet.

Welche Formen können wir in unseren Konstruktionen identifizieren, welche die Ägypter tatsächlich in die Praxis umgesetzt haben?

1. die Form der Pyramiden (zum Beispiel die Cheops, die wir ja absichtsvoll eingezeichnet haben) – siehe Abbildung 52,
2. die Knickpyramide von Daschur – siehe Abbildung 53 oben,
3. die typische Konstruktionsform der Seiten der Cheopspyramide – siehe Abbildung 54 oben,
4. den Pyramidenstumpf oder -kern der Schwarzen Pyramide von Daschur – siehe Abbildung 55,
5. den Obelisken – siehe Abbildung 56.

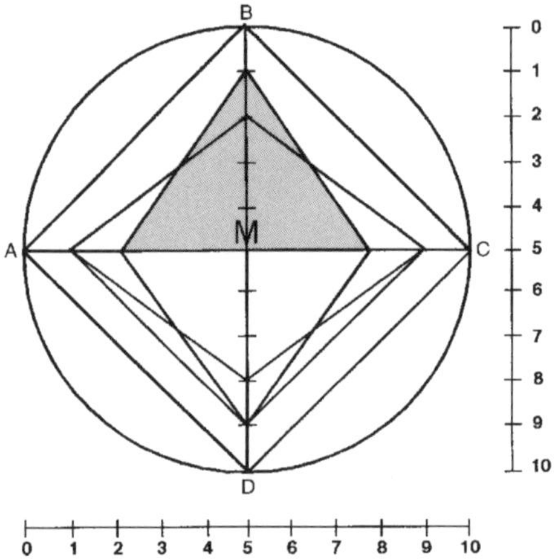

Abbildung 52: Kreis mit zwei Durchmessern, in je zehn Teile unterteilt

Abbildung 53: Aus diesem Kreis ist die in der Knickpyramide von Daschur verwirklichte Form abgeleitet.

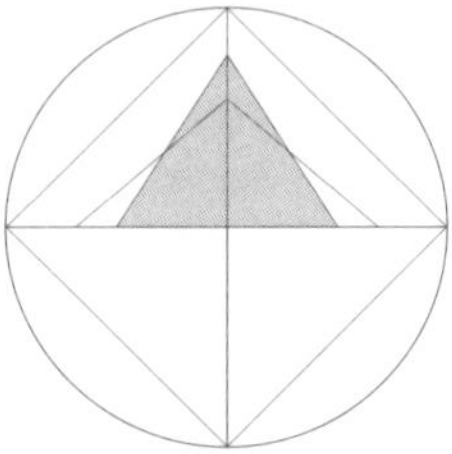

Abbildung 54: Aus diesem Kreis ist die in der Cheopspyramide verwirklichte Form abgeleitet.

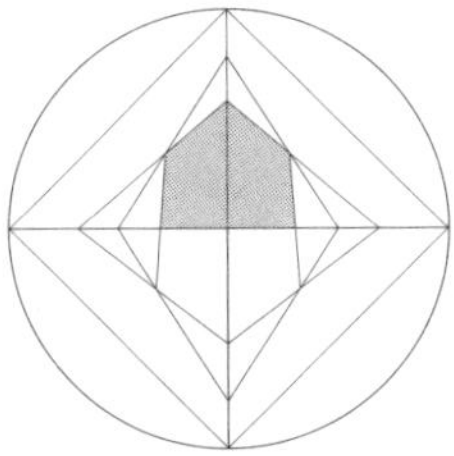

Abbildung 55: Aus diesem Kreis ist die in der Schwarzen Pyramide von Daschur verwirklichte Form abgeleitet.

Abbildung 56: Aus diesem Kreis ist die im Obelisken von Luxor verwirklichte Form abgeleitet.

Was bedeuten diese Entdeckungen? Ich meine, daß Absicht hinter den verschiedenen Formen der Pyramiden steckt und man sehr genau wußte, wie man bestimmte Effekte erzielen konnte.

Dagegen ist Mendelssohn[1] der Ansicht, daß sich die verschiedenen Formen der Pyramiden aus den technischen Problemen während des Baus ergeben hätten. Nach seiner Hypothese waren beim Bau des Objekts in Medûm aufgrund eines zu steilen Böschungswinkels die Steine der Pyramide ins Rutschen gekommen, so daß die Konstruktion bis auf den Kegelstumpf in sich zusammengebrochen sei. Daraufhin habe man die Pyramide von Daschur-Süd, die gleichzeitig in Bau gewesen sein muß, mit einem flacheren Böschungswinkel weitergebaut. – Dies nur zur Abrundung unseres kleinen Exkurses in die mathematische Welt des Geistes.

Obelisken – Pyramiden für den Hausgebrauch

Der interessanteste neue Aspekt, der sich den ineinander gezeichneten Konstruktionen von Pyramiden entnehmen läßt, ist wohl der mathematische Zusammenhang zwischen Pyramide und Obelisk! Übrigens ein Gesichtspunkt, auf den meines Wissens in der Literatur über das alte Ägypten noch nirgends hingewiesen worden ist.

Obelisken – sozusagen abgespeckte Pyramiden für den Hausgebrauch – wurden von den Engländern spöttisch als „Nadeln der Cleopatra" bezeichnet. Abgesehen davon, daß Cleopatra, die zur Zeit Cäsars lebte, nichts mit der Entstehung der Obelisken zu tun haben kann, ist auch kaum anzunehmen, daß in ihrer Zeit diese Objekte noch richtig funktioniert haben. Denn der Nachteil von Obelisken besteht darin, daß man diese Leichtgewichte ohne weiteres an andere Orte versetzen kann, wie es auch vielfach geschehen ist. So stehen 13 Obelisken heute in Rom, die größten von ihnen

- im Lateran 32,18 Meter Höhe,
- auf dem Petersplatz 25,37 Meter,
  weitere in
- Istanbul 28,95 Meter (? ursprünglich),

[1] Das Rätsel der Pyramiden, a.a.O.

- Paris 22,55 Meter,
- New York 21,20 Meter,
- London 20,87 Meter.

Obwohl diese Obelisken also mit Cleopatra sicherlich nichts zu tun haben, ist ihre Bezeichnung als „Nadeln“ dennoch überaus treffend. Wenn wir uns die Obelisken als Akupunkturnadeln für die Erde vorstellen, die man an besonders sensitiven Punkten auf einer Nord-Süd-Achse errichtete, um energetische Wirkungen zu kanalisieren, dann kommen wir dem seinerzeit erzielten Nutzen sehr nahe.

Aufgrund der geometrischen und funktionalen Verwandtschaft beider Bauformen können wir nun folgern: Ein Obelisk mit einer Höhe von 20,87 Metern entspricht einer Pyramide von 20,87 Metern plus x. Das x steht hier für den Sockel, den Felsen oder die Intensität des Kraftpunkts am Ort.

Fünfter Teil: Die Heilkraft der Pyramiden

14. Kapitel: Erste Entdeckungen und radiästhetische Bestätigung

Heute frage ich mich, warum nicht andere Menschen vor mir auf die Idee gekommen sind, mit Wünschelruten die Pyramidenanlagen und Tempelbezirke in Ägypten abzugehen. Falls es doch jemand getan hat, warum hat er oder sie nicht darüber berichtet?

Natürlich sind bereits zahlreiche Bücher über die Kraft der Pyramiden geschrieben worden. Aber sie beschäftigen sich fast ausschließlich mit der Power im *Innern* der Pyramiden. Daher wurden zwar auch die Effekte außerhalb der Bauwerke gelegentlich mit Wünschelruten untersucht, aber durchweg als Nebenwirkungen des eigentlichen Geschehens betrachtet, das man allein *in* den Pyramiden vermutete. Ich muß zugeben, daß auch ich selbst viele Jahre lang der weitverbreiteten Ansicht anhing, jedes dieser Monumente sei für nur einen einzigen Menschen errichtet worden, und mich fragte, was dieses Volk bewogen haben mochte, einem einzigen unter ihnen solche Weltwunder zu erbauen. Doch eines Tages geriet ich, wie im Vorwort berichtet, auf die richtige Spur, die mich schließlich zur Entdeckung der Pyramiden-Heilkraft und der eigentlichen Funktionen dieser gewaltigen Anlagen führte.

Niemandem scheint bisher aufgefallen zu sein, daß die Kräfte, die *im Umkreis* der großen Pyramiden heute noch wirken, so stark sind, daß man selbst mit improvisierten Experimenten unweigerlich zu beeindruckenden Ergebnissen kommt. Beispielsweise biege man einfach zwei Kupferstäbe in L-Form, nehme sie in beide Hände und schreite das Umfeld der Pyramiden ab. Die Resultate sind in jedem Fall bemerkenswert. Man muß nur auf die Idee kommen – und sie dann auch in die Tat umsetzen.

Ich habe schon zugegeben, daß die Idee, mit Wünschelruten die Pyramidenfelder zu untersuchen, nicht von mir stammt. Man kann ernsthafte Dinge fanatisch präzise, aber auch erwartungsvoll locker angehen. Ich selbst ziehe zumindest zum Beginn eines solchen Experimentes die zweite Variante eindeutig vor und beschloß daher, mich auf mein Improvisationstalent zu verlassen, als ich im Jahr 1996 sechs Stunden vor dem Abflug nach Kairo plötzlich vor der Frage stand: Wo bekomme ich jetzt auf die Schnelle größere Mengen Wünschelruten her? Nach kurzem Überlegen fiel mir ein guter Bekannter ein, der Bauer Alfons, der auf seinem Hof Schweißgeräte besaß und mir einige seiner kupfernen Schweißdrähte zur Verfügung stellen konnte. Wenig später flog ich mit sieben solcher Stäbe im Koffer gen Kairo. Da die Dinger etwas zu lang für meinen Koffer waren, hatte ich alle sieben gebündelt und über meinem Knie zu einem L gebogen. So waren sie aus meiner Sicht für den angestrebten Zweck verwendbar. Vermutlich wird jeder Radiästhesist angesichts dieser Ausrüstung die Hände über dem Kopf zusammenschlagen. Aber ich kann die Rutengänger-Zunft beruhigen: Es hat funktioniert.

Das Pyramidenfeld – ein Eldorado für Rutengänger

Die Gruppe, die ich über das Pyramidenfeld von Gizeh führte, habe ich Ihnen im ersten Teil des Buches bereits als „Gruppe 1" vorgestellt. In der altägyptischen Anlage eingetroffen, experimentierten die ersten Teilnehmer sogleich mit den improvisierten Wünschelruten. In jeder Hand hielten sie einen dieser Stäbe,

Abbildung 57: Eine Rutengängerin aus Gruppe 1 mit über dem Kopf gehaltener Wünschelrute

und das Abenteuer begann. Stellen Sie sich die Verblüffung vor, die sich der Gruppe bemächtigte: Die ungleich gebogenen, L-förmigen Stücke kreuzten sich in den Händen der Teilnehmer, ja sie drehten sich an einigen Stellen mit solcher Kraft, daß sie – über den Kopf gehalten, also ungehindert – wie Rotoren kreisten. Einige Teilnehmer hatten nie zuvor eine Wünschelrute in der Hand gehabt. Niemand konnte das Rotieren der Stäbe verhindern. Es war eine unwirkliche Situation.

Nach der ersten Überraschung erfaßte Heiterkeit und schließlich Entdeckerdrang die ganze Gruppe. Bald ertönte hier, bald da ein Aufschrei als Signal, daß man wieder „etwas" gefunden hatte. In der Umgebung der Pyramiden waren die Kräfte so stark, daß selbst diese primitiven Werkzeuge in den Händen von Erstanwendern beeindruckend ausschlugen. An diesem Vormittag wurde das Pyramidenplateau von Gizeh als wahres Eldorado für Erfahrungen mit der Wünschelrute entdeckt.

Damals schon wurde offensichtlich, daß an den Ecken der Cheopspyramide besonders starke Ausschläge zu verzeichnen waren. So fanden wir beim ersten Abschreiten der Ostseite dieser Pyramide ein wiederkehrendes System auf der gesamten Länge: Auf einer Strecke von sieben Schritten, also zirka fünf Metern, blieben die Rutenpaare offen, um sich auf den folgenden drei Schritten, etwa zwei Metern, wieder zu kreuzen.

Weitere Ergebnisse: Es erwies sich, daß jeweils zehn bis 15 Meter von der Mitte des Pyramidenfußes entfernt besonders starke Kraftfelder vorhanden waren, die von der Pyramide weg schräg nach außen verliefen. Wir überprüften, ob sich dieses Muster bei der Chephrenpyramide wiederholte, und tatsächlich erstreckt sich von dort aus ein Kraftfeld auf einer Linie, die etwa dem Verlauf des Weges zur Sphinx und zum Taltempel hinunter entspricht. Die Kraftlinie und der Weg decken sich nicht exakt, was allerdings eher die Richtigkeit der Messungen, die von verschiedenen Personen durchgeführt wurden, bestätigt, denn es hätte nahegelegen, den Aufweg vom Taltempel zur Chephrenpyramide schlicht mit der Kraftlinie zu identifizieren.

Schon diese erste Gruppe entdeckte des weiteren ein Kraftfeld, das sich von der Pyramidenanlage in die Wüste erstreckt und dort irgendwo endet. Was wird man an dieser Stelle wohl eines Tages finden? Unsere Entdeckungen verleihen der Phantasie nicht nur Flügel, sondern auch eine zumindest in Umrissen erkennbare Struktur. Wer will länger behaupten, daß kleine Tempel oder Steinfragmente von Nischen und Räumen vor den Pyramiden „zufällig“ so angeordnet seien, wenn genau dorthin einer der Kraftströme führt oder wenn sich just an dieser Stelle zwei Kraftlinien kreuzen?

Von weiteren Entdeckungen unserer Gruppe habe ich bereits im ersten Teil des Buches erzählt: Auf der direkten Verbindungslinie der Ecken von Cheops- und Chephrenpyramide stellten sich bei etlichen Teilnehmern merkwürdige Reaktionen ein. Einige berichteten von plötzlich auftretendem Schwindelgefühl und leichten Kreislaufstörungen. Zwei Teilnehmer konnten auf dieser Linie nicht entlang gehen, weil sie im Hals- und Kehlkopfbereich ein beklemmendes Gefühl, allgemeines Unwohlsein und Gleichgewichtsstörungen spürten. Zwei Teilnehmerinnen waren zu unterschiedlichen Zeiten an dieser Stelle, wußten nichts von den Erfahrungen der anderen, berichteten aber ihrer Umgebung spontan von diesem Phänomen. Später im Hotel konnten wir, wie gesagt, die einzige signifikante Gemeinsamkeit dieser beiden Frauen ermitteln: eine zurückliegende Schilddrüsenoperation.

Dieses Wünschelruten-Abenteuer erfuhr noch eine Steigerung, als wir durch Zufall auf der Insel Elephantine in Assuan eine weitere Entdeckung machten. Die Gruppe befand sich mit einem Holzboot auf dem Nil, es gab also kaum Metall in der Nähe, das den folgenden Effekt verursacht haben könnte: Umschließt man mehrere Kupferstäbe ringförmig mit Daumen und Zeigefinger und hält sie ohne weitere Berührung oder Bewegung waagerecht in die Luft, so ordnen sich die Stäbe über dem Nilwasser zu einem gleichmäßigen Stern. Darüber hinaus formieren sie sich je nach Ort zu unterschiedlichen Mustern, die Runenzeichen sehr ähnlich sind (siehe Abbildung 58). Diese ergänzende Methode ermöglicht offensichtlich noch weitere Aussagen über Qualität und Richtung der Kraftströme.

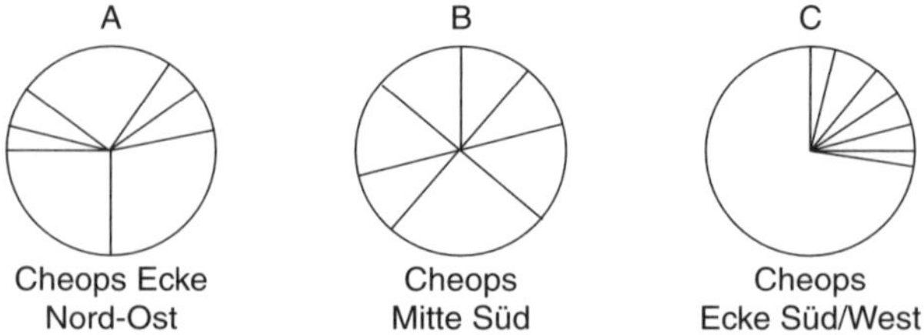

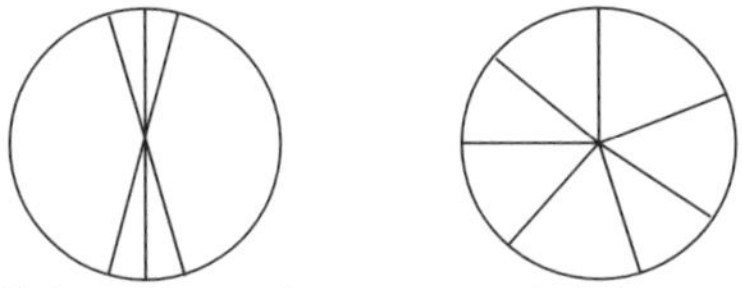

Abbildung 58: Diese runenartigen Muster entstanden, anscheinend durch Kraftströme verursacht, durch Wünschelruten-Experimente in Gizeh und bei Assuan auf dem Nil.

Nach diesen ersten Experimenten und Entdeckungen führten wir in kleinen Gruppen systematischere Untersuchungen an den Pyramiden durch. Verbindet man das heutige Wissen der Radiästhesie über Orte der „guten" und der „schlechten" Erdstrahlen mit den Erkenntnissen über geoelektrische und geomagnetische Phänomene, Gitternetze und so fort, dann zeigt sich, daß der Ort, an dem die Pyramiden von Gizeh stehen, vor Tausenden von Jahren mit Bedacht ausgewählt worden ist:

- am *Nilufer* (seinerzeit), also in der Nähe von fließendem Wasser,
- auf einem *Felsplateau,*
- im Einflußbereich ausgeprägter *Erdwirkungen.*

Im Fries an der Chephrenpyramide ist in einer leicht deutbaren Bilderschrift hinterlassen worden, wo sich auf dem Plateau des heutigen Gizeh diese seit Jahrtausenden vergessenen Orte der Erdwirkungen befinden:

- Orte der Diagnose
- Orte der Heilung
- Orte der Umpolung

In Abbildung 60 sehen wir die Situation der beiden großen Pyramiden auf dem Felsplateau des heutigen Gizeh dargestellt. Aus der Darstellung können wir entnehmen, daß es bei dem im Fries der Chephrenpyramide beschriebenen Thema um das Pyramidenvorfeld geht, das aus der Westseite der Cheops- und der Nordseite der Chephrenpyramide besteht. Die Chephrenpyramide steht für die höchste Potenz des körperlichen und geistigen Zustandes.

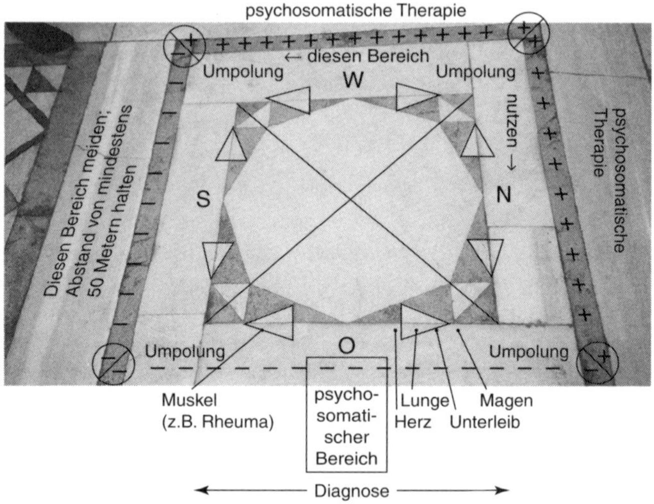

Abbildung 59: Diagnose und Therapie im Vorfeld der Chephrenpyramide. Die hier abgebildete Fußbodenplatte aus der Sultan-Hassan-Moschee ist genau betrachtet eine Karte der Cheopspyramide mit diagnostischen Markierungen.

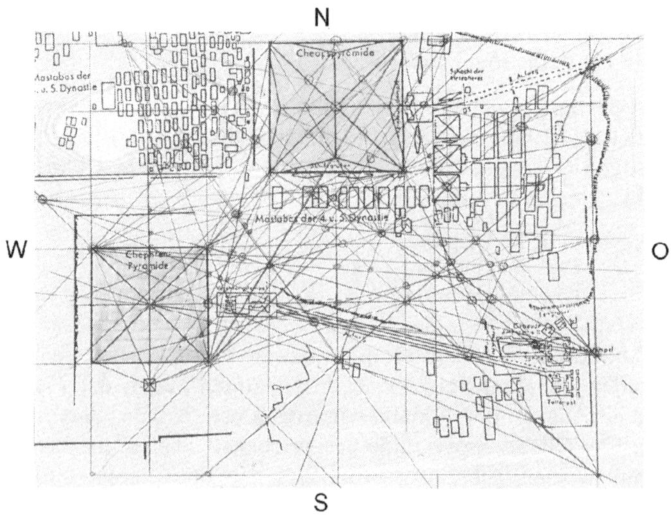

Abbildung 60: Ergebnisse der Messungen an der Cheops- und Chephrenpyramide

Wie aus den Messungen des weiteren hervorgeht, manifestieren sich an den gekennzeichneten schwarzen Punkten Effekte, die zur Zeit noch nicht zu identifizieren sind, rings um eine der Pyramiden. Hier wird es in den nächsten Jahren wohl noch manche Diskussion geben, um welche der beiden Pyramiden es sich handelt oder ob damit beide Pyramiden gemeint sind. Wer die Lage der Ritualbarken mit dem zweiten Ring kombiniert, dürfte richtig liegen, wenn er einen Zusammenhang vermutet.

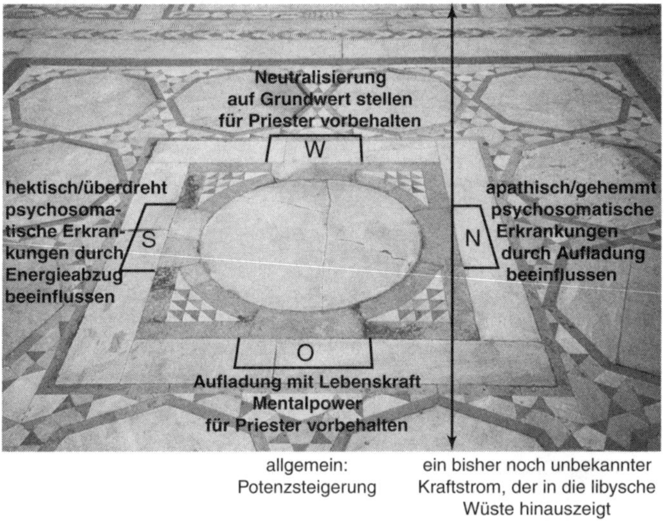

Abbildung 61: Ausschnitt aus dem Fries der Chephrenpyramide: Übersicht über die Orte der Heilung

Abbildung 61 zeigt uns den nächsten Ausschnitt aus dem Fries der Chephrenpyramide: die Übersicht der Orte der Heilung. Wir können davon ausgehen, daß die Erbauer der Pyramiden kleine Bauwerke, bestehend aus jeweils vier Pyramiden mit sehr steilem Böschungswinkel, an diesen Orten errichtet hatten. Sie sind heute nicht mehr zu sehen, und wir können auch nicht mehr feststellen, ob Vertiefungen im Felsplateau, die möglicherweise darauf verweisen, tatsächlich aus der Zeit der Erbauer stammen.

Hier jedenfalls befanden sich die Orte der Heilung. Der zeitlich begrenzte Aufenthalt des Kranken an diesen Orten war offensichtlich der erste Teil der Therapie. Dann folgte eine zweite Phase im gesamten Vorfeld. Erst mit den Jahrtausenden, als längst keinerlei Rückerinnerung an die ursprüngliche Funktion dieser Orte mehr überliefert war, wandelten sie sich zu Begräbnisstätten, zu denen sie nach und nach umgebaut wurden. Heute verunzieren diese Gräber der Arroganz längst zu Staub zerfallener Individuen, genau wie die Löcher und Höhlen vor den Pyramiden, das Umfeld und untermauern – was viel schlimmer ist – die irrige Annahme, daß es sich hier um einen reinen Friedhof handle. Tiefer könnte auch der heutige heilige Mittelpunkt der katholischen Kirche, der Vatikan, nicht sinken: Man stelle sich vor, daß „Katholizismusforscher" in fünftausend Jahren aus den sterblichen Überresten im Petersdom beigesetzter Päpste folgern, dies sei ein Begräbnisplatz gewesen …

Erste Ergebnisse und Hinweise

Folgende Ergebnisse erbrachten unsere Untersuchungen mit der Wünschelrute:

1. Feststellung:

Die Cheopspyramide steht anscheinend inmitten eines Geflechts aus Strömen positiver und negativer Erdenergien, die sowohl zum Bauwerk hin als auch von diesem weg zu fließen scheinen. Gut beobachten kann man dieses Phänomen mit einer einfachen Wünschelrute, zwei L-förmig gebogenen Kupferstäben, die man in die Hände nimmt, während man, beginnend an der Nordostecke, im Uhrzeigersinn um die Pyramide schreitet.

2. Feststellung:

An den Ecken der Pyramide schlagen die Ruten besonders kräftig aus, so stark, daß sie sich nicht nur kreuzen, sondern sich weiter verdrehen wollen und nur durch den Oberkörper des Rutengängers behindert werden. Hält man eine der Ruten über den Kopf, so daß sie sich frei drehen kann, beginnt sie zu rotieren.

Dieser Effekt ist unmittelbar am Pyramidenfuß kaum zu beobachten, tendiert dort also gegen Null. Er erreicht seine höchste Intensität etwa sechs bis acht Meter von der Basiskante der Pyramide entfernt.

3. Feststellung:

Auf den ersten Metern bis kurz vor der Mitte der Pyramidenseite (zirka acht bis zehn Meter von der idealen Mitte entfernt) reagieren die Ruten etwa alle sieben bis acht Schritte. Dort scheint es ein Grundmuster zu geben, das alle fünf Meter seine Polarität ändert.

Auffallend ist, daß an der Nord- und der Ostseite der Pyramide in den nackten Fels Vertiefungen gehauen wurden, z.B. mit einem Umfang von 1,5 x 2 Metern, ja sogar Gruben von zirka 2 x 2 x 8 Metern, so als ob man kleine Hüttenbauwerke im Grund verankern oder ein Schwimmbecken anlegen wollte. Bei den letzteren Gruben handelt es sich um die Orte, an denen die Ritualbarken vergraben wurden. Unwillkürlich fragt sich der Querdenker, ob die Schiffsgruben nicht ursprünglich mit Wasser gefüllt waren und erst später mit Nilbarken „verfüllt" wurden.

Immerhin wissen wir, daß die Priester im alten Ägypten fünfmal am Tag baden mußten, nicht nur, um sich zu reinigen, sondern auch, um biomagnetische Effekte zu erzielen. Wie dürfte ein solches Bad in der Nähe der Pyramiden gewirkt haben? Wenn man – vor allem in kaltem Wasser – badet, bewirkt dies einen Ausgleich der bioelektrischen und biomagnetischen Verhältnisse des Körpers. Heute, im Zeitalter der Computersprache, würden wir sagen: Die Festplatte mit den Daten wird formatiert, also gelöscht und restrukturiert, damit sie erneut beschrieben werden kann.

Sowohl für diese Felsvertiefungen als auch für die anderen Steinmetzarbeiten im Felsboden des Pyramidenplateaus haben die Ägyptologen manche Erklärungen zur Hand, die sich immer um magische Rituale oder Ereignisse in der postpharaonischen Zeit drehen. Nach unseren Untersuchungen wurden diese Orte aber schon in erheblich früherer Zeit genutzt, und etwaige Spuren magischen Gebrauchs stammen demnach aus Epochen, in denen das einstige Wissen längst verloren gegangen war.

4. Feststellung:

Messungen der Radiästhesisten zeigen, daß genau an diesen – angeblich „magischen" – Plätzen die Ergebnisse von denen des Umfeldes abweichen, daß sich dort Kraftlinien kreuzen oder Kraftpunkte mit einem Plus- oder Minus-Effekt entstehen.

5. Feststellung:

Wiederholte Begehungen erweisen, daß sich die Intensität der Kraftmuster im Laufe des Tages verändert. (Messungen während der Nacht waren bisher noch nicht möglich, da eine Begehung nach Anbruch der Dunkelheit nicht genehmigt wurde.) Während des Tages ändern sich die Wirkungen in einem Rhythmus von etwa 6,5 Stunden. Was vorher als Plus-Effekt gemessen werden konnte, wird zu einer Minus-Wirkung und umgekehrt.

Steht man das erste Mal diesen Phänomenen mit der Wünschelrute gegenüber, dann beachtet man solche Feinheiten kaum, denn man entdeckt in jeder Minute weitere Eigentümlichkeiten. Für die erste Gruppe war es typisch, daß sie wild und ohne System die Erscheinungen im Umkreis der Pyramiden erprobte und bald schon vorherzusagen versuchte, wo die nächste „Kraft“ zu erwarten sei. Dies hing auch mit dem verdutzten Leiter der Gruppe zusammen: Ich erinnere mich genau, daß ich diesen Erfahrungen zunächst völlig verblüfft gegenüberstand. Da passierte wirklich „etwas“. Ich erlag wie alle anderen der Euphorie und rannte wie ein Hundert-Meter-Läufer zur Mitte der Ostseite. Doch dann stand ich, die beiden Kupferstäbe in der Hand, wie die meisten anderen mit langem Gesicht da: Dort passierte nichts! Keine Reaktion der Wünschelrute!

Also unternahmen wir den nächsten Versuch: Die Abstand zur Pyramide wurde erneut, nun auf zwölf Meter, vergrößert.

Wieder geschah nichts! Wir waren ratlos. Was nun? Die Gruppe steckte ihre Köpfe zusammen, und man begann laut nachzudenken und zu diskutieren. Könnte es sein, daß…

Nur eines stand nach der ersten Analyse fest: Die Pyramidenecken zeigten Wirkungen auf die Wünschelruten, die Mittelachsen der Pyramidenseiten dagegen nicht. Hierfür fanden wir damals keine Erklärungen, und ich habe auch heute noch keine eindeutige Erklärung dafür.

Allerdings stimmt diese Beobachtung mit der Fortsetzung der Bilder des Frieses von der Chephrenpyramide überein: Dort erkennt man geordnete Muster, die nach Regeln oder Gesetzen angelegt wurden, und bemerkt, daß die Mitte der Pyramide nicht das Zentrum des Geschehens bildet.

Schon die erste Gruppe, die noch wild und spontan die Effekte vor den Pyramiden erprobte, wollte es an dieser Stelle genauer wissen. Der Vorteil einer Gruppe besteht in der Gruppendynamik, die Motivation und Einfallsreichtum fördert. Einige Teilnehmer schwärmten aus, schritten mit ihren Wünschelruten langsam und majestätisch auf und ab. Und siehe da, der gesuchte Effekt wurde etwa acht bis zehn Meter links und rechts von der Mittelachse der jeweiligen Pyramidenseite doch noch entdeckt.

6. Feststellung:

Neben den senkrecht von der Pyramide abgehenden und ankommenden Kraftkanälen wurden in einem Bereich von etwa zwanzig Metern – jeweils von der Seitenmitte gesehen – andere als die zuvor beobachteten Phänomene festgestellt. Die Kraftlinien verlaufen hier nicht parallel zueinander, sondern aufeinander zu und kreuzen sich in etwa zwanzig bis dreißig Metern Entfernung vom Pyramidenfuß. An der Ostseite der Cheopspyramide sind an dieser Stelle Fundamentsteine und Ruinen kleiner Tempel zu erkennen, Räume von höchstens 2,5 x 2 Metern. Der Schnittpunkt dieser Kraftlinien befindet sich nicht – wie man erwarten würde – in der Mitte dieser ehemals umbauten Räume, sondern etwas seitlich davon.

Das ist aus unserer heutigen Sicht nicht logisch. Jedoch zeigte sich dieses Phänomen sowohl an den Pyramiden als auch – bei Ausmessung der Lage der Altarsteine – in Tempelanlagen, und scheint demnach eine Gesetzmäßigkeit zu sein. Mit Blick auf die Pyramiden könnte man die Meinung vertreten, daß die Veränderungen dieser Bauwerke, etwa das Abtragen der Verkleidung, diese Abweichung erkläre. Aber warum beobachten wir das gleiche Phänomen auch bei der Lage der Altarsteine? Vielleicht sollte man als Erklärung auch in Erwägung ziehen, daß die Bauwerke – gleichgültig, ob Pyramide, Obelisk oder Altar im Tempel – stets auf den magnetischen Pol, also auf einer annähernden Nord-Süd-Achse, ausgerichtet wurden. Erklärt sich die durchweg festzustellende Verschiebung des Kraftlinienzentrums demnach mit einer deutlichen Veränderung des magnetischen Nordpols (der bekanntlich wandert)? Schließlich konnten die alten Ägypter diese Millionen von Tonnen Pyramidengestein nicht ständig neu justieren.

Radiästhesistische Resultate

Nach diesen ersten Erfahrungen, die von Laien gemacht wurden, ließ ich die Phänomene im Schatten der Pyramiden und Obelisken auch nach den Regeln der Radiästhesie vor Ort untersuchen. Die von wahren Meistern dieses Fachs durchgeführten Messungen erbrachten folgende Ergebnisse:

Um die Cheopspyramide wirken

- Kraft gebende, aufladende und
- Kraft nehmende, abbauende Phänomene.

Sie lassen sich als Plus- und Minus-Kräfte der Erde am treffendsten beschreiben.

- Die *Minus-Kräfte* wirken vorherrschend an der Ost- und Südseite der Cheopspyramide: Das erklärt, warum Besucher, die nur diese Seiten begehen, sich anschließend so müde und erschöpft fühlen.
- Die *Plus-Kräfte* wirken vorherrschend an der West- und Nordseite: Das erklärt, warum das Konzept, ein Heilkraftfeld vor der Westseite der Cheopspyramide anzulegen, richtig war. Umgekehrt wäre dort ein Gräberfeld geradezu kontraindiziert, weil die ständig fließenden Kraftströme der Erde die Ruhe der Toten stören würde.

Vielleicht ist dies auch ein Grund dafür, daß sich der Eingang zur Cheopspyramide auf der Nordseite befindet: Um sich mit Energien aufzuladen, ging der Pharao von der Süd- zur Nordseite, also zur belebenden Seite der Pyramide.

15. Kapitel: So nutzen Sie die Heilkraft der Cheopspyramide

Auch wer heute als Tourist in Gizeh aus dem Bus steigt, nur die Nordseite der Cheopspyramide besichtigt, dann hinauf zum heutigen Eingang klettert, um in die inneren Kammern zu gelangen, ein wenig verweilt, absteigt, dann wieder in den Bus klettert und zum nächsten Punkt der Besichtigungstour weiterfährt, fühlt sich anschließend eher aufgedreht. Das wird zwar meist mit dem Abenteuer erklärt, Ägypten zu erleben und in der geheimnisvollen Königskammer gewesen zu sein. Doch die Cheopspyramide hatte in erster Linie eine weitaus wichtigere Funktion: Sie diente der Diagnose und Therapie organischer Erkrankungen. Folgende Grobabstufung, der erste Schritt im Prozeß der Diagnose, läßt sich auch heute noch beabachten:

- Der *kerngesunde Mensch* wird durch die Kraftdusche in ihrer Nähe belebt und spürt keinerlei negative Effekte.
- Der *durchschnittlich gesunde Mensch* fühlt sich in der Regel sehr wohl in ihrer Nähe.
- Der *gesundheitlich leicht gestörte Mensch* spürt auf der Ost- und Südseite der Cheopspyramide kurzfristig Symptome wie Schwindelgefühl, Kopfschmerzen, Konzentrationsstörungen und leichte Müdigkeit.
- Falls sich im Körper des Menschen eine *organische Schwachstelle* befindet – wobei das Organ selbst noch nicht funktionell gestört, also krank sein muß –, wird dies an der Ost- und Südseite auch heute noch spürbar.

Warnhinweise:

- Älteren Menschen mit Herz-Kreislauf-Problemen und/oder Durchblutungsstörungen des Gehirns muß dringend davon abgeraten werden, sich längere Zeit (mehr als zwanzig Minuten) an der Südseite der Cheopspyramide aufzuhalten.
- Insbesondere sind die Betreffenden davor zu warnen, das an der Südseite in den letzten Jahren errichtete Museum für die Ritualbarken der Pharaonen zu besichtigen: Das Bauwerk befindet sich genau in der für diese Erkrankungen „kritischen“

Zone, weshalb hier die genannten gesundheitlichen Probleme verstärkt werden.

- Esoteriker, Buddhisten und Yoga-Übende sollten auf jeden Fall die Ecken der Pyramiden meiden. Dies gilt besonders für die Nordostecke der Cheopspyramide, die durch die Ausrichtung auf die Nordachse der sensitivste Punkt der ganzen Anlage ist. Wer sich hier länger als zwanzig Minuten aufhält, wird – so die Feststellung der Radiästhesisten – „umgepolt". Das kann sehr unangenehm für den Personenkreis werden, der sich durch Übungen eine besondere Art von Sensibilität aufgebaut hat. Die ersten Erfahrungen zeigen, daß diese Nebenwirkungen bis zu acht Wochen anhalten können.
- Mir sind aus den drei Gruppen, die ich begleitet habe, zwei Fälle bekannt geworden, in denen ein längerer Aufenthalt an den Ecken der Pyramide zum völligen Zusammenbruch der bioelektrischen und biomagnetischen Strukturen geführt hat. Diese Wirkung hat zirka 14 Tage angehalten.

Die Heilkraft der Cheopspyramide nutzen – Schritt 1

Bevor Sie für sich die Heilkraft der Cheopspyramide nutzen, sollten Sie sich selbst so objektiv wie möglich beurteilen. Verwenden Sie hierfür bitte die folgende Checkliste:

	Sind Sie ein eher	
apathischer Typ duldsamer Typ leiser Typ		aktiver Typ aggressiver Typ lauter Typ
	Dann müssen Sie sich an der	
West- und Nordseite *aufladen*	wieder zur Norm	Ost- und Südseite *abladen*

Die Heilkraft der Cheopspyramide nutzen – Schritt 2

Anwendungsregeln:

1. Halten Sie sich an dem jeweiligen Therapieort prinzipiell nur barfuß auf.

Haben Sie im Alltag Probleme mit Ihren Organen, weil sie	
nicht mehr richtig „funktionieren“ = *Organschwäche*	zu heftig „reagieren“ = *Überfunktion*
so begeben Sie sich in die	
Plus-Zonen	*Minus-Zonen*

2. Die durchschnittliche Verweildauer, also die Bestrahlungszeit, soll etwa 20-25 Minuten betragen. Grundsätzlich gilt: Je sensibler Sie sind, desto kürzer die Verweildauer am Ort der Auf- bzw. Abladung.
3. Nach der ersten Anwendung möglichst ohne Umweg rasch das Pyramidenfeld verlassen und zwei Tage ausspannen. In dieser Zeit beobachten Sie sich bitte: Die Reaktion Ihres Körpers sagt Ihnen, ob Sie die Aufenthaltsdauer vor Ort steigern können (keine oder geringe Effekte gespürt) oder verkürzen müssen (Schmerzen am Organ, Unwohlsein).
4. Ab dem dritten Tag tägliche Bestrahlung, beginnend bei Sonnenhöchststand, also gegen zwölf Uhr Ortszeit. Aufenthaltsdauer allmählich bis zu einer Stunde täglich steigern.
5. Verzichten Sie während der gesamten „Pyramidenkur“ auf Kaffee, Tee und Alkohol, auf Vitaminpräparate sowie möglichst auch auf Nikotin und Gewürze, ferner auf sämtliche Nahrungsmittel, die Blähungen verursachen können.
6. Optimierung der Wirkungen: Wie uns überliefert ist, sollten bereits die alten Ägypter vor der Anwendung im „heiligen See“ baden. Dies kann man (in den besten Hotels Kairos) durch ein- bis zweiminütiges Eintauchen in den hoteleigenen Swimmingpool ersetzen. Achtung: Innerhalb der auf das Bad folgenden zwölf Stunden weder duschen noch baden, da

hierdurch die Verhältnisse des Körpers wieder auf das individuelle „Null“ gestellt und so die therapeutischen Wirkungen der Orte der Kraft im Umkreis der Pyramiden neutralisiert würden.

7. Vermeidung von Nebenwirkungen: Falls die Nebeneffekte Ihrer Aufenthalte an der Cheopspyramide (Organschmerzen) für Sie zu unangenehm werden, duschen Sie in Ihrem Hotel mit einem schwefelhaltigen Duschgel und/oder waschen sich mit einem schwefelhaltigen Haarshampoo die Haare (bei Anreise mitnehmen, in Europa als Mittel gegen Kopfschuppen gebräuchlich). Am folgenden Tag reduzieren Sie die Verweildauer vor Ort auf die Hälfte und streben so erneut den gewünschten Heileffekt an.

Nachtrag: Planeten und Pharaonen – ein mittelalterliches Dokument bestätigt die Heilkraft der Pyramiden

Das Manuskript zu diesem Buch war fertiggestellt, als ich völlig unerwartet einen sensationellen Hinweis erhielt: Ich hatte einem namhaften Radiästhesisten – nennen wir ihn R. – meinen Text zwecks Prüfung der Abschnitte mit radiästhetischem Inhalt gegeben. Schon tags darauf rief R. mich an und überrumpelte mich mit folgender Frage:

„Wußten Sie eigentlich, daß im Jahr 350 n. Chr. ein gewisser J. Firmicus Maternus das *Thema Mundi* erstellt hat?“

Davon hatte ich noch nie gehört. Wie ich von meinem Gesprächspartner erfuhr, handelte es sich um ein sogenanntes „Welthoroskop“.

„Lassen wir den astrologischen Teil dieser Berechnungen einmal beiseite“, schlug mir R. vor. „Viel interessanter für Sie ist, daß Maternus auf ganz anderem Weg Ihre Beobachtungen zur Heilkraft der Pyramiden zu untermauern scheint.“

Können Sie sich vorstellen, liebe Leser, in welche Aufregung mich R. mit diesen beiläufig hingeworfenen Worten stürzte?

„Maternus“, fuhr er fort, „der ja noch 1650 Jahre näher an den ptolomäischen Quellen in Ägypten und folglich auch an den Quellen allen Wissens um die Pyramiden lebte, zeichnete das sogenannte Welthoroskop noch nach der Art auf, welche die alten Ägypter der Niedergangszeit bevorzugten: In ein quadratisches Viereck mit dem Wert 1 wird ein um neunzig Grad verdrehtes, also auf einer Spitze stehendes zweites Viereck eingezeichnet, das halb so groß wie das erste ist, demnach den Wert 1/2 hat. In dieses wird ein drittes Viereck eingezeichnet, halb so groß wie das zweite, so daß seine Fläche, bezogen auf das erste Viereck, den Wert 1/4 hat.“

Ich beschwor R., mir augenblicklich eine Skizze dieses Welthoroskops zu faxen. Wenig später hielt ich sie in Händen und blickte fassungslos auf das Blatt (s. Abb. 62):

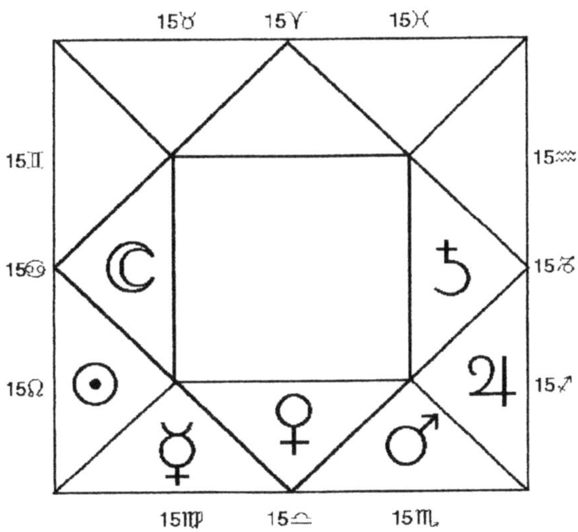

Abbildung 62: Das „Welthoroskop“ nach Maternus, 350 n. Chr.

In der Draufsicht erkennen wir eine Pyramide, deren Spitze in der oberen Hälfte nach unten geklappt wurde. So entsteht ein Band aus zwölf Dreiecken; jedem dieser Dreiecke ist ein Zeichen aus der astronomischen Himmelsrunde der Sternbilder zugeordnet, die wir heute als Tierkreiszeichen kennen.

In den folgenden Tagen telefonierte ich noch mehrfach mit dem Radiästhesisten und informierte mich auch aus anderen Quellen über diese astrologische Tradition. Bis zum 16. Jahrhundert zeichnete man in Europa, uralter Überlieferung folgend, noch viereckige Horoskope. Jedem Dreieck – in der heutigen Astrologie „Haus“ genannt – wurde ein Planet als „Herrscher“

zugeordnet. Auch dieser Brauch geht auf die alten Ägypter zurück: „Pharao", erinnern Sie sich bitte an die Ausführungen im ersten und zweiten Teil dieses Buches, war die Bezeichnung für den „Hüter des Großen Hauses". Und in diesem auf altägyptische Tradition zurückgehenden Horoskop finden wir Planeten als Herrscher wieder – also als „Hüter der Häuser", die im Horoskop des Maternus unverkennbar Pyramidenform aufweisen!

Was das mit unserem Thema, der Heilkraft der Pyramiden, zu tun hat? Noch in der heutigen Astrologie werden sowohl Häuser als auch Planeten mit Krankheiten verknüpft. So ordnet man heute dem Haus Krebs den Magen, die Brust, Bauchspeicheldrüse und Verdauungsorgane zu und bringt den Hüter dieses Hauses, den Mond, mit Erkrankungen des Magens, des Flüssigkeitshaushalts des Körpers, mit Blut, Frauenleiden und Wassersucht in Verbindung.

Aber das ist noch lange nicht alles. „Legen Sie doch einmal das *Thema Mundi* des Maternus auf den Grundriß der Cheopspyramide", forderte R. mich bereits bei seinem ersten Anruf auf. „Sie werden feststellen, daß die astrologischen Häuser des Maternus mit den Abschnitten, die Sie in den Pyramidenplan eingezeichnet haben, und mit Ihren Meßergebnissen übereinstimmen."

Natürlich machte ich mich sofort an die Überprüfung dieser ungeheuerlichen Behauptung. Aber zu meiner grenzenlosen Enttäuschung war die erste Auswertung negativ. R. schien sich aus irgendeinem Grund geirrt zu haben: Die von uns festgestellten Orte für Diagnose und Therapie stimmten keineswegs mit den astrologischen Häusern des Maternus und dessen Zuordnung der Organe überein. Beispielsweise war dort, wo heutzutage eindeutig ein Ort für Diagnose und Heilung des Magens zu ermitteln ist, in den Häuseranordnungen des Maternus weit und breit weder Krebs noch Mond als Symbol zu finden. Ebensowenig stimmten das astrologische Haus Löwe und die Sonne als Hüter mit dem von uns festgestellten Ort für die Diagnose und Therapie des Herzens überein. Und so zog ich bei meiner Überprüfung eine Niete nach der anderen, bis mir schließlich ein Licht aufging.

Ich hatte einen simplen Fehler gemacht: Nach den allgemeinen Regeln der heutigen europäischen Astrologie wird das Haus des Widders, das innerhalb des Horoskopbildes im Osten steht, mit dem Beginn unseres Jahreslaufs gleichgesetzt. Für die alten Ägypter aber hatte der Widder mit dem Beginn des Jahreszyklus überhaupt nichts zu tun!

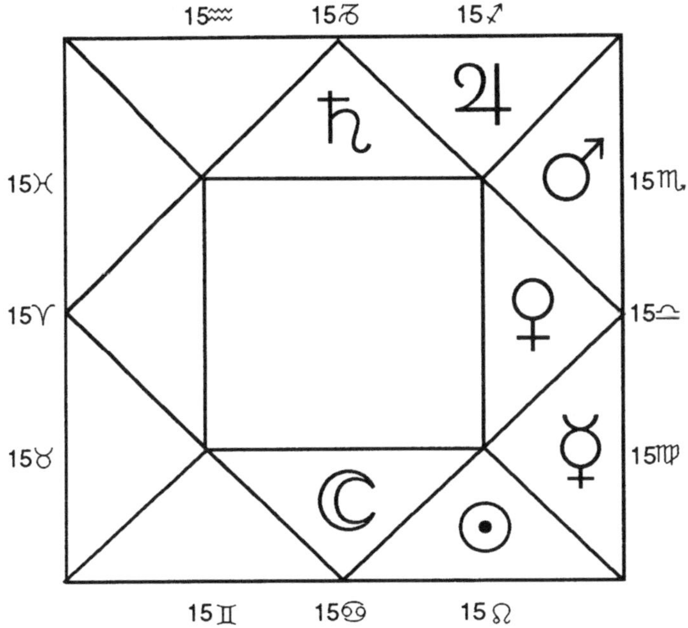

Abbildung 63: Das Welthoroskop nach Maternus mit den Konstellationen zur Zeit des wahrscheinlichen Pyramidenbaus

Die Ägypter nämlich feierten als Jahresanfang den Beginn der Nilüberschwemmung im Juli. Folglich fing bei ihnen das Jahr im Krebs beziehungsweise im Löwen an. Dies könnte durchaus mit der Himmelsrichtung Osten übereinstimmen, nach der die Cheopspyramide ausgerichtet ist, denn der Aufweg zu dieser Pyramide liegt im Osten, und auch der Aufweg vom Taltempel zur Pyramide endet im Osten vor einem Vortempel.

„Treffer!" kann man nachträglich nur noch dazu sagen. Magen (Krebs) und Herz (Löwe) decken sich genau wie die anderen Zeichen der Häuser mit den Organen und Krankheiten, die wir aufgrund unserer Untersuchungen den entsprechenden Pyramidenabschnitten zugeordnet haben.

Gestirne	Psychologische und pathologische Entsprechungen	Zeichen	Primäre und sekundäre Entsprechungen Krankheiten
Sonne	Herz, Zirkulation. – Schwächezustände, Ohnmachten, Herzleiden, Augenkrankheiten, Blutkrankheiten.	Widder	Kopf, Gesicht, Augen, Nerven-Nieren-Kopfschmerzen, Neuralgien, Hirnhautentzündung.
Mond	Magen, Flüssigkeitshaushalt des Körpers, Blutserum, weibliche Organe. – Frauenkrankheiten, Magenkrankheiten, Gemütsleiden, Wassersucht.	Stier	Hals, Kehle, Mandeln-Geschlechtsfunktionen, Ausscheidungsorgane-Kropf, Hals- und Mandelentzündung. – Verstopfung.
Merkur	Nerven, Sinnesorgane, Atmungsorgane. – Nervenstörungen, Neurasthenie, Bronchialasthma.	Zwillinge	Schultern, Arme, Hände-Oberschenkel-Lungenkrankheiten, nervöse Störungen.
Venus	Nieren, Zeugungsorgane, Hals, Rachen. – Halskrankheiten, Nierenleiden, Geschwüre, Geschwülste.	Krebs	Magen, Brust, Bauchspeicheldrüse, Erkrankungen der Verdauungsorgane, Aufstoßen, Sodbrennen, Gemütsleiden.
Mars	Muskeln, Sehnen (Zeugungsorgane). – Entzündungen, Fieber, Unfälle, Verletzungen, Wucherungen, Hämorrhoiden.	Löwe	Herz, Wirbelsäule, Rückenmark-Unterschenkel. – Herzkrankheiten, Rückenmarksleiden.
Jupiter	Ernährungsfunktionen, Dickenwachstum, Leber, Galle. – Blutkrankheiten, Leber- und Galleleiden, Fettansatz, Selbstvergiftung.	Jungfrau	Verdauungsorgane, Milz, symp. Nervensystem-Füße-Darmkrankheiten, Bauchfellentzündung.
Saturn	Knochengerüst, Sehnen, Bänder, Haut. – Chronische Leiden, Knochenkrankheiten, Verhärtungen, Steinbildungen, Alterserscheinungen.	Waage	Nieren, Blase-Kopf-Nierenkrankheiten, Hautleiden, Harnkrankheiten.
Uranus	Rhythmik, Hirnhaut, Hypophyse, Rückenmark. – Nervenleiden, Krampfzustände, Verletzungen, Operationen.	Skorpion	Zeugungsorgane, Ausscheidung-Hals, Herz, Unterschenkel. – Krankheit der Zeugungs- und Ausscheidungsorgane, Nasenleiden, Venenentzündung, Infektionen.
Neptun	Sonnengeflecht, Zirbeldrüse. – Erschlaffung von Organen, Lähmungen, Vergiftungen, eigenartige oder geheimnisvolle Krankheiten.	Schütze	Hüften, Oberschenkel-Schultern, Arme-Hüftleiden, Rheuma, Lähmungen, Verletzungen.
Pluto	Noch nicht genau erforscht, wahrscheinlich alle Verformungen, Verwachsungen, Amputationen, wobei höhere Gewalt und Kollektivgeschehen mitsprechen.	Steinbock	Knochen, Knie, Haut-Magen-Gelenkrheuma, Magenleiden, Hautkrankheiten, Erkältungen.
		Wassermann	Blutzirkulation, Unterschenkel-Herz, Rückenmark. – Krampfadern, Beingeschwüre, Venenleiden, Herzleiden, Krampfzustände.
		Fische	Füße - Verdauungsorgane-Atmungsorgane-Fußkrankheiten, Verdauungsstörungen, Erkältungen, Koliken durch kalte Füße.

Tabelle: Astrologische Zuordnung der Häuser und ihrer Herrscher zu den Organen und Krankheiten des Menschen

Ist das der Keim einer neuen Hypothese? Wurde aus dem Wissen um die Wirkungen der Erdkräfte im Umkreis der Pyramide schierer Glaube, weil dieses Wissen verloren ging und man schließlich die Wirkungen nicht mehr erklären konnte? Löste sich der Glaube irgendwann vom Ort der Wirkungen und wurde im System des Tierkreises verallgemeinert?

Geheimnisvolle Pyramiden: Haben sie uns nebenbei auch die Lösung des Rätsels um die – altägyptische! – Herkunft der Astrologie beschert?

16. Kapitel: So nutzen Sie die Chephrenpyramide zur Bioenergiemassage

Auf dem Pyramidenplateau von Gizeh, im Mittelpunkt dieser Anlage zur Nutzung der Kräfte der Erde, steht die Chephrenpyramide. Die Cheopspyramide mag vollkommener, etwas größer und besser aussehen, sie steht jedoch am Rand der Anlage, was gern übersehen wird. Bei nüchterner Betrachtung leuchtet es jedoch keineswegs ein, daß die Erbauer der Monumente die wichtigste Einrichtung an den Rand und nicht in die Mitte ihres Kultorts gesetzt haben sollen.

Es zirkulieren diverse Theorien, nach welchen Gesichtspunkten die Pyramiden im Gesamtareal plaziert wurden. In einem Punkt aber dürfte Übereinstimmung herrschen: Sowohl die genaue Vermessung durch Petri im vergangenen Jahrhundert als auch Luftaufnahmen zeigen, daß die Pyramiden nicht planlos angeordnet sein können: Man erkennt, daß sich die Anlage in ein Raster setzen läßt (s. Abbildung 4).

Auch spätere Generationen müssen die Chephrenpyramide als Zentralmonument angesehen haben, denn sie errichteten den Sphinx vor der Chephren- und nicht vor der Cheopspyramide. Ägyptologen erklären dies mit der terrestrisch ungünstigeren Lage des Taltempels der Cheopspyramide. Hier beißt sich allerdings der Sphinx in den Schwanz: Die Cheopspyramide steht eben deshalb an einem ungünstigeren Platz, weil nicht sie, sondern die Chephrenpyramide das zentrale Bauwerk der Anlage ist.

Wie bereits in den Passagen zur Cheopspyramide erläutert, geht von der Verbindungslinie der beiden Ecken für Menschen mit Schilddrüsenproblemen eine sehr starke Wirkung aus. Beobachtet wurden ziehender Schmerz bei Menschen ohne Schilddrüse sowie Herz-Kreislauf-Probleme und weitere signifikante Reaktionen.

Behandlung von Organüberfunktionen

Abbildung 64: Die voneinander abgewandten Pfeile zeigen den Abzug der Energie an

Was wird hier gezeigt? Der Abbau von Energie, die körperliche beziehungsweise psychosomatische Beschwerden verursacht.

Erklärung: Sofern ein Organschaden vorliegt, der durch Überfunktion des betreffenden Organs verursacht wird, kann durch einen Aufenthalt in diesem Bereich der an der Bioenergie zehrende Effekt genutzt werden. Die Wirkungen sind in dunkler Farbe dargestellt, was bedeutet, daß sie hauptsächlich nachts erzielt werden.

Behandlung von Organinsuffizienz

Abbildung 65: Die einander zugewandten Pfeile zeigen die Konzentration der Energie an

Was wird auf der Abbildung gezeigt? Die Zufuhr von Energie, die sowohl von den Pyramidenvorfeldern als auch von den Pyramiden selbst ausgeht.

Erklärung: Krankheiten von Organen, die durch eine Schwächung der Bioenergie ausgelöst worden sind, können hier durch Aufladung oder Hinzuführen von Kraft beeinflußt werden. Man könnte sich das auch als eine Art Bioenergiemassage vorstellen, die den gesamten bioelektrischen Körper eines Menschen stimuliert.

Die Farbe auf dem Mosaik ist rötlich, daher dürfen wir vermuten, daß hier die erwünschte Wirkung hauptsächlich während des Tages – bei Sonnenschein – erzielt werden kann.

Psychische und psychosomatische Wirkungen der Chephrenpyramide

Die alten Ägypter scheinen die Hauptwirkung der Chephrenpyramide im psychosomatischen Bereich gesehen zu haben. Vor der Ostseite der Pyramide wurde ein besonders großer Tempelkomplex mit kleinen „Heilstuben der Seele“ errichtet. Der heute sogenannte Aufweg vom Taltempel zur Chephrenpyramide beginnt ja unmittelbar in der Nähe des Sphinx. Seit langer Zeit wird vermutet, daß dort ursprünglich die jungen Priester theoretisch und praktisch in die Kräfte der Erde eingewiesen wurden und man sie lehrte, wie diese zur Aufschwingung der Seele und des Körpers genutzt werden können.

Da die Besichtigung heutzutage nicht am Taltempel der Chephrenpyramide beginnt, bleibt den Pyramidenbesuchern normalerweise die beflügelnde Erfahrung des Aufstiegs über diesen Aufweg versagt. Die meisten Touristen sind aufgrund der vorgegebenen Besichtigungsstrecke – sofern sie sich zu Fuß bewegen – gezwungen, diesen Weg abwärts zu gehen, also von der Chephrenpyramide zum Sphinx. Viele schildern Müdigkeit, Lustlosigkeit, Verdrossenheit als Folge.

Diese Reaktionen waren von den Priestern des alten Ägypten durchaus beabsichtigt: Auf dem Weg hin zum Ort der Wirkungen sollte der beflügelnde Aspekt deutlich gespürt werden. Den Platz der seelischen Freude verlassen zu müssen, sollte dagegen eher traurig stimmen, damit die Sehnsucht, bald wiederkommen zu dürfen, in den Auserwählten wach blieb.

Sechster Teil:
Das Geheimnis der Sphingen und Obelisken

17. Kapitel: Wie wirken die Obelisken?

Der Obelisk war, salopp formuliert, die Pyramide für den Hausgebrauch im alten Ägypten. Die höchsten heute bekannten Nadeln aus Stein sind etwa 30 Meter, mit Sockel zirka 35 Meter hoch. Ob ein Zusammenhang oder eine Absicht dahintersteckte, Pyramiden mit Höhen um 140 (Chephrenpyramide) und 70 Meter (Mykerinospyramide) sowie Obelisken mit Höhen um 35, 17, acht, vier und zwei Meter Höhe zu errichten, läßt sich heute nicht mehr feststellen. Die Maßangaben stimmen auch nicht ganz, die Auf- und Abrundung hilft uns jedoch, mögliche Gesetzmäßigkeiten zu erfassen. Eines Tages werden wir wissen, ob die alten Ägypter zuerst die Wirkung der Pyramiden an bestimmten Orten der Kraft erkannten oder ob als erstes die Rundsäule oder ihr Gegenstück, der viereckige Obelisk, als Instrument entdeckt wurde. Die ersten Erben des alten Ägypten, die Griechen, entschieden sich für runde Säulen. Zu klären bleibt überdies, ob die in der Christenheit gebauten Kirchtürme sowie die im Islam entwickelten Minarette ebenfalls ihre Wurzel im alten Ägypten haben, womöglich also Abkömmlinge der Obelisken sind.

In Ägypten standen die Obelisken grundsätzlich paarweise innerhalb der Anlage vor Tempelhütten oder außerhalb unmittelbar vor dem Eingang. Unser Auge sieht sie zuerst beim Betreten des Komplexes, woraus wir meist folgern, daß sie zur Markierung oder zur Zierde des Tempels errichtet worden sein müßten. Das aber ist ein Irrtum.

Die Obelisken waren Instrumente, um den im Tempel tätigen Priester, aber auch die Besucher von jeder überschießenden Schwingungsfrequenz zu befreien. Ihr Nutzen bestand darin, daß sie den Menschen beim Verlassen des Tempels wieder fit für das tägliche Leben außerhalb des Tempels machten. So wie zwei Waschbürsten heutzutage ein Auto durch Drehung reinigen, so erfolgt zwischen zwei Obelisken offensichtlich eine Art magnetischer Massage der menschlichen Aura. So erklären es uns die Radiästhesisten.

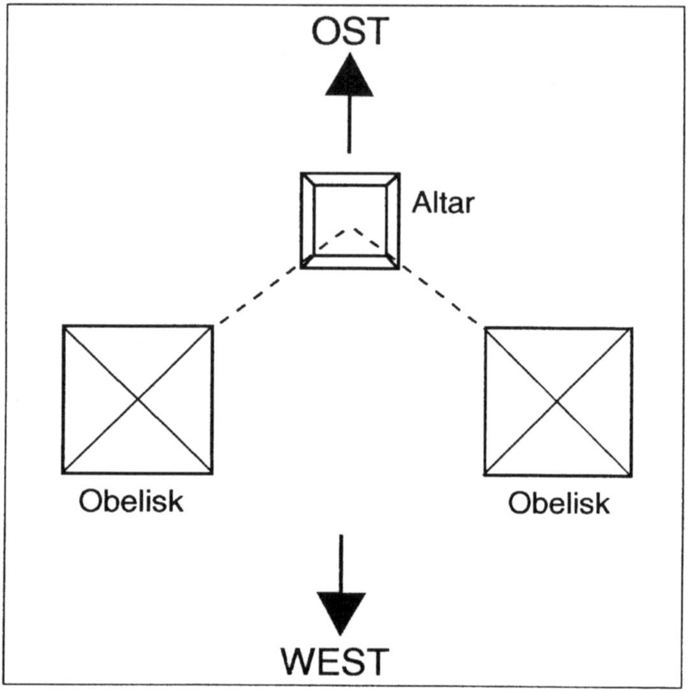

Abbildung 66: Typische Anordnung zweier Obelisken

Die Heilkraft der Obelisken

Die Untersuchungen der Radiästhesisten zeigen, daß der einzelne Obelisk eine besonders starke Wirkung entfaltet, wenn er allein auf einem sensitiven Austrittspunkt von Erdmagnetismus steht. Er muß mit seinen Ecken auf einer Nord-Süd-Achse ausgerichtet sein.

Schon ganz kleine Obelisken von dreißig Zentimeter Höhe, an einem beliebigen Ort aufgestellt, jedoch auf die Nord-Süd-Achse ausgerichtet, erzeugen eine für viele Testpersonen spürbare Wirkung.

Abbildung 67: Wird in diesem Papyrus die Wirkung eines Obelisken gezeigt? (Ägyptisches Nationalmuseum Kairo)

Einige Untersuchungsergebnisse:

- Bei Testpersonen, die nördlich der Achse sitzen, baut sich normalerweise eine angenehme Allgemeinstimmung auf.
- Südlich der Achse werden die meisten Testpersonen unruhig: Der von ihrem Körper erzeugte magnetische Wirbel läuft in diesem Fall konträr zu dem Wirbel, den der Obelisk erzeugt. (Im Einzelfall kann es aber auch umgekehrt sein. Weitere Details finden Sie im siebten Teil, in dem Obeliskenübungen, die Sie zu Hause durchführen können, ausführlich beschrieben werden.)
- Zwei Obelisken bewirken typischerweise eine positive Polung der Versuchsperson. Es genügt die Ausrichtung auf eine Ost-West-Achse, wobei die Ecken der Objekte auf die Nord-Süd-Achse ausgerichtet sein müssen. Sehr kleine Objekte sollten in einem Abstand von zehn Zentimetern aufgestellt sein. Bei Objekten bis zwei Meter Höhe empfiehlt sich ein Abstand von 1,3 Metern.
- Der Radiästhesist mißt zwei gegenläufige Wirbel, die eine positive Wirkung auf das bioelektrische und das biomagnetische Feld des Menschen haben. Wer sich morgens zwei bis drei Minuten in einem solchen Feld aufhält, also zwischen zwei

Obelisken steht, nimmt für rund dreißig Stunden Kraft mit, die besonders im Bereich der Nerven spürbar wird. Die Wirkung läßt sich radiästhetisch messen, wenn Obelisken und Mensch direkt auf der Erde stehen und die Ausrichtung auf die Achsen erfolgt ist.

Wer allerdings in einer Wohnung ohne Erdkontakt diese Versuche unternimmt, muß mit einem Verlust von sechzig Prozent der Wirkung rechnen: Je stärker die Störung der Achsen durch die Umgebung, beispielsweise durch Stahlbetonbauweise, desto geringer die Wirkung der Obelisken.

18. Kapitel: Der Sphinx – ein Potenzdynamo?

Etwa 350 Meter von der Cheopspyramide entfernt, gut siebenhundert Meter vor der Ostseite der Chephrenpyramide, liegt er, der heute durch Bildbände und Filmdokumentationen weltbekannte „Löwe mit dem Menschenkopf", der Sphinx.

Meyers Konversationslexikon von 1889 beschreibt ihn mit den Worten:

> Sphinx, Name oft kolossaler Steinbilder, gewöhnlich aus Granit oder Porphyr, auch Kalkstein, von Löwengestalt mit Menschenkopf, liegend auf Postament, die Vorderbeine vorwärts gestreckt, die Hinterbeine untergeschlagen …
> Die ägyptischen Sphinxbilder sind immer männlichen Geschlechts und dienen meist zur Darstellung eines Königs, weshalb sie die Uräusschlange vor der Stirn tragen …

Abu el-Hol, den „Vater des Schreckens", nennen die Araber, die heutigen Bewohner Ägyptens, das riesige Abbild eines – wie man schlechthin glaubt – Pharaos, der die Pyramide errichten ließ. Da die klassische Archäologie bis heute darauf beharrt, daß die Pyramiden ausschließlich den Beerdigungsriten des alten Ägypten gedient hätten, vermutet sie, daß der Pharao in Sphinxgestalt sein eigenes Grab bewache. Doch bereits in der Endzeit der ägyptischen Kultur, im Neuen Reich, war der einstige Sinn der Sphingen in Vergessenheit geraten: „Horus am Horizont" nannten die Ägypter den Sphinx, in dem sie das Abbild ihres Sonnengottes sahen.

Noch vor wenigen Jahrzehnten ragte nur der etwa zwanzig Meter hohe Brust- und Kopfteil des Sphinx aus dem Sand, was dem Riesenstandbild ein besonderes Flair verlieh. „Das sandige Gesicht des Schwitzens" nannte es ein europäischer Besucher im 16. Jahrhundert, nicht wissend, daß im Wüstensand noch ein 57 Meter langer Löwenkörper verborgen war.

Der Kopf des Sphinx, aus einem Felsausläufer des Plateaus von Gizeh zum Nil hin geschlagen, beeindruckt heute wie zu allen Zeiten den Besucher des Pyramidenfeldes durch sein Aussehen und seine Größe. Die Erbauer – wer auch immer sie waren

Abbildung 68: Der Sphinx von Memphis. Waren Sphingen Symbole für die Manneskraft im alten Ägypten?

und wann immer sie lebten –, nutzten den Felsausläufer zum Nil hin, um die Kopf- und Brustpartie der Statue zu gestalten. Jahrhunderte später wurde der Felsen als Steinbruch verwendet, um das Gebilde zu vervollständigen. Man modellierte die Pranken des Löwen und seinen Schwanz aus den Blöcken, die man in diesem Steinbruch gewann.

Mindestens 2500 Jahre später sah sich Thutmosis IV. berufen, den durch die Nilüberschwemmungen im Schlamm versunkenen Sphinx ausgraben zu lassen. Dieser berühmteste in der Reihe der uns weithin unbekannten Restauratoren hatte in einem Traum den Auftrag bekommen, den Sphinx freizulegen. Eine Granitstele zwischen den Pranken des Mensch-Tier-Denkmals erinnert heute noch daran.

Seit Thutmosis IV. sind erneut fast dreitausend Jahre ins Land gegangen. Das alte Ägypten verschwand endgültig aus dem Gedächtnis der Bewohner. Der Sand der libyschen Wüste überzog das Pyramidenplateau von Gizeh. Die mit 140 Meter Höhe gewaltigen viereckigen Bauwerke der Pyramiden konnte der Sand nicht zudecken, den rund zwanzig Meter hohen Sphinx schon.

Zweitausend Jahre nach Thutmosis IV. eroberte der Islam das Land. Man begann die Außenhaut der Pyramiden zu zerstören, weil sie in den Augen der Gläubigen eine Beleidigung Allahs und somit ein Ärgernis darstellte. In der Folgezeit erregte der aus dem Sand ragende Kopf des Sphinx nur noch die Aufmerksamkeit europäischer Kanoniere, die ihn als Zielscheibe für ihre Schießübungen benutzten.

Doch in den letzten zwei Jahrzehnten – etwa seit 1975 – ist viel geschehen. Geldgeber, vor allem japanische Sponsoren, ermöglichten den heutigen Ägyptern die vollständige Freilegung des Sphinx, so daß mit einer sorgfältigen Restaurierung begonnen werden konnte. Jeder einzelne Stein wurde numeriert, die Lage fotografiert und katalogisiert. Die zerstörten Partien werden zur Zeit Stück um Stück ersetzt.

Der Ägyptentourist der letzten Jahre dieses Jahrtausends findet den Sphinx mit seinen mächtigen Pranken wieder vollständig freigelegt, so wie ihn die alten Ägypter gesehen haben dürften. Heute erkennt man auch wieder Feinheiten, so zum Beispiel einen kleinen, viereckigen gemauerten Hohlraum am linken Hinterbein des Löwenkörpers. Wie bereits eingangs dieses Buches erwähnt, wird im Schatten der Pyramiden gemunkelt, daß die Erbauer des Sphinx dort die Baupläne hinterlegt hätten. Angeblich wurden sie irgendwann zwischen 1960 und 1985 entdeckt, doch zur Zeit wisse niemand, wo sie geblieben seien.

So liegt also der Sphinx wie seit Jahrtausenden schweigend und rätselhaft vor den Pyramiden von Gizeh. Welches Geheimnis hütet er?

Die Kraft des Löwen – Lockruf der Tempel?

Wir müssen uns von der Vorstellung freimachen, daß der Sphinx von Gizeh als Statue einzigartig in Ägypten sei. Außerordentlich sind allein seine Ausmaße: 20 x 57 Meter. Wir Menschen neigen dazu, Gestalten, die deutlich größer als wir selbst sind, zu bewundern. Zwanzig Meter können ein Argument sein.

Aber Sphingen waren nicht auf Ägypten beschränkt, sie begegnen uns beispielsweise auch im alten Assyrien (Palast zu Nimrud und Portal von Chorsabâd). Die meisten Sphingen findet man allerdings in Ägypten, meist vor Tempelanlagen wie vor dem Tempel von Karnak (Luxor), wo sie den Touristen Spalier stehen. Neben der Verbindung von Menschenkopf und Löwenkörper gab es auch Kombinationen aus Löwenkörper und Widderhaupt (Kriosphinx) oder Sperberkopf.

Bevor wir uns von der Form des Sphinx lösen, sind noch einige Gedanken über die Hintergründe angebracht, welche die alten Ägypter bewogen haben mögen, ausgerechnet einem Mischling aus Tier und Mensch die „Bewachung" von Tempelanlagen anzuvertrauen.

Der Löwe symbolisiert unbändige Lebenskraft. Sein Gebrüll, sein gewaltiger Tatzenschlag, seine kraftvollen und geschmeidigen Bewegungen adeln ihn seit jeher zum König der Tiere. So sah man es auch im alten Ägypten.

Würden wir heute den Löwenkörper mit dem Kopf eines Menschen kombinieren, dann würden wir damit ausdrücken, daß entweder der Löwe so klug wie ein Mensch sei oder der Mensch so kraftvoll wie ein Löwe. Wie aber würden wir heute die Kombination eines Löwenkörpers mit dem Kopf eines Widders interpretieren? Der Widder gilt wegen seiner Hörner als Symbol für den Willen oder, wenn wir an seine Herde denken, der er von Natur aus als Leittier vorsteht, als Sinnbild für Fruchtbarkeit.

Genau diese Überlegungen dürften auch die alten Ägypter bewogen haben, sich für die Formgebung der Sphingen zu entscheiden. Indem die Priesterschaft im Gottesstaat des alten Ägypten Sphingen vor ihren Tempeln aufstellte, verlockte sie die Gläubigen mit einem Versprechen zum Tempelbesuch. War das so ungewöhnlich? Keineswegs, denn „Trommeln gehört zum Handwerk", und so wurde auch im alten Ägypten signalisiert, was es in dem betreffenden Tempel für den Besucher zu holen gab: „Lebenskraft! Komm herein, hier empfängst du Lebenskraft!"

Kein anderes Versprechen lag für einen Gottesstaat näher, dessen Grundphilosophie es war, daß der Pharao von Gott eine Kraft empfing, die er an seine Priester weitergab, die wiederum diese Kraft auf die Besucher des Tempels verteilten.

Tatsächlich finden sich in den uns erhalten gebliebenen Papyrusrollen etliche Hinweise, die Sphingen mit der Lebens- beziehungsweise mit der Zeugungskraft in Zusammenhang bringen. Wiederum müssen wir, wie schon bei der Deutung der Bilderschrift auf den Ausbildungstafeln (siehe 6. Kapitel), unsere heutigen Empfindungen beim Betrachten und Interpretieren der antiken Piktogramme zurückstellen. Kein in diesem Buch angesprochenes Thema ist heikler zu behandeln als das der folgenden Absätze, in denen wir uns mit der Frage beschäftigen: Wie kann man Lebens- und Zeugungskraft rein, das heißt ohne sexuellen Hintergrund, darstellen?

Um Lebens- und Zeugungskraft unmißverständlich abzubilden, könnte man entweder den weiblichen oder den männlichen Menschenkörper darstellen. Welches typische Merkmal des weiblichen Körpers wäre hierfür geeignet? Offensichtlich käme allein die weibliche Brust in Frage, weil die eigentlichen Organe der Fruchtbarkeit, Eierstöcke und Gebärmutter, im Inneren des Körpers verborgen sind. Beim männlichen Körper aber sind die Organe der Zeugungs- und Lebenskraft, Hoden und Penis, bekanntermaßen sichtbar, also für bildliche Zwecke verfügbar.

Im alten Ägypten entschied man sich dafür, als Piktogramm für die Lebens- und Zeugungskraft ein erigiertes männliches Glied zu verwenden. Auffälligerweise aber wird der Penis stets ohne Hoden dargestellt.

Die Ausschmückungen der Pharaonengräber im Tal der Könige sind genau wie die Tempelverzierungen als eine Art Lehrbuch anzusehen. Im Falle des Grabes wurden sie geschaffen, um

Abbildung 69: Darstellung der irdischen Zeugung im Grab Ramses VI. Man sieht links und rechts unverkörperte Wesen (ohne Arme), die darauf warten, durch den Verkörperten einen eigenen Körper zu erhalten.

den Wiedererwachten daran zu erinnern, wie alles auf dieser Erde „funktioniert“ hat. Was zeigt die Abbildung 69 im einzelnen?

- Wir sehen im linken Bildteil eine menschliche Gestalt.
- Diese Gestalt hat Arme, das heißt, sie ist verkörpert.
- Die Gestalt hat ein erigiertes Glied, der Körper ist demnach männlich.
- Etwas unterhalb des Gliedes erkennt man ein Strichmännchen mit Armen und Beinen, also einen Menschen.
- Die Zeichnung sagt folglich aus, daß durch das erigierte Glied Menschen „herunterfallen“.
- Knapp unter dem Strichmännchen sehen wir überdies einen Faden mit einem dreieckigen Kopf.

Unabweisbar stellt sich uns hier die Frage: Könnte das die Darstellung eines Samenfadens sein? Woher aber wußten die alten Ägypter etwas von der Funktionsweise der Spermien? Nach allem, was wir bisher über das Wissen der altägyptischen Hochkultur erfahren haben, sollten wir davon ausgehen, daß die Priesterärzte – und sei es nur aus Überlieferungen – mehr vom Zeugungsvorgang wußten, als bisher allgemein bekannt ist.

Zusammengefaßt zeigt die Abbildung demnach, daß durch das Eintauchen des Geistes in die Welt der Körper (symbolisiert als Schlange, die nach unten – quasi in die Erde – abtaucht, um dann wieder aufzutauchen) Lebenskraft (erigierter Penis) weitergegeben wird. Den auffälligen Verzicht auf die Darstellung der Hoden müssen wir so interpretieren, daß es auf diesem Bild um die Lebenskraft und nicht um die Sexualität geht.

Der Zusammenhang zwischen Sphingen und der Lebens- und Zeugungskraft wird im *Book of Caverns* – dem „Buch der Höhlen“ – im Tempel von Abydos[1] dargestellt. Wir sehen in der folgenden Abbildung einen Doppelsphinx, darunter eine Sonne und schließlich einen Körper mit erigiertem Glied, jedoch ohne Hoden.

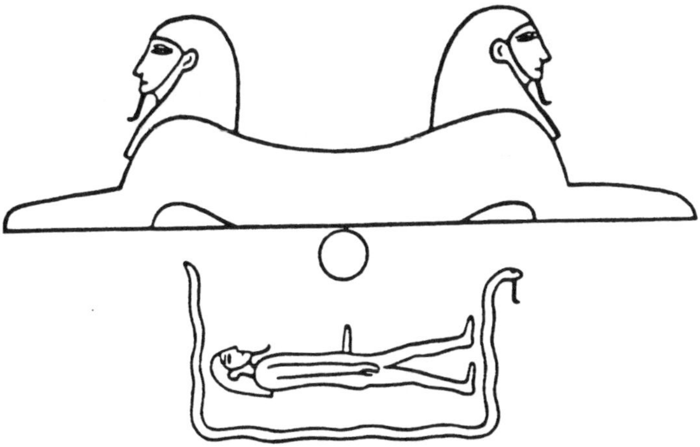

Abbildung 70: Doppelsphinx im „Buch der Höhlen“ im Tempel von Abydos. Doppelsphingen wurden auch von A. Piankoff in mehreren Pharaonengräbern entdeckt.

Wie bereits oben anhand des Echnaton-Bildes erläutert, steht die Sonne in der Vorstellungswelt der alten Ägypter für eine Quelle, von der Kräfte (symbolisiert als Hände) ausgehen. Diese Kräfte der Sonne aber werden nun in der Papyrusdarstellung als männlicher Körper mit erigiertem Penis verbildlicht.

Das altägyptische Piktogramm sagt folglich aus, daß die Sphingen dem Mann Lebenskraft, Zeugungskraft, Potenz schenken – und mit diesem Versprechen lockten die Priester die Männer in ihre Tempel.

[1] Rundle, Clark R.T., Myth and Symbol in Ancient Egypt, Thames and Hudson, London 1959

Die Heilkraft des Sphinx

Die radiästhesistische Untersuchung des Sphinx von Gizeh erfolgte Ende des Jahres 1995. Ein erfahrener Fachmann untersuchte in Gizeh den der Chephrenpyramide vorgelagerten Taltempel und den in diese Anlage integrierten Kolossalsphinx.

Die Messungen ergaben (und bestätigten Resultate von Dr. J. Oberbach[1]), daß Sphinx und Taltempel einander ergänzen und der Sphinx auf eine bestimmte Strahlungsachse ausgerichtet wurde. Dieses Bildnis männlicher Potenz scheint bewußt auf einer Strahlungsachse zur Chephrenpyramide hin in den Felsen geschlagen worden zu sein.

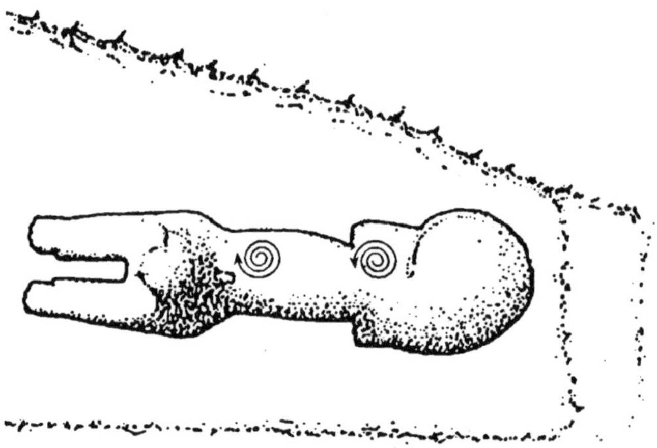

Abbildung 71: Die Resultate der radiästhetischen Sphinx-Messungen durch H. Bergmann ergaben eine links- und einen rechtsdrehenden Energiestrom.

[1] Oberbach, J., Unser Schicksal sind die Strahlen, Verlag Diagnosen, Leonberg 1988

Die Ergebnisse im einzelnen:

- Von den Tatzen des Sphinx gehen Plus- und Minus-Kraftfelder aus. Man kann sie sich als Kraftströme der Aufladung oder als Strom der Entladungen vorstellen.
- Zwischen den Tatzen des Sphinx mißt man eine neutrale Zone. Stellt man sich genau zwischen die Tatzen, so erhält man innerhalb dieser künstlich neutralisierten Zone einen Kraftschub aus der Richtung des Löwenkörpers des Sphinx.
- Folgt man dieser Achse weiter in Richtung der Chephrenpyramide, so stößt man auf eine Markierung der alten Ägypter in Form eines Tempelchens vor der Pyramide.
- Stellt man sich mit dem Rücken zum Sphinx, so erfolgt eine Aufladung der Schlangenkraft des Geistes, welche die Inder Kundalini nennen und die bei den Ägyptern Uräusschlange hieß. Man spürt diese Wirkung umgehend, falls man dafür sensibel ist, als Pochen in den Chakren, insbesondere im Scheitelchakra.
- Stellt man sich mit dem Gesicht zum Sphinx, spürt man nach kurzer Zeit ein Pochen im Stirnchakra und im Steißbeinbereich. Einige Probanden, die nicht eingewiesen waren, berichteten von leichten Schauern auf der Haut, die von oben nach unten laufend zu spüren waren.
- Die weiteren Tests ergaben, daß sich keinerlei Wirkungen einstellten, wenn man beide Stellungen, also Rücken- und Stirnposition, kurz hintereinander einnahm: Offenbar wurden auf diese Weise die beiden Effekte wechselseitig neutralisiert.
- Eine weitere Entdeckung verblüffte die Gruppe, die sich Ende Dezember 1995 um die Lösung des Sphinx-Rätsels bemühte: Innerhalb der Anlage des Sphinx konnten zwei Wasserquellen geortet werden. Eine davon wurde eindeutig als Heilquelle identifiziert. Ob diese Heilquelle zur Zeit der alten Ägypter bereits bekannt war, wissen wir nicht. Für den Radiästhesisten steht jedoch fest, daß man mittels dieser Quelle im Bereich des Taltempels der Chephrenpyramide ein Heilbad einrichten könnte – auch wenn dieser Gedanke etwas ungewöhnlich scheint, solange alle Welt annimmt, daß es sich bei dem Pyramidenfeld von Gizeh um einen Friedhof handle.

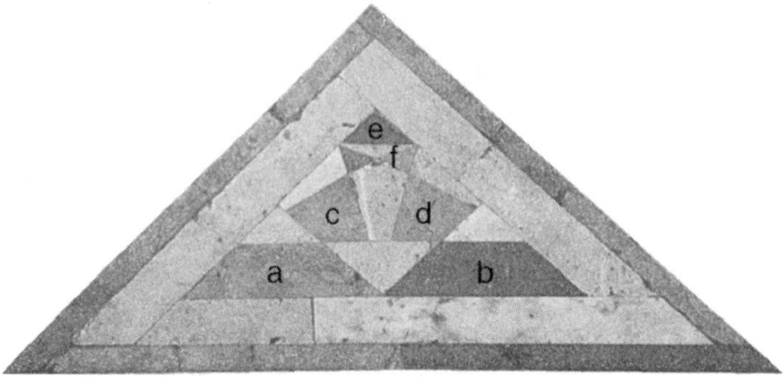

Abbildung 72: Diese schematische Sphinx-Darstellung findet sich im Fußboden des Gebethofs der Hassan-Moschee

a, b = die beiden Tatzen, c, d = der Körper, e, f = der Kopf. Der Hinweispfeil zeigt klar zwischen die beiden Tatzen.

Die Säulen im Taltempel markieren mehrere Querachsen zum Sphinx. Nach Ansicht des Radiästhesisten kann es kein Zufall sein, daß sie auf diesen Querachsen ausgerichtet wurden. Hier waren also vor Jahrtausenden beim Bau des Taltempels Kenner und Könner am Werk. Allerdings kann die Frage, wie diese Anlage womöglich funktioniert hat, als der Nil unmittelbar an ihr vorbeifloß, wohl nicht mehr beantwortet werden, denn heute strömt er gut fünfhundert Meter neben der Taltempelanlage vorüber und ist überdies durch Siedler verbaut worden.

Nach Meinung des Radiästhesisten wirkten die Säulenanlagen des Tempels wie eine Art Kollektor. Damit aber stellt sich uns die Frage: Wozu benötigten die ägyptischen Priester einen Kollektor?

Spendete und entzog der Sphinx Lebenskraft und Potenz?

Was für die Bevölkerung wichtig und von großem Nutzen war, konnte für den in Askese lebenden Priester zum Problem werden. Wir vermögen es heute nicht mehr mit absoluter Sicherheit zu rekonstruieren, denn uns fehlen in den bislang vorliegenden Papyrusdokumenten entsprechende Hinweise, aber der Radiästhesist konnte Punkte ermitteln, an denen genau das Gegenteil dessen eintrat, was wir von einem Sphinx erwarten: Statt Lebenskraft und Potenz zu spenden – entzog der Sphinx diese Kraft!

Für die Priesterschaft könnte dies ein wichtiges Instrument gewesen sein, um das innere Gleichgewicht in Keuschheit zu erhalten. Ob nun in ägyptischen Tempeln bewußt praktiziert oder durch das Gebot eines Rituals in Form eines tägliches Gebets vor einer kleinen Statue ausgeführt, der Entzug von unerwünschter Potenz dürfte so erreicht worden sein.

Die Interessen des durchschnittlichen Ägypters aber waren (und die so mancher heutigen Touristen sind) vermutlich anders gelagert. Diesen Männern kann geholfen werden: durch eine „Sphinxkur" in Memphis.

Der Sphinx von Memphis

Im ehemaligen Tempelbezirk von Memphis steht ein schönes, gemessen am Kolossalsphinx jedoch kleines (3 x 7 Meter) Sphinxgebilde mit Menschenkopf. Es handelt sich um eine Statue, die aus Rosenquarz geschlagen wurde. Sie ist für den Radiästhesisten leichter zu untersuchen als der Koloß von Gizeh. Die Ergebnisse der Messungen jedoch ähneln einander:

- Von der einen Pranke des Löwenkörpers geht ein Plus-, von der anderen Pranke ein Minuskraftfeld aus.
- Zwischen den Pranken befindet sich eine neutrale Zone (+/- 0).
- Auch die Wirkung auf den Menschen ähnelt der des Sphinx von Gizeh, wenngleich eine geringere Wirkung auf die Schlangenkraft der Wirbelsäule mit ihren Chakren und eine stärkere auf Lebenskraft und Potenz festgestellt wurde.

Es drängt sich somit die Frage auf, ob über die Positionierung der Figur hinaus weitere Faktoren für den Effekt verantwortlich sind. Denn der Radiästhesist konnte feststellen, daß die heutige Position des Sphinx von Memphis mit Sicherheit nicht dessen Originalstandort sein kann: Die in der Skulptur gespeicherte Strahlung stimmt nicht mit der Platzstrahlung überein.

Trotzdem entfaltet der Sphinx von Memphis seine Wirkung. Wie ließe sich das erklären? Wenn man die äußere Form der

Sphingen auf Quadersteine, aus denen sie gehauen wurden, reduziert, dann ergeben sich drei Bauelemente:

- ein großer, länglicher Steinquader (Löwenkörper),
- eine flache, vor den länglichen Steinquader gestellte Steinplatte (Kopf),
- zwei kleine, längliche Steinquader (Pranken).

Tatsächlich begegnet uns dieses Schema sowohl in den ägyptischen Hieroglyphen als auch in den Grabmalereien der Pharaonen immer im Zusammenhang mit der Göttin Isis, die das Körperliche versinnbildlicht.

Demnach scheint neben der Positionierung des Sphinx auch die Formgebung für die energetischen Effekte bedeutsam zu sein. Je weniger genau der Sphinx auf den Punkt mit der bestimmten Erdstrahlung positioniert ist, desto besser müssen Material und Modellierung der Steinquader sein.

Hat man erst einmal die optimalen Bestrahlungswerte ermittelt, kann man ohne weiteres in jeder Region unserer Erde solche Tankstellen für Lebenskraft einrichten. Was für Aussichten! Weitere Experimente in dieser Richtung des uralten Wissens könnten einen uralten Menschheitstraum erfüllen helfen, einen Traum, der in der Zeit des alten Ägypten vielleicht schon einmal Wirklichkeit war: den mythischen Jungbrunnen, der nie versiegende Vitalkraft beschert. Im siebten Teil dieses Buches zeige ich Ihnen ausführlich, wie auch Sie in Ihren heimischen Wänden diesen altägyptischen Energiepool anzapfen können.

Siebter Teil: Der altägyptische Jungbrunnen – Experimente und Übungen

19. Kapitel: So holen Sie sich den Energiepool der Pharaonen ins Haus

Nicht jeder Leser wird die Möglichkeit haben, eine Reise nach Ägypten zu unternehmen, um vor Ort die Phänomene, die in diesem Buch beschrieben wurden, an sich selbst zu erproben. Nur in unmittelbarer Nähe der großen Pyramiden ist es allerdings möglich, sich auf seine organischen „Schwachstellen" zu prüfen. Ließe sich dies auch mit geringem Aufwand realisieren, hätten sich die alten Ägypter gewiß nicht die Mühe gemacht, bis zu 145 Meter hohe Steinpyramiden zu bauen.

Im Laufe ihrer mehrere tausend Jahre währenden Entwicklung haben die Ägypter – sei es durch bloße Beobachtung, sei es durch Lehrmeister, von denen wir heute nichts mehr wissen – diese Instrumente geschaffen, mit denen sie die Kräfte der Erde, auf der sie lebten, und die Strömungen nutzten, die innerhalb des benachbarten kosmischen Raums fließen. Halten wir nochmals fest: In erster Linie wurden die Instrumente in Ägypten – wie Obelisken, Pyramiden, Altarsteine – benutzt, um:

- Kräfte dort zu verstärken, wo sie auftreten, oder
- Kräfte an einen anderen Platz umzuleiten oder
- Kräfte einfach zu nutzen, so wie sie sich manifestierten.

Im letzteren Fall waren steinerne Markierungen erforderlich, weil die beobachteten Kräfte in ihrer Intensität schwanken und gelegentlich versiegen, um plötzlich wieder voll dazusein.

- Um körperliche Wirkungen zu erzielen, mußten die Instrumente auf eine Nord-Süd-Achse ausgerichtet sein.
- Standen eher seelische oder geistige Effekte auf der Therapieliste, war die Ost-West-Achse die entscheidende Ausrichtung.
- Jedoch beeinflußt die Nord-Süd-Ausrichtung des Instrumentes stets das gesamte bioenergetische Feld des Menschen, der sich im Wirkungsbereich aufhält, also neben seinem Körper auch seinen Geist und seine Seele. Ganzheitliche Wirkungen kann man daher am ehesten erzielen, indem man Pyramiden oder Obelisken nord-südlich ausrichtet.

Diese grundsätzliche Bedingung, die Ausrichtung des Instruments auf der Nord-Süd-Achse, kann jeder Mensch erfüllen, unabhängig davon, ob er an einem besonders kraftvollen Ort wohnt oder nicht. Daher können auch Sie, liebe Leser, sich mit Hilfe der Übungen, die ich Ihnen im folgenden vorstellen möchte, zu Hause die Heilkraft der Pyramiden und Obelisken nutzbar machen. Sie werden lernen, wie Sie mit einfachen Mitteln in Ihrer heimischen Umgebung die Energiequellen anzapfen können, deren Kräfte die altägyptischen Pharaonen und Priester so segensreich zur Vermeidung und Heilung von Krankheiten und zur ständigen Vitalisierung verwandten.

In diesem letzten Buchteil werde ich einige einfache Experimente und Übungen möglichst knapp beschreiben. Wer sie ausführt, kann – je nach Ausgangssituation – die nachfolgend genannten subjektiven Reaktionen an sich selbst beobachten. Jeder muß für sich entscheiden, ob er eine bestimmte Übung fortführen will oder diese bei Auftreten von unerwünschten Symptomen abbricht, um sie nach einigen Wochen – nun mit kürzeren Verweilzeiten – zu wiederholen.

1. In der Nähe der Pyramiden werden als *psychische Sofortwirkung* – je nach Disposition – gesteigert:

entweder		*oder*
Ruhe Ausgeglichenheit		Unruhe Gereiztheit
	bis hin zu	
Müdigkeit		Euphorie

2. Zwischen zwei Obelisken

- kann eine *Umpolung* eintreten:

  Traurigkeit <–> Heiterkeit,

- kann sich aber auch eine vorübergehende Wesensveränderung einstellen:

  unfreundlich <–> freundlich,
  kontaktfreudig <–> abweisend.

3. Nur an den Originalpyramiden wurden folgende *organbezogene* Reaktionen beobachtet:

- Leichtes Ziehen bis hin zu Schmerzen (Phantomschmerz) an Stellen, wo ein Organ (Gebärmutter, Schilddrüse, Niere) teilweise oder vollständig operativ entfernt worden ist,
- Schwindel und Benommenheit bei Personen mit Herz-Kreislauferkrankungen.

4. Im Experiment mit Pyramidenmodellen ist – je nach Disposition – mit folgenden *gehirnspezifischen* Reaktionen zu rechnen:

entweder mit	*oder mit*
lebhaften Träumen intensiven Schlafphasen	schlechten Träumen flachen Schlafphasen

Bedenken Sie bitte, daß diese Reaktionen Begleiterscheinungen einer energetischen Kur sind, die in kurzer Zeit Ihre Vitalität steigern, psychische wie organische Krankheiten heilen oder lindern kann und insgesamt Ihr Wohlbefinden, Ihre Konzentrations- und Leistungsfähigkeit in ungeahnte Dimensionen zu erheben vermag.

Wie sagt ein altes Sprichwort so treffend? „Man kann nicht baden, ohne naß zu werden" – das gilt selbst für den Jungbrunnen der Pharaonen, für die altägyptische Auramassage, den einzigartigen Energiekick, der die alten Ägypter zu bewundernswerten kulturellen Leistungen und zu tiefen Einsichten in die Gesetzmäßigkeiten des Lebens und des Geistes befähigte.

Im Anhang dieses Buches finden Sie einige Vorschläge, wie Sie die nachfolgend skizzierten Übungen sinnvoll und verträglich miteinander kombinieren können. Gewöhnen Sie sich an, dieses altägyptische Fitneßprogramm regelmäßig auszuführen. Beginnen Sie mit dem Wochenplan eines Priesternovizen, und steigern Sie sich allmählich bis zur Stufe „Jungbrunnen der Pharaonen" – Sie werden schon in Kürze spüren, wie die Kräfte der Obelisken und Pyramiden neue Energiepotentiale und Bewußtseinsdimensionen in Ihrem Inneren erschließen.

20. Kapitel: Altägyptische Auramassage – Übungen mit Obelisken

Der Obelisk ist sozusagen eine Akupunkturnadel, die das Magnetfeld unserer Erde anzapft. Er gleicht einem vierseitigen Turm mit einer kleinen vierseitigen Pyramide an seiner Spitze. Nach aller Möglichkeit sollten Sie daher die nachfolgend beschriebenen Übungen nicht in einem Gebäude aus Stahlbeton durchführen: Die Stahlarmierungen schirmen die geoelektrischen und geomagnetischen Felder größtenteils ab.

Erste Obeliskenübung

Sie benötigen:

- einen Kompaß,
- einen kleinen Obelisken aus Stein oder Metall,
- ein Pendel oder
- eine Wünschelrute.

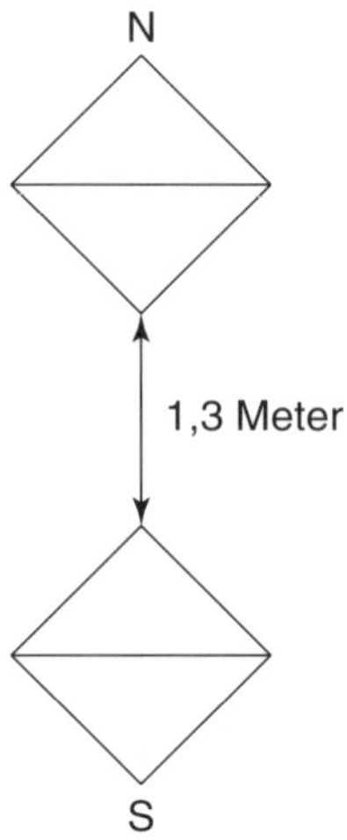

Abbildung 73: Der Obelisk wird so positioniert, daß sich zwei seiner Ecken auf der Nord-Süd-Achse befinden

Erster Tag

Legen Sie auf dem Tisch, auf dem Sie arbeiten wollen, die genaue Nordrichtung mit Hilfe eines Kompasses fest. Positionieren Sie den Obelisken so auf dem Tisch, daß sich zwei seiner Ecken auf der Nord-Süd-Achse befinden.

Bei dieser Übung geht es zunächst einmal darum, mit dem Obelisken vertraut zu werden und das Kraftfeld zu spüren, das sich durch die Nord-Süd-Ausrichtung aufbaut.

- Stellen Sie sich auf die Ost- oder Westseite des Obelisken, und halten Sie das Pendel bzw. die Wünschelrute etwa zehn Zentimeter über die Spitze. Das Pendel beginnt zu kreisen, die Wünschelrute schlägt aus und rotiert.
- Sobald das Instrument aktiv ist, senken Sie es langsam herab, so daß es mehr und mehr um den Obelisken kreist.
- Wiederholen Sie diese Übung mehrfach: Stellen oder setzen Sie sich nun auf der Achse erst südlich, dann nördlich des Obelisken für jeweils zirka fünf Minuten hin. Variieren Sie dabei auch den Abstand zwischen sich und dem Obelisken in einem Spektrum von zehn Zentimetern bis zu einem Meter. Beobachten Sie, was passiert.
- Notieren Sie Ihre Beobachtungen. Welche psychischen oder körperlichen Reaktionen haben Sie gespürt
  a) in der nördlichen Position bei einem Abstand von zehn – dreißig – fünfzig – hundert Zentimetern?
  b) in der südlichen Position bei entsprechend variierten Abständen?
- Wenn Sie diese Serie kleiner Experimente abgeschlossen haben, sollten Sie an diesem Tag keine weiteren Versuche starten.

Zweiter Tag

Bei dieser zweiten Serie der Obeliskenübungen gilt es, tageszeitliche Schwankungen zu untersuchen, wobei Sie wiederum Pendel oder Wünschelrute einsetzen sollten.

Die sensiblen Zeitpunkte sind:

- Sonnenaufgang am Ort,
- Mittagszeit am Ort – Sonne über dem Ort,
- Sonnenuntergang am Ort,
- Mitternacht am Ort – Sonne unter dem Ort.

Das Ziel dieser Versuche besteht darin, unter den sensiblen Zeitpunkten diejenigen herauszufinden, zu denen

- örtlich bedingt besonders signifikante Kraftwirkungen spürbar *und*
- Sie selbst aufgrund Ihrer individuellen Disposition für den Energieschub, den der Obelisk Ihnen versetzt, besonders empfänglich sind.

An welchem der genannten Zeitpunkte haben Sie besonders intensive Kraftwirkungen mit Pendel oder Wünschelrute gemessen sowie in Form von subjektiven Reaktionen gespürt?

- Erproben Sie wiederum die nördliche und die südliche Position zum Obelisken (Verweildauer zwischen fünf und zehn Minuten).
- Variieren Sie in beiden Positionen die räumliche Distanz (zehn bis hundert Zentimeter).
- Notieren Sie sich auch diese Beobachtungen, damit Sie aufgrund der so gewonnenen Daten die für Sie persönlich optimale Position und Distanz für Ihre künftigen Übungen festlegen können.

Was haben Sie zu erwarten?

- Starke Ausschläge (Pendel, Wünschelrute) auf der Nord-Süd-Achse.
- Unweigerlich werden Sie einen Kraftkick verspüren, wenn Sie sich fünf bis zehn Minuten auf der Achse südlich bzw. nördlich vom Obelisken aufhalten.
- Der Obelisk wirkt wie eine Antenne, die aus der Tiefe Erdmagnetismus umleitet, und zwar entweder links- oder rechtsdrehend. Die Rotation erfolgt auf der Nord- und auf der Südseite jeweils entgegengesetzt. Daher wird Ihre biomagnetische Aura, wenn Sie sich nur auf der einen Seite des Obelisken aufhalten, ständig nur in einer Richtung „gebürstet".
- Unter Umständen werden Sie nervös oder unruhig reagieren, wenn Sie länger als fünf Minuten südlich bzw. nördlich des Obelisken sitzen oder stehen. Diese Nervosität, begleitet von dem (meist erst nachträglich bewußt werdenden) Drang „abzuhauen", läßt sich leicht erklären: Steht die Dreh- oder Auramassage-Richtung in Widerspruch zu Ihrem persönlichen Bedürfnis, so verspüren Sie einen unterbewußten Fluchtimpuls, der die unangenehmen Gefühle auslöst.

- Ebenso ist die entgegengesetzte Reaktion möglich: Wenn die Rotationsrichtung Ihrem Bedürfnis entspricht, werden Sie erleben, wie Sie sich mit größtem Wohlbehagen Ihre biomagnetische Aura „ausbürsten“ lassen.
- Falls Sie also beobachten konnten, daß Sie sich in der südlichen Position unwohl fühlen, sollten Sie bei dieser Auramassage-Übung künftig immer die nördliche Position wählen (und umgekehrt).

Resultate

Notieren Sie bitte hier die wichtigsten Ergebnisse Ihres Experimentes: Besonders intensiv und angenehm waren die Energieschübe

- um .... Uhr Ortszeit,
- bei einer Verweildauer von .... Minuten,
- in einer Distanz von .... Zentimetern zum Obelisken,
- in südlicher/nördlicher Position.

Führen Sie diese Übung künftig zwei- bis dreimal wöchentlich durch. Damit haben Sie Ihre persönliche Energietankstelle jederzeit verfügbar und können sich ständig mit frischer Vitalkraft versorgen.

Zweite Obeliskenübung

Wer die altägyptische „Aurawaschanlage“ noch originalgetreuer nachbauen, ihre energetischen Wirkungen noch intensiver spüren will, dem sei zu der nachfolgend beschriebenen, im Versuchsaufbau etwas aufwendigeren Übung geraten. Ursprünglich bestand dieser Apparat zur kraftvollen Auramassage – wie oben beschrieben – aus zwei Obelisken, die vor den Tempeln errichtet wurden, zum Nutzen der Besucher, aber auch für Priester, die sich zu lange an einem bestimmten Kraftort aufhalten mußten.

Für diese Übung benötigen Sie

- zwei gleich große, etwa 100 bis190 cm hohe Obelisken (idealerweise aus hartem Gestein wie Granit oder Basalt, aber auch mit Gips-Obelisken lassen sich eindrucksvolle Wirkungen erzielen),
- einen Kompaß,

- ein Pendel oder
- eine Wünschelrute.

Stellen Sie Obeliskenpaare von 190 cm Höhe in einem Abstand von 1,3 Meter auf; Obelisken von einem Meter Höhe in einer Distanz von einem Meter. Richten Sie die Obelisken so aus, daß sich jeweils zwei ihrer Ecken auf der Nord-Süd-Achse befinden.

Stellen Sie sich für zirka zwei bis fünf Minuten (nicht länger!) zwischen die Obelisken. Bitten Sie eine Person Ihres Vertrauens, den Effekt der Wirbel durch Pendel oder Wünschelrute zu messen.

Auch bei dieser Übung sollten Sie zunächst alle in der ersten Übung beschriebenen Schritte ausführen:

- Variieren Sie Ihre Position zwischen den Obelisken.
- Messen Sie die unterschiedliche Stärke der Instrumentreaktionen (Pendel oder Wünschelrute).
- Finden Sie den örtlich sowie für Sie persönlich günstigsten der sensiblen Zeitpunkte heraus.
- Protokollieren Sie sorgfältig Ihre Beobachtungen.

Was haben Sie zu erwarten?

- Sehr starke Ausschläge (Pendel, Wünschelrute) auf der Nord-Süd-Achse zwischen den Obelisken.
- Wenn Sie sich zwei bis fünf Minuten zwischen den Obelisken aufhalten, werden Sie einen Energieschub verspüren, der für Sie möglicherweise – zumindest am Anfang – zu stark ist. Sofern einige der oben genannten Begleiterscheinungen auftreten, unterbrechen Sie die Experimente für zwei Wochen und beginnen sie dann erneut mit entsprechend reduzierter Verweildauer zwischen den Obelisken.
- Das Obeliskenpaar wirkt wie eine Doppelantenne, die den Erdmagnetismus aus der Tiefe sowohl links- als auch rechtsdrehend umleitet. Daher wird Ihre biomagnetische Aura ständig in beide Richtungen „gebürstet". Je nachdem, ob Sie sich bei der ersten Obeliskenübung in nördlicher oder südlicher Position wohler gefühlt haben, sollten Sie sich bei dieser Übung näher beim nördlichen bzw. beim südlichen Obelisken aufhalten.

Abbildung 74: Die Priester von Karnak (Luxor) benutzten diese Anlage zur Harmonisierung ihres bioelektrischen Umfelds.

Resultate

Notieren Sie bitte hier die wichtigsten Ergebnisse Ihres Experimentes: Besonders intensiv und angenehm waren die Energieschübe

- um .... Uhr Ortszeit,
- bei einer Verweildauer von .... Minuten,
- in einer Distanz von .... Zentimetern zum südlichen Obelisken.

Führen Sie diese Übung künftig ein- bis zweimal wöchentlich durch.

Achtung: Die intensivere Bestrahlung durch das Obeliskenpaar *ersetzt* die erste Übung und darf keinesfalls zusätzlich ausgeführt werden, da sonst eine Überladung Ihres Bioenergiefeldes droht.

Wenn Sie sich in dieser positiven „Waschanlage für die Seele“ reinigen und pflegen lassen, werden Sie sich jedesmal wie neugeboren fühlen. Damit verfügen Sie über einen Energiepool, der Ihr körperliches und geistig-seelisches Wohlbefinden, Ihre Leistungs- und Konzentrationsfähigkeit in wahrhaft altägyptische Dimensionen steigern wird.

21. Kapitel: Laden Sie sich mit kosmischen und Erdenergien auf – Übungen mit Pyramiden

Pyramide und Obelisk rufen im Prinzip ähnliche bioenergetische Wirkungen hervor. Bei den Pyramiden aber

- sind diese Effekte intensiver,
- treten in einem breiteren (ganzheitlichen) bioenergetischen Spektrum auf und
- sind dennoch, sofern man die Übungen mit Pyramidenmodellen durchführt, meist von geringeren bzw. angenehmeren Nebenwirkungen begleitet als die Auramassage durch einen oder zwei Obelisken.

Daher kann man sich in der Regel länger im Wirkungsbereich von Pyramiden aufhalten als insbesondere zwischen zwei Obelisken. Diese wirken sozusagen wie Punktstrahler auf unser bioenergetisches Feld ein, während die Pyramidenwirkung eher den weichen Breitbandwellen einer Flutlichtanlage gleicht.

Die nachfolgend beschriebenen Übungen sollten dennoch mit der gebotenen Vorsicht durchgeführt werden. Beginnen Sie mit einer kurzen Verweildauer (10-15 Minuten), beobachten Sie sorgfältig Ihre Reaktionen, und steigern Sie den Aufenthalt neben einer Pyramide oder zwischen mehreren Pyramiden nur allmählich (bis zu maximal einer Stunde). Falls Sie feststellen, daß Sie besonders sensitiv reagieren, sollten Sie Ihre bioenergetische Aura zunächst einige Wochen lang „trainieren", indem Sie mit einer der beiden Obeliskenübungen beginnen.

Nach aller Möglichkeit sollten Sie auch die nachfolgend beschriebenen Übungen nicht in einem Gebäude aus Stahlbeton durchführen, weil die Stahlarmierungen wie ein Faradayscher Käfig wirken, also die geoelektrischen und geomagnetischen Felder größtenteils abschirmen. Sie benötigen

- einen Kompaß,
- zwei größere Pyramiden-Modelle (20-25 cm Höhe), massiv aus Stein oder Metall,

- zwei weitere Pyramiden-Modelle von halber Größe,
- ein Pendel oder
- eine Wünschelrute.

Erste Pyramidenübung

Abbildung 75: Nordausrichtung einer Pyramidenecke und Messung mit Pendel oder Wünschelrute

- Richten Sie mit dem Kompaß eine Ecke der Pyramide nach Norden aus.
- Setzen Sie Pendel oder Wünschelrute ein, wie oben bei den Obeliskenübungen beschrieben. Ergebnis: Die Instrumente reagieren extrem stark und noch eindrucksvoller als bei den Obelisken.

- Halten Sie sich (anfangs maximal eine Viertelstunde) in einem Abstand von zehn bis hundert Zentimetern nördlich der Pyramide auf.
- Variieren Sie während der folgenden Tage den Abstand und die Tageszeiten (sensible Zeitpunkte), wie oben bei den Obeliskenübungen beschrieben. Finden Sie die für Sie günstigsten Distanzen und Zeitpunkte heraus.
- Notieren Sie wiederum sorgfältig Ihre Beobachtungen.

Was haben Sie zu erwarten?

- Intensive Ausschläge (Pendel, Wünschelrute) auf der Nord- und Südseite der Pyramide.
- Prinzipiell gilt: Praktisch alle Lebewesen, auch Pflanzen, reagieren nach einiger Zeit mit Wohlbefinden, wenn sie sich nördlich, und mit Unwohlsein (bei Pflanzen Wachstumsstörung), wenn sie sich südlich der Pyramide befinden.
- Wenn Sie sich 15 bis 30 Minuten nördlich der Pyramide aufhalten, werden Sie einen Energieschub verspüren, der sehr intensiv, aber normalerweise von angenehmen Empfindungen begleitet ist. Sollten dennoch einige der oben genannten Begleiterscheinungen auftreten, unterbrechen Sie die Experimente für zwei Wochen und beginnen sie dann erneut mit entsprechend reduzierter Verweildauer.

Resultate

Notieren Sie bitte hier die wichtigsten Ergebnisse Ihres Experimentes: Besonders intensiv und angenehm waren die Energieschübe

- um .... Uhr Ortszeit,
- bei einer Verweildauer von .... Minuten,
- in einer Distanz von .... Zentimetern zur Nordseite der Pyramide.

Führen Sie diese Übung künftig zwei- bis dreimal wöchentlich durch. Sie läßt sich sehr gut mit einer der beiden Obeliskenübungen kombinieren (siehe Anhang).

Sie werden feststellen, daß Sie schon nach kurzer Zeit körperlich, geistig und seelisch aufblühen wie die sprichwörtliche Pflanze. Prickelnd vor Energie und Tatendrang, werden Sie an dem Geheimnis teilhaben, das die alten Ägypter zu titanischen

Leistungen befähigte und ihnen zugleich eine seelische Stabilität bescherte, die gerade in unserer Zeit beklagenswert selten geworden ist.

Zweite Pyramidenübung

Abbildung 76: Zwei Pyramiden werden auf der Nord-Süd-Achse ausgerichtet

Ebenso wie Sie die Obeliskenkraft verdoppeln können, indem Sie ein Obeliskenpaar verwenden, können Sie auch die energetische Wirkung der Pyramidenübung potenzieren, wenn Sie zwei Pyramidenmodelle verwenden.

- Beide Pyramiden müssen etwa gleich groß sein und aus demselben Material bestehen.
- Richten Sie die Pyramiden in einem Abstand von achtzig bis hundert Zentimetern auf der Nord-Süd-Achse aus.
- Stellen oder setzen Sie sich zwischen die Pyramiden, und messen Sie erneut mit einem der Ihnen zur Verfügung stehenden Instrumente. Sie werden eine Steigerung der Ausschläge und der im ersten Experiment beschriebenen Effekte erleben.
- Halten Sie sich anfangs maximal 15 Minuten zwischen den Pyramiden auf.
- Variieren Sie während der folgenden Tage den Abstand und die Tageszeiten (sensible Zeitpunkte), wie oben bei den Obeliskenübungen beschrieben. Finden Sie die für Sie günstigsten Distanzen und Zeitpunkte heraus.
- Notieren Sie wiederum sorgfältig Ihre Beobachtungen.

Was haben Sie zu erwarten?

- Im Prinzip die gleichen Wirkungen und Reaktionen wie bei der ersten Pyramidenübung, allerdings mit potenzierter Kraft.
- Auch bei dieser Übung überwiegen nach bisheriger Erfahrung angenehme Begleiterscheinungen wie gesteigertes Wohlbefinden und wachsende Ausgeglichenheit.
- Sollten dennoch einige der oben beschriebenen Nebenwirkungen auftreten, unterbrechen Sie bitte diese Übung für zwei Wochen und beginnen Sie dann mit kürzerer Verweildauer und – als Aufbautraining für Ihre bioenergetische Aura – zunächst mit der ersten Pyramidenübung.

Resultate:

Notieren Sie bitte hier die wichtigsten Ergebnisse Ihres Experimentes: Besonders intensiv und angenehm waren die Energieschübe

- um .... Uhr Ortszeit,
- bei einer Verweildauer von .... Minuten,

- in einer Distanz von .... Zentimetern zur nördlichen Pyramide.

Warnhinweis:

Sofern Sie diese Übung in Ihrer Wohnung durchführen, sollten Sie die Pyramiden anschließend „abschalten“, da Sie sonst mit Störungen Ihres Bioumfeldes rechnen müssen. Die Pyramiden lassen sich leicht deaktivieren, indem Sie die Modelle so verdrehen, daß die Pyramidenkanten nicht mehr in einer Linie auf der Nord-Süd-Achse stehen.

Führen Sie diese Übung künftig zwei- bis dreimal wöchentlich durch. Sie läßt sich sehr gut mit einer der beiden Obeliskenübungen kombinieren. Allerdings sollten Sie diese zweite nicht mit der ersten Pyramidenübung in Ihrem Wochenplan verbinden, da sonst eine Überladung Ihres Bioenergiefeldes droht (siehe Anhang).

Dritte Pyramidenübung

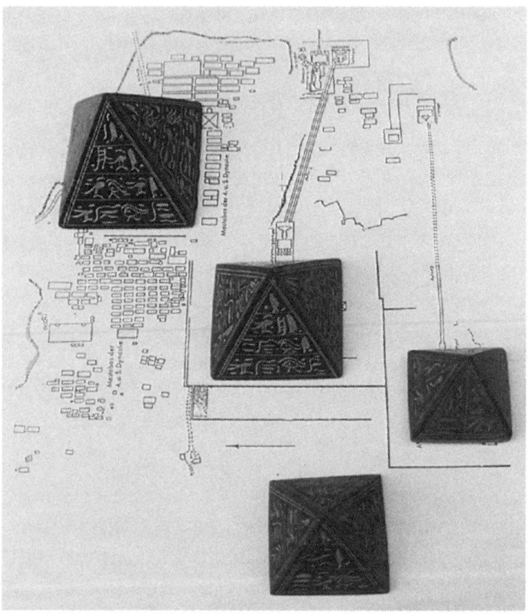

Abbildung 77: Ein größeres Pyramidenpaar und zwei weitere Pyramiden von halber Größe werden entsprechend der Skizze positioniert

Dies ist eine Übung, die in besonderem Maß Ihre Gehirnkräfte steigert, und zwar die linke und die rechte Gehirnhälfte gleichermaßen, so daß neben Ihrer rationalen auch Ihre emotionale Intelligenz trainiert wird.

Halten Sie sich anfangs etwa dreißig Minuten im südlichen Bereich der Anordnung auf. Da Sie vermutlich kein praktizierender altägyptischer Priester sind, empfiehlt es sich, diese Übung zunächst einmal pro Woche (zehn Minuten) durchzuführen und allmählich bis zu wöchentlich drei Aufenthalten à maximal sechzig Minuten zu steigern.

Was haben Sie zu erwarten?

- Bei sachgerechter Anwendung werden Sie schon nach wenigen Monaten eindrucksvolle Steigerungen Ihrer Gehirnkräfte spüren, eine Erweiterung Ihrer geistigen Fähigkeiten, von der Sie vielleicht kaum zu träumen wagten.
- Achtung: Spielen Sie bitte nicht den „Geisteshelden", der pionierhaft seine Grenzen ausloten möchte. Achten Sie am Morgen nach jedem Experiment darauf, ob Sie in der vergangenen Nacht gut geschlafen haben und erfrischt aufgewacht sind.
- Sollten einige der oben beschriebenen Nebenwirkungen auftreten, unterbrechen Sie bitte diese Übung für zwei Wochen und beginnen sie dann erneut mit kürzerer Verweildauer.

Resultate

Notieren Sie bitte hier die wichtigsten Ergebnisse Ihres Experimentes: Besonders intensiv und angenehm waren die Energieschübe

- um .... Uhr Ortszeit,
- bei einer Verweildauer von .... Minuten,
- in einer Distanz von .... Zentimetern zur südlichen Hauptpyramide.

Warnhinweis:

Schalten Sie die Pyramidenanlage nach jeder Übung wie oben beschrieben ab!

Diese Übung können Sie zwei- bis dreimal wöchentlich durchführen. Sie läßt sich hervorragend sowohl mit einer der beiden Obeliskenübungen als auch mit der ersten oder der zweiten Pyramidenübung kombinieren (siehe Anhang).

Falls Sie Ihre durch diese Pyramidenübung gesteigerten Geisteskräfte erproben möchten, empfehle ich Ihnen eine Partie des weiter unten beschriebenen altägyptischen Königsspiels …

22. Kapitel: Die Pharaonenkrone

Die überlieferten Hüte der Pharaonen und noch die Bilder des späten Atonkultes lassen erkennen, daß die alten Ägypter spezielle Kopfbedeckungen entwickelt hatten. Mit Hilfe dieser Kappen konnten sich die Priester für kurze Zeit in der Nähe von geistigen „Energiequellen" aufhalten, ohne unerwünschte Nebenwirkungen, wie zum Beispiel Migräne, zu erleiden. Um bestimmte willkommene Energien trotz Abschirmung zu empfangen, benutzten sie darüber hinaus Käppchen, in denen eine Faradaysche Matte mit einer Art Filter kombiniert war.

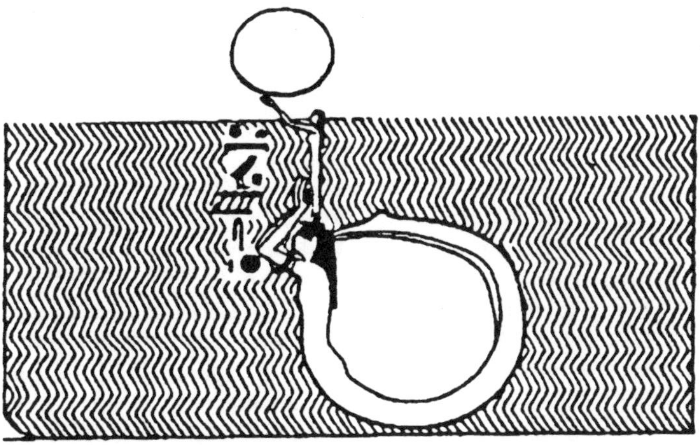

Abbildung 78: Abschirmung des Kopfes und ihre Wirkung auf das Gehirn: Piankoff fand diese Darstellung in den Pyramiden-Texten der Gräber des Neuen Reichs.

Vorbereitung der Experimente

Sie benötigen:

- 1 Schaumstoffmatte 25 x 25 cm, ca. 1-2 cm dick,
- 2 Schaumstoffmatten 12 x 12 cm, ca. 1-2 cm dick,
- 1 Rolle Kupferdraht mit möglichst geringem Durchmesser.

So fertigen Sie die Abschirmung an:

1. Bringen Sie auf der großen Schaumstoffmatte (25 x 25 cm) ein Gitternetz aus Kupferdrähten im Abstand von 0,5 cm an (siehe Abbildung 79). Hierzu können Sie das Netz an den Schaumstoff nähen oder es zwischen zwei Papierlagen kleben, die anschließend am Schaumstoff befestigt werden.
2. Schneiden Sie die Schaumstoffmatte so zu, daß sie den Hinterkopf abdeckt und vorn bis zur Stirn sowie seitlich bis oberhalb der Ohren reicht.
3. Verwenden Sie einen Hut, um die Abschirmung auf Ihrem Kopf zu fixieren.
4. Um den „Nofretete-Effekt" zu erzielen, lassen Sie einen Quer- und einen Längsdraht des Gitters etwa so lang, daß ein Ende über den Nacken bis zu den Schulterblättern reicht.

So bereiten Sie die Käppchen vor:

1. Schneiden Sie die beiden kleineren Schaumstoffmatten (12 x 12 cm) kreisförmig so zu, daß Ihr Hinterkopf gut abgedeckt wird.
2. Fixieren Sie mit Nadel und Faden den Kupferdraht spiralförmig auf den Schaumstoffmatten, die eine Spirale rechts-, die andere linksdrehend (siehe Abbildung 80).
3. Um den Nofretete-Effekt zu erproben, lassen Sie wiederum beide Enden des Drahts so lang, daß sie über den Nacken bis zwischen die Schulterblätter reichen (siehe Abbildung 80). Das Drahtende im Mittelpunkt der Spirale wird so zum Nacken geführt, daß es die Windungen der Spirale nicht berühren kann, am besten innerhalb der Schaumstoffmatte.

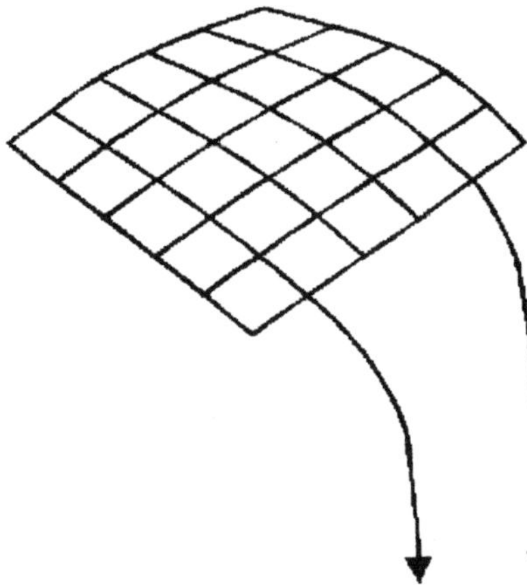

Abbildung 79: Die Schaumstoffmatte wird mit einem Gitternetz aus Kupferdraht im Abstand von 0,5 cm versehen

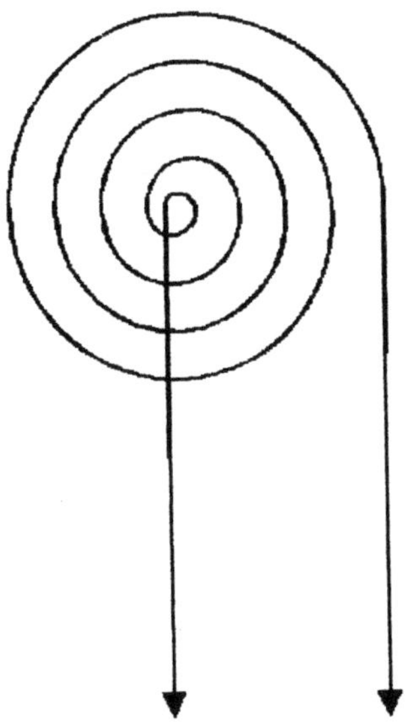

Abbildung 80: Der Kupferdraht wird spiralförmig auf den kreisrund zugeschnittenen kleinen Schaumstoffmatten fixiert

Experimente mit den kleineren Schaumstoffmatten

Erster Abend

1. Legen Sie vor dem Zubettgehen eines der beiden runden Schaumstoffstücke mit dem spiralförmig fixierten Kupferdraht so auf Ihren Hinterkopf, daß sich der Schaumstoff zwischen Ihren Haaren und dem Kupferdraht befindet.
2. Notieren Sie sich Ihre Empfindungen während der nächsten 15 Minuten. Haben Sie etwas gespürt?
3. Drehen Sie dann den Schaumstoff um, so daß der Kupferdraht nun unmittelbar auf Ihrem Kopfhaar liegt.
4. Beenden Sie den Versuch nach weiteren zwei Minuten.

Zweiter Abend

1. Bedecken Sie diesmal, bevor Sie sich zur Nachtruhe begeben, Ihren Kopf mit der zweiten runden Schaumstoffmatte, an welcher der Kupferdraht mit umgekehrter Spiraldrehung fixiert ist.
2. Wiederholen Sie die Schritte 2–4 des ersten Versuchs.

Ergebnisse

Zahlreiche Probanden berichten, daß sie bei diesen Versuchen

- einen leichten Schwindel rechts- bzw. linksdrehend verspürten,
- in der betreffenden Nacht besonders heftig träumten,
- schneller als sonst einschliefen.

Falls man zunächst keinerlei Wirkungen beobachten konnte, empfiehlt es sich, das Experiment nach folgender Vorbereitung zu wiederholen:

- nach einer Kopfwäsche – achten Sie aber darauf, daß Ihre Haare ganz trocken sind, ehe Sie Ihren Kopf wieder mit der Schaumstoffmatte bedecken;
- im Urlaub, wenn Sie ausgeruht sind und den Versuch im Freien durchführen können.

Experimente mit der größeren Schaumstoffmatte

Tragen Sie die größere Schaumstoffmatte abends zirka eine Stunde auf dem Kopf, entweder offen im Haus oder draußen, dann unter einem Hut versteckt.

Ergebnisse:

Diese Matte wirkt wie eine Mini-Abschirmung, wie ein kleiner Faradayscher Käfig. Zahlreiche Probanden berichten

- von einer Steigerung ihrer Konzentrationsfähigkeit,
- von seltener auftretenden Kopfschmerzen und
- insgesamt von dem Gefühl, einen klareren Kopf zu haben.

23. Kapitel: Altägyptische Priestersandalen – So schirmen Sie sich gegen unerwünschte Energien ab

Die „Schnittstelle" zwischen uns Menschen und der Erde, deren Kräfte unser Leben stärken oder stören können, sind logischerweise unsere Fußsohlen und Zehen, mit denen wir der Erde am nächsten sind.

Überlegen Sie sich einmal, wie sich die Spezies Mensch aus der Sicht der Pflanzen ausnimmt:

Pflanze 1: „Was die Menschen Zehen und Fußflächen nennen, sind die Überreste einstiger Wurzeln, mit denen sie in der Erde verankert sein müßten, um Wohltaten zu empfangen. Kein Wunder, daß diese Menschen so rast- und orientierungslos sind!"

Pflanze 2 (widerspricht): „Nein, Menschen sind Pflanzen, die ihre Wurzeln aus der Erde herausziehen können, ohne ihr Leben zu verlieren. Kein Wunder, daß sie es so weit gebracht haben!"

Was lernen wir aus diesem grünen Disput? Unstrittig ist aus Sicht der Pflanzen, daß unsere Füße mobilen Wurzeln ähneln und wir demnach gerade an unseren Zehen und Fußsohlen in besonderer Weise den Kräften der Erde ausgesetzt sind.

Zu den Exponaten im Kairoer Nationalmuseum zählen auch Sandalen und Socken, die in altägyptischen Gräbern gefunden wurden. Einige dieser Fundstücke lassen erkennen, daß die Sandalen ursprünglich dazu dienten, die Fußflächen zum Boden hin „abzuschirmen". Interessant sind auch einige Strumpfreste: Offenbar pflegten die alten Ägypter die große Zehen in goldenen Hülsen zu tragen beziehungsweise die restlichen Zehen einzeln oder zusammen mit einer metallenen Kappe zu versehen.

Was geschieht, wenn wir unsere „Schnittstellen" zum Erdboden hin abschirmen?

Verwenden Sie für einen ersten Versuch herkömmliche Haushaltsalufolie. Verhüllen Sie Ihre großen Zehen mit der Alufolie, und beobachten Sie Ihre Reaktionen. Dann variieren Sie den Versuch, indem sie nur die anderen vier Zehen beider Füße mit Alufolie umhüllen.

Wer etwas mehr in diesen Selbstversuch investieren will, kann statt Aluminium ganz dünne Kupferfolie verwenden.

Die ersten Ergebnisse werden Sie zu weiteren Versuchen animieren. Die Abschirmungen an den Zehen verstärken die Effekte der Spiralen und Netze auf dem Kopf.

Bedenken Sie aber bitte, daß Sie diese Experimente nur im Sommer und im Freien durchführen können, weil Sie direkten Bodenkontakt benötigen. Zumindest sollten Sie an den Füßen außer den Abschirmungen lediglich Sandalen aus Pflanzenmaterial (keine Leder-, Gummi- oder Kunststoffsohlen) tragen.

24. Kapitel: Abenteuer des Geistes – Das Bewußtsein erwacht und entdeckt die Bewegung

Sicher erinnern Sie sich an unseren oben beschriebenen Priesternovizen: Er sitzt vor der ersten Ausbildungstafel, einer leeren Fläche, auf der „nichts“ zu sehen ist und die doch das „Alles“ zeigt.

Mit den nachfolgend skizzierten Experimenten können Sie einige wesentliche Schritte der altägyptischen Priesterausbildung nachvollziehen und auch Ihrerseits lernen, sich als Bewußtsein – als Geist – im Raum zu bewegen. Sie benötigen:

- ein altes einfarbiges, möglichst weißes Bettlaken,
- eine Schere.

Vorbereitung:

Schneiden Sie in die Mitte des Bettlakens ein Guckloch, nur so groß, daß ein Auge eben durchschauen kann. Legen Sie sich flach, also ohne Kopfkissen oder ähnliche Hilfsmittel, mit dem Rücken auf den Boden. Ziehen Sie das Laken so über sich, daß Sie mit einem Auge durch das Guckloch sehen können. Achten Sie darauf, daß das Laken so liegt, daß Ihr Auge beim Rundblick keinen Teil Ihres Körpers sehen kann.

Blicken Sie durch das Loch. Versuchen Sie zu *vergessen*: Ihren Körper ebenso wie den Raum, in dem Sie sich befinden.

Der richtige Ort:

Ideal wäre ein großer, weiß getünchter, unmöblierter Raum. Sie können das Experiment aber auch in jedem anderen Raum durchführen.

Wichtig: Sie sollten sich ganz allein in dem Raum befinden. Keine Musik, kein Fernsehen, keinerlei Geräusche. Je ruhiger Ihre Umgebung ist und je ruhiger *Sie selbst* sind, desto leichter können Sie den ersten Ausbildungsschritt der altägyptischen Priesterschüler nachempfinden.

Der richtige Zeitpunkt:

Führen Sie das Experiment zunächst unmittelbar nach dem Aufwachen durch, in nüchternem, am besten in hungrigem Zustand.

Wiederholen Sie das Experiment zweimal im Verlauf des Tages: nach einer Mahlzeit, wenn Sie sich satt fühlen, und abends, wenn Sie müde sind, unmittelbar vor dem Einschlafen.

Erstes Experiment: Im Zimmer, vor dem Frühstück

1. Schritt:

Blicken Sie mit einem Auge starr durch das Guckloch. Fixieren Sie die Zimmerdecke so lange, bis es Ihnen gelungen ist, Ihren hungrigen Körper zu vergessen.

Was sehen Sie?

Versuchen Sie das, was Sie sehen, näher zu sich heranzuholen.

Gelingt es Ihnen?

Nein.

2. Schritt:

Lassen Sie Ihr Auge kreisen, und versuchen Sie alles zu sehen, was Sie umgibt.

Können Sie alles sehen, was Sie umgibt?

Nein.

Erkennen Sie, daß der Ausschnitt, den Sie „mehr oder weniger genau" sehen können, einem kreisrunden Ausschnitt des Sie umgebenden „Alles" entspricht?

Spüren Sie die Neugier, die in Ihnen erwacht – die Neugier, auch das zu sehen, was hinter der Grenze Ihres Blickfelds liegt?

Merken Sie sich bitte Ihre Gefühle und die Intensität Ihres Wunsches, „alles" zu sehen, wenn Sie dieses kleine Experiment hungrig am Morgen, gesättigt während des Tages und müde am Abend durchführen.

3. Schritt:

Begreifen und erproben Sie, wie Sie Ihr Blickfeld erweitern können:

- indem Sie Ihren Kopf bewegen,
- indem Sie Ihr *Auge* verlagern – um eine Handbreit, schließlich um einen ganzen Meter. Versuchen Sie zu vergessen, daß Sie hierbei Ihren Kopf und Ihren Körper mit verlagern müssen. Falls Ihnen das schwerfällt, stellen Sie sich einfach vor, Sie würden ein Versorgungssystem für Ihr Auge mitnehmen.

Zweites Experiment: In der freien Natur

Führen Sie das oben skizzierte Experiment bei Sonnenaufgang in einer möglichst flachen Landschaft durch. Sie werden feststellen, daß *Licht* genauso intensiv Ihre Neugier weckt wie ein hungriger Magen.

Wiederholen Sie das Experiment abends vor dem Zubettgehen: Wenn Sie müde sind, erleben Sie im Freien besonders eindrucksvoll Ihre Bereitschaft, nachts das Auge zu schließen.

Drittes Experiment: Phantasiereise des Geistes

Übertragen Sie Ihre Empfindungen aus den Experimenten 1 und 2 in eine Situation, in der Sie sich von den bisherigen Hilfsmitteln – Bettlaken und liegende Position – lösen.

Setzen Sie sich ruhig und entspannt an einen beliebigen Ort. Vergessen Sie Ihren Körper und Ihre Umgebung.

Stellen Sie sich vor, daß Sie nur aus einem Auge bestehen, das geradeaus vor sich und gleichzeitig geradeaus hinter sich blickt.

Das (imaginäre) Bettlaken mit dem Guckloch steht senkrecht im Raum und teilt diesen in zwei Räume. Nur das Auge, einer Kugel gleich, die sich im Loch dieses Bettlakens befindet, „sieht“ mit der einen Hälfte oder Halbkugel in die eine Hälfte des Raumes. Die andere Hälfte der Kugel „erschaut“ sich den anderen Raum.

Dieses Experiment wird auch in einem weltbekannten Piktogramm dargestellt: als Yin und Yang der Asiaten. Es zeigt die Situation, in der Sie sich bei diesem Versuch befinden, jedoch in der nächsten Stufe, die Sic nun ohne weitere Anleitung erklimmen können: „Das Auge bewegt sich, um mehr zu sehen."

Abbildung 81: Yin und Yang-Zeichen

25. Kapitel: Schach spielen wie die altägyptischen Priesterschüler

Das „altägyptische Schlangenspiel“ war multidimensionales Schach nach mathematischen Regeln. Das bedeutet: Es wurde auf zehn Spielbrettern zugleich gespielt, wobei sich jeder Zug auf einer Spielebene zugleich auf alle anderen Dimensionen auswirkte. Das besondere Geheimnis des Spielbeginns und des Spielendes lag auf der ersten und zehnten Spielebene. Beide Spielebenen müssen wir dreidimensional lebenden Menschen als eine einzige Spielebene ansehen. Doch das Geheimnis, der Lohn für alle Mühen, scheint die Erkenntnis gewesen zu sein:

- wie Alles aus Einem hervorgegangen ist,
- wie Alles in Einem wieder zusammenfindet
- und worin Sinn und Ziel dieses universellen Geschehens bestehen.

Ein derart komplexes Spiel „aus dem Stand“ nachzuspielen, wäre etwas zuviel verlangt – immerhin hatten auch die Priesterschüler 22 Jahre Zeit, um dieses „Spiel des Lebens“ zu erlernen. Begnügen wir uns daher mit einem Ausschnitt aus dem Gesamtspiel: den Spielebenen III, IV und V. Diese Einführung und einige Beispiele werden Sie in die Lage versetzen, die Gesetzmäßigkeiten und die wahren Hintergründe des Spiels der Könige zu erkennen und zu erleben. So ausgerüstet, können Sie auf eigene Faust weiter experimentieren, mit wachsender Erfahrung vielleicht sogar weitere Ebenen in Ihr Spiel einbeziehen.

Aber Vorsicht: Schon das Spiel auf drei Ebenen ist einigermaßen komplex. Es ist jedoch nicht in einer Weise kompliziert, die das Erlernen einer Fülle künstlicher und unzusammenhängender Regeln erforderte. Vielmehr lassen sich alle hier nicht aufgeführten Regeln nach Beginn des Spiels ohne Handbuch und Kommentar aus den vermittelten Grundlagen und aus der immanenten Logik des königlichen Spiels ableiten. Das ist der eigentliche Reiz des ursprünglichen Spiels: Neben einer Grundkenntnis der heutigen Schachregeln werden nur die mathematische Logik und ein wacher Verstand vorausgesetzt.

Sie benötigen:

- 3 komplette Schachspiele (3 Schachbretter und 3 x 16 Figuren),
- 2 Würfel unterschiedlicher Farbe, am besten schwarz und weiß,
- 1 Würfelköcher.

Vorbereitung:

- Vergegenwärtigen Sie sich die Grundregeln des heutigen Schachspiels.
- Stellen Sie sich vor, daß bei diesem Spiel eine räumliche Anordnung zweidimensional nachgestellt wird: Die zehn (bei unserem Experiment drei) Spielbretter liegen nicht nebeneinander auf einem Tisch, sondern schweben im Raum – jeweils um einen Spielkorridor versetzt, spiralförmig übereinander angeordnet, so daß theoretisch das neunte Spielbrett genau über dem ersten Spielbrett im Raum positioniert wäre.
- Musikalisch geschulte Menschen könnten sich die neunte Spielebene als erste Stufe einer neuen Oktave vorstellen. Eine Oktave besteht aus acht ganzen Tönen. Pythagoras, der die Differenz zwischen den zehn Spielebenen und den acht Oktavstufen ergründete, fand die beiden „fehlenden“ Spielebenen in den Gesetzmäßigkeiten der Halbtöne.

Tabelle A: Die Figuren und ihre Qualitäten (Werte)[1]

Figuren	Qualität		Summe
8 Bauern	1		8
je 2 Läufer u. Springer	2		8
2 Türme	4		8
1 Dame	8		8
1 König = Alles =	32	=	0

[1] Die folgende Tabelle sollte nicht mit dem oben angeführten Vergleich zwischen Schachfiguren und Kartensymbolen verwechselt werden.

Die „0“ galt im alten Ägypten als Symbol für das „Alles“, hier also der Gesamtsumme 32. Der König repräsentiert somit das „Alles“, den Gesamtwert „0“ seiner Spielfiguren.

Erkennen Sie den Hintersinn, die „geistige Mathematik“, die sich in diesen Regeln manifestiert? Man spielt auf 8 x 8 = 64 Feldern. Schwarz und Weiß haben sich die „Kraft“ der 64 Felder in 2 x 32 aufgeteilt.

Eine Spielfigur, die einen Wert von >1 besitzt, stellt in diesem homogenen Kraftfeld mit dem Durchschnittswert 1 eine Kraftkonzentration dar. Um den Wert >1 zu bewahren, muß die Spielfigur ständig Kraft anziehen. Ist sie dazu nicht mehr in der Lage, so ist sie „krank“. Diesen Zustand galt es für die Priester zu beheben. Wie? Das erlernen Sie in diesem Spiel.

Erstes Spielexperiment
Das Grundprinzip: „Nichts“ kann verloren gehen

Spielvorbereitung:

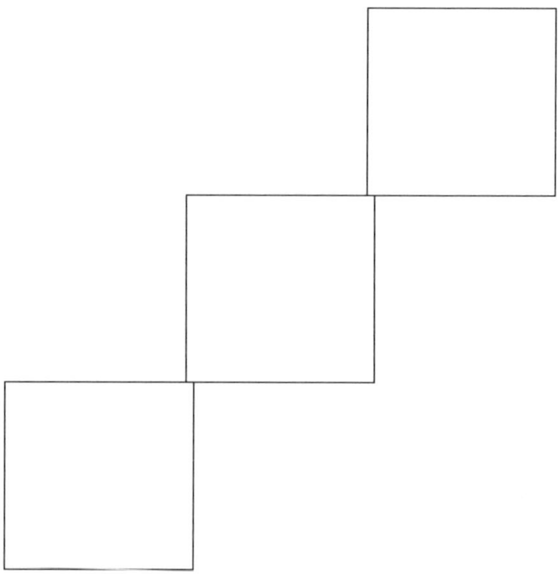

Abbildung 82: Anordnung der Spielbretter III, IV und V

- **Lage der Schachbretter:** Die drei Spielbretter werden gemäß Abbildung 82 jeweils um einen Spielkorridor versetzt ausgelegt. (Diese Anordnung erklärt die bis heute gültige Regel, daß der Springer „eins gerade, eins schräg" – somit in die nächste Dimension – springt. Dagegen ist im Verlauf der Jahrtausende in Vergessenheit geraten, daß der Läufer ursprünglich nur zwei – nicht, wie heute, bis zu acht – Felder seitlich ziehen konnte!)
- **Figurenaufstellung:** Bauen Sie auf der Hauptspielebene IV einen vollständigen Satz Figuren entsprechend den heutigen Schachregeln auf. Die Bretter III und V blciben zunächst leer.

Grundregeln:

1. **Spielzüge:** Beide Spieler ziehen abwechselnd, wie vom heutigen Schachspiel gewohnt.
2. **Beginn:** Spielen Sie mit Ihrem Partner auf Brett IV ein ganz normales Schachspiel nach den bekannten Spielregeln, bis eine Situation entsteht, in der entweder Sie oder Ihr Partner eine Spielfigur schlagen kann.
3. **Spielfigur schlagen:** Im Gegensatz zum heute gespielten Schach wird die geschlagene Figur *nicht* aus dem Spiel genommen. Statt der *Position* ändern sich *Qualität* und *Dimension* der geschlagenen Figur. Das bedeutet:
   ⇒ Die geschlagene Figur wird auf die nächst „niedrigere" Spielebene versetzt, das ist für Weiß Spielbrett III, für Schwarz Spielbrett V;
   ⇒ dort wird sie auf demselben Feld (z.B. d5) eingesetzt, auf dem sie in der anderen Dimension geschlagen wurde;
   ⇒ zugleich wird die Qualität der geschlagenen Figur *verdoppelt*:

Beispiele:

- Ein auf Position d5 des Spielbretts IV geschlagener weißer Bauer wird auf d5 des Spielbretts III zum Springer oder Läufer.
- Ein auf Position d4 des Spielbretts IV geschlagener schwarzer Bauer wird auf d4 des Spielbretts V zum Springer oder Läufer.

Tabelle B: Verdoppelung der Figurenqualität

Spielfigur	Qualität	wird auf der tieferen Spielebene zu
Bauer	1	Springer oder Läufer
Springer	2	Turm
Läufer	2	Turm
Turm	4	Dame
Dame	8	zwei Damen (werden beide auf demselben Feld eingesetzt, ziehen dann getrennt, müssen sich auf einem Feld vereinigen, um wieder das Spielbrett zu wechseln)
König	0	bleibt König (0 = „Alles“ läßt sich nicht verdoppeln!)

4. **Mit der eigenen Figur das Spielbrett wechseln:** Eine Spielfigur kann auch freiwillig, d.h. ohne geschlagen worden zu sein, das Spielbrett wechseln. Hier gilt ebenso wie beim Schlagen einer Figur:

- Durch Spielbrettwechsel ändert sich nicht die *Position* (z.B. d5), sondern die *Qualität* einer Spielfigur:
  - ⇒ Wechselt eine Figur auf die für sie nächst niedrigere Ebene (Weiß: V -> IV -> III; Schwarz: III -> IV -> V), so *verdoppelt* sich jeweils ihr Wert (Tabelle B).
  - ⇒ Wechselt die Figur auf die für sie nächst höhere Ebene (Weiß: III -> IV -> V; Schwarz: V -> IV -> III), so *halbiert* sich jeweils ihr Wert (Tabelle C). Voraussetzung für diesen Wechsel ist, daß der Qualitätswert der Spielfigur mindestens 2 (bzw. nach Halbierung mindestens 1) beträgt:

Tabelle C: Halbierung der Figurenqualität

Spielfigur	Qualität	wird auf der höheren Spielebene zu
Bauer	1	Wechsel nicht möglich (Es gibt keine halben Spielzüge!)
Springer	2	Bauer
Läufer	2	Bauer
Turm	4	Läufer oder Springer
Dame	8	Turm
König	0	bleibt König (0 = „Alles“ läßt sich nicht halbieren!)

5. **Ziel und Ende des Spiels:** Die Aufgabe beider Spieler besteht darin, ihre sämtlichen Figuren auf die für sie höchste Ebene zu transferieren. Hat Weiß alle seine Akteure auf Ebene V (X in der vollständigen Version) bzw. Schwarz seine sämtlichen Figuren auf Ebene III (I) versammelt, so ist das Spiel beendet.

Worin besteht der Reiz des Spieles?

Die eigentümliche Faszination des altägyptischen Königsspiels werden Sie sehr rasch selbst erfahren, wenn Sie sich einmal mit den Regeln vertraut gemacht und einige Partien gespielt haben.

Einzigartig ist beispielsweise die Möglichkeit, als weißer Spieler von der Hauptspielebene IV zur niedrigeren Spielebene III zu wechseln, dort doppelt so schnell eine angestrebte Position zu erreichen, dann auf Ebene IV zurückzukehren und hier wieder in das Spielgeschehen einzugreifen.

Worin bestand der Reiz für die altägyptischen Priester?

Die Spielebene IV entspricht dem „Bewußtsein in Raum und Zeit“, also der dritten Dimension. Für Weiß ist Spielbrett V die vierte, Spielbrett III die zweite Dimension; für Schwarz umgekehrt.

Es ging um Fragen, die uns heute gänzlich ungewohnt erscheinen, etwa um diese: Kann man sich als Mensch auf der Spielebene IV die universellen Gesetzmäßigkeiten der zweiten und der vierten Dimension nutzbar machen? Und es ging

- darum, die kosmischen Zusammenhänge zu begreifen,
- um das Karma (die Situation auf Spielbrett IV nicht verschlechtern),
- darum, sich im Sinne des Universums zu entwickeln, also das Spielgeschehen auf die nächsthöhere Ebene (V bzw. III) zu verlagern
- und so den Mitgeschöpfen besser helfen zu können.

Sollte Ihnen auffallen, daß

- sich Weiß und Schwarz auf der Spielebene IV im Verlauf des Spiels „entflechten“,
- ihre Figuren sich auf den nächst höheren Spielebenen (V und III) im Endstadium des Spiels mehr und mehr allein bewegen,

dann haben Sie eine der zeitlos wahren philosophischen Schlußfolgerungen aus der Mathematik des Geistes abgeleitet, ohne sich selbst bereits in dieser Situation zu befinden: Dies war und ist seit jeher der Sinn dieses ewig gültigen göttlichen Spiels.

In den geheimsten Überlieferungen der Menschheit ist davon die Rede, daß im Spiel des „ideellen göttlichen Spielers" jeder Mensch eine wichtige Spielfigur ist, genannt „Gottesarbeiter".

Wie im altägyptischen Urschach kann kein Gottesarbeiter verloren gehen, sonst würde das mathematische Grundgesetz der Schöpfung – Alles = Alles (0 = 0) – gebrochen werden. Vermutlich hat Pythagoras, als er „sein Spiel" nach etwa 22 Jahren in Heliopolis beendet hatte, hinzugefügt:

„Was zu beweisen war …"

Zweites Spielexperiment
Das Geheimnis der Zeitqualität

Spielvorbereitung:

- **Lage der Schachbretter:** wie im ersten Spielexperiment.
- **Aufstellung der Figuren:**
  ⇒ Auf Spielbrett IV werden die weißen Bauern auf der Linie a1-h1, die schwarzen Bauern auf der Linie a8-h8 aufgestellt.
  ⇒ Die weißen Spielfiguren König, Dame, Türme, Läufer und Springer werden auf der Linie a8-h8 des Spielbretts III, die schwarzen analog auf der Linie a1-h1 des Spielbretts V positioniert.

Grundregeln:

1. **Spielfigur ziehen und schlagen:** wie im Experiment 1; jedoch ist hier die Regel aufgehoben, daß beide Spieler abwechselnd jeweils nur eine Figur ziehen.

2. **Erst würfeln, dann ziehen:** Die Zahl der Schritte, um welche die Spieler ihre Figuren bewegen dürfen, wird nun durch den Würfel mitbestimmt. Weiß verwendet den weißen, Schwarz den schwarzen Würfel.

3. Die gewürfelte Punktzahl zeigt an, um wie viele Spielschritte die **Gesamtheit aller Spielfiguren einer Farbe** bewegt werden muß.

4. **Entsprechend den heutigen Schachregeln** kann der König nur um einen Schritt bewegt werden, ebenso der Bauer (bzw. aus der Grundstellung um zwei Schritte), und der Springer kann nur zwei Schritte ziehen.

5. **Abweichend von den heutigen Schachregeln** können Läufer, Turm und Dame, entsprechend der Höchstpunktzahl auf dem Würfel, maximal sechs Felder weit ziehen.

Beispiele:

Weiß würfelt eine 5 und hat auf Spielebene IV u.a. folgende Möglichkeiten:

- Weiß bewegt seine Dame (oder einen Turm oder einen Läufer) fünf Felder voran;
- Weiß zieht mit fünf Bauern je einen Schritt. (Jeder Bauer darf von der Bewegungsenergie mit dem Wert 5 nur ein Fünftel = einen Spielschritt verbrauchen.)
- Weiß verteilt seine Bewegungsenergie mit dem Wert 5 auf
  ⇒ zwei Springer zu je zwei Schritten und
  ⇒ einen Bauer zu einem Schritt.

6. **Verhältnis zwischen Würfelpunkten und Spielschritten:** Auf dem Spielbrett IV entspricht für Weiß wie für Schwarz ein Punkt auf dem Würfel einem Bewegungsschritt auf dem Spielbrett. Anders auf Ebene III und V:

- Weiße Spielfarbe: Auf Ebene V *halbiert* sich die gewürfelte Punktzahl (2 Würfelpunkte = 1 Schritt usw.); auf Ebene III *verdoppelt* sich die gewürfelte Punktzahl (1 Würfelpunkt = 2 Schritte usw.).
- Schwarze Spielfarbe: Auf Ebene III *halbiert* sich die gewürfelte Punktzahl; auf Ebene V *verdoppelt* sie sich.
- „Halbe Schritte" sind auch hier nicht möglich. Würfelt man beispielsweise eine 5, so können maximal vier Würfelpunkte auf der nächst höheren Ebene (2 Punkte = 1 Schritt) umgesetzt werden; der fünfte Würfelpunkt muß entweder auf Ebene IV (1 = 1) oder auf der nächst tieferen Ebene (1 Punkt = 2 Schritte) gespielt werden.

7. **Ziel und Ende des Spiels:** Wie bei Variante 1 besteht die Aufgabe beider Spieler darin, ihre sämtlichen Figuren auf die für sie höchste Ebene zu transferieren. Hat Weiß alle seine

Akteure auf Ebene V (X in der vollständigen Version) bzw. Schwarz seine sämtlichen Figuren auf Ebene III (I) versammelt, so ist das Spiel beendet.

Worin besteht der Reiz des Spiels?

Für beide Spieler ist es hier noch schwieriger als bei Variante 1, die Entwicklung des Spiels vorherzusehen. Keiner der beiden Spieler weiß,

- mit wie vielen Energiepunkten sein Gegner
- auf welcher Spielebene
- welche Spielfiguren
- wohin bewegen wird.

Darüber hinaus sind die „Energieverhältnisse" beider Spieler auf den Ebenen III und V spiegelverkehrt: Auf Spielfeld III braucht Weiß nur halb so viel Bewegungsenergie wie Schwarz, um seine Figuren zu bewegen; den gleichen Vorteil genießt aber Schwarz auf Ebene V. Folglich wird durch jede Bewegung eines Spielers auf seiner höheren Ebene zugleich sein Vorankommen auf den anderen Ebenen verlangsamt.

Worin bestand der Reiz für die altägyptischen Priester?

Das Spiel ermöglichte ihnen, die Wechselbeziehung der Phänomene „Zeit" und „Leben" und dessen Gebundensein an „Energie" zu ergründen.

Die Feststellung, daß Leben an Zeit und Energieverbrauch gebunden ist, scheint banal zu sein. Sie gewinnt aber eine sehr viel tiefere Bedeutung, wenn sie den Priester und Heiler zu weiterführenden Fragen wie diesen lenkt:

- Wo sind die Quellen der Leben ermöglichenden Energie?
- Wozu und auf welche Weise wird diese Energie verteilt?
- Gibt es Möglichkeiten – und wenn ja, welche –, ein im Verhältnis zu unserer Welt höheres Energiepotential zu erschließen?

Im alten Ägypten drehte sich alles um das für unser Auge sichtbarste Symbol einer Energiequelle, die Sonne. Dieser Sonnenkult war aber Ausdruck eines Denkens, das in umfassendem Sinn um Fragen der Energieversorgung, -verteilung und -steigerung kreiste. Man strebte nach Energie, um die körperliche Gesundheit zu erhalten oder wiederzugewinnen und möglichst lange zu leben. Doch ebenso sehr benötigte man Energie, um das höchste Ziel zu erreichen und die eigene geistige Entwicklung in diesem Zyklus oder „Spiel des Lebens“ zu vollenden. Im altägyptischen Königsspiel war dieses Ziel erreicht, wenn der Spieler alle seine Spielfiguren auf die für ihn höchste Spielebene transferiert hatte.

Wie Sie nach einigen Partien dreidimensionalen Schachs feststellen werden, sind Springer und Läufer die wichtigsten Figuren für die Strategie des Energietransfers zwischen zwei Dimensionen. Auch diese Beobachtung untermauert die Hypothese dieses Buches, daß die Pyramide nicht das Wahrzeichen einer Nekropole, sondern das Symbol eines Energiepools ist.

Im Schachspiel	**entspricht**	**visualisiert**
König	Kugel	♔
Dame	Halbkugel	♕
Turm	Zylinder	♖
Läufer	Kegel	♗
Springer	Pyramide	♘

Anhang

Altägyptischer Jungbrunnen - Trainingsprogramm in vier Stufen

Nachfolgend finden Sie vier Vorschläge, wie Sie die verschiedenen Obelisken- und Pyramidenübungen zu einem sinnvollen und verträglichen Trainingsprogramm zusammenstellen und die Intensität der altägyptischen Energiedusche stufenweise steigern können. Beachten Sie aber, daß es sich bei allen Zeitangaben um ungefähre Richtwerte handelt, die von den für Sie optimalen Werten unter Umständen beträchtlich abweichen können. Sehen Sie die Wochenpläne A – D daher bitte nur als modellhafte Vorschläge an, die Sie erforderlichenfalls entsprechend Ihrer persönlichen Disposition abwandeln sollten.

Sanfte Auramassage – für Novizen und sensitive Personen

Wochenplan A	1. Tag	2. Tag	3. Tag	4. Tag	5. Tag	6. Tag	7. Tag
1. Obeliskenübung	5 Min.			5 Min.		5 Min.	
2. Obeliskenübung	–	–	–	–	–	–	–
1. Pyramidenübung		15 Min.			15 Min.		15 Min.
2. Pyramidenübung	–	–	–	–	–	–	–
3. Pyramidenübung			10 Min.				

Bioernergetische Felderneuerung – für Fortgeschrittene

Wochenplan B	1. Tag	2. Tag	3. Tag	4. Tag	5. Tag	6. Tag	7. Tag
1. Obeliskenübung	–	–	–	–		–	
2. Obeliskenübung	3 Min.			3 Min.			3 Min.
1. Pyramidenübung		20-25 Min.			20-25 Min.		
2. Pyramidenübung	–	–	–	–	–	–	–
3. Pyramidenübung			10-20 Min.			10-20 Min.	

Altägyptischer Energiepool – Meisterstufe

Wochenplan C	1. Tag	2. Tag	3. Tag	4. Tag	5. Tag	6. Tag	7. Tag
1. Obeliskenübung	–	–	–	–	–	–	–
2. Obeliskenübung	5 Min.			5 Min.			5 Min.
1. Pyramidenübung	–	–	–	–	–	–	–
2. Pyramidenübung	–	30-50 Min.			30-50 Min.		
3. Pyramidenübung			40 Min.			40 Min.	

Jungbrunnen der Pharaonen

Wochenplan D	1. Tag	2. Tag	3. Tag	4. Tag	5. Tag	6. Tag	7. Tag
1. Obeliskenübung	–	–	–	–	–	–	–
2. Obeliskenübung	–	–	5 Min.	–	–	5 Min.	–
1. Pyramidenübung		60 Min.			60 Min.		60 Min.
2. Pyramidenübung	–	–	–	–	–	–	–
3. Pyramidenübung	60 Min.			60 Min.			

Literaturhinweise

Armour, R.A., Gods and Myths of Ancient Egypt, The American University in Cairo Press, Kairo 1986

Arnold D., Die Tempel Ägyptens, Artemis-Verlag, Zürich 1992

Baines, J., Málek, J., Atlas of Ancient Egypt, Andromeda, Oxford 1992

Bauval, R., Gilbert, A., The Orion Mystery, Heineman, London 1994

Bonaparte, Napoleon, Description de l'Egypte, Benedikt Taschen Verlag, Köln 1994

Botheroyd S.u.F., Lexikon der keltischen Mythologie, Diederichs Verlag, München 1992

Brunner-Traut, E., Die Alten Ägypter, Verlag W. Kohlhammer, Stuttgart 1974

Carpiceci, A.C., Kunst und Geschichte in Ägypten, Bonechi Verlag, Florenz 1994

Clayton Peter A., Chronicle of the Pharaohs, Thames and Hudson Ltd., London 1994

Decker, W., Sport und Spiel im Alten Ägypten, C.H. Beck, München 1987

Erman, A., Das Leben im Alten Ägypten, (Reprint v. 1894) Dover Pub.Inc., New York 1972

Erman, Adolf, Zaubersprüche für Mutter und Kind, Berlin 1901

Filer, J., Disease, Brit. Museum Press, London 1995

Friedell, E. Kulturgeschichte Ägyptens und des Alten Orients, C.H. Beck, München 1974

Ghalioungui, P., La Médecine des Pharaons, Editions Robert Laffont, Paris 1983

Gutgsell, M., Arbeiter und Pharaonen, Verlag Gerstenberg, Hildesheim 1989

Herodot, Historien, Goldmann Verlag, München 1961

Labib, H., The Obelisks of Egypt, The American University in Cairo Press, Kairo 1984

Lambelet, E. Die Gottheiten des Alten Ägypten, Lehnert & Landrock, Kairo 1986

Lamy L., New Light on Ancient Knowledge: Egyptian Mysteries, Thames and Hudson Ltd., London 1992

Manniche, L., Music and Musicians in Ancient Egypt, British Museum Press, London, 1991

Mendelssohn, K., Das Rätsel der Pyramiden, Gustav Lübbe Verlag, Bergisch-Gladbach 1974

Murray, M. A., Saqqara Mastabas, Egypt/Univ.College London 1904

Nunn, J.F., Ancient Egyptian Medicine, British Museum Press, London 1996

Oberbach, J., Feuer des Lebens, DBF Verlag, Grünwald 1987

Oberbach, J., Unser Schicksal sind die Strahlen, Verlag Diagnosen, Leonberg 1988

Preuss, Julius, Dr., Biblisch-Talmudische Medizin. Beiträge zur Geschichte der Heilkunde und der Kultur, Berlin 1911, Reprint bei MECO-Buchproduktion, Dreieich 1992

Ptolemaeus, C., Terrabiblos, Baumgartner-Verlag, Billerbeck/Hann. 1954

Purner J.DI., Radiästhetische Untersuchungen an Kirchen und Kultstätten, Dissertation, Innsbruck 1974

Rundle, Clark R.T., Myth and Symbol in Ancient Egypt, Thames and Hudson Ltd., London 1959

Schul, B./Pettit E., Die geheimnisvollen Kräfte der Pyramide, Wilhelm Heyne Verlag, München 1992

Schüssler, KH., Die ägyptischen Pyramiden, Dumont Verlag, Köln 1983

Teuffen, H.T, Herodot, Sieben und andere Wunder der Welt, Verlag Anton Schroll & Co, Wien/München 1979

Tompkins, P., Cheops, Die Geheimnisse der Großen Pyramide, Scherz Verlag, Bern/München/Wien 1975

Toth, M./Nielsen, G., Pyramid Power, Bauer Verlag, Freiburg 1982

Wedemeyer, I.von, Pythagoras – Weisheitslehrer des Abendlandes, Param Verlag Günter Koch, Köln 1988

Abbildungsnachweis

Seite 69, Abb. 6: John F. Nunn: Ancient Egyptian Medicine. British Museum Press, London 1996 Illustration: Richard Parkinson

Seite 100, Abb. 20: John F. Nunn: Ancient Egyptian Medicine. British Museum Press, London 1996 Illustration: Louise Perks

Seite 100, Abb. 21: John F. Nunn: Ancient Egyptian Medicine. British Museum Press, London 1996 Illustration: Richard Parkinson

Seite 101, Abb. 22: John F. Nunn: Ancient Egyptian Medicine. British Museum Press, London 1996 Illustration: Richard Parkinson

Seite 107, Abb. 24: John F. Nunn: Ancient Egyptian Medicine. British Museum Press, London 1996 Illustration: Richard Parkinson

Seite 162, Abb. 48: Gerthsen/Vogel: Lehrbuch Physik. Springer Verlag, Heidelberg 1995

Seite 216, Abb. 69: R. T. Rundle Clark: Myth and Symbol in Ancient Egypt. Thames and Hudson, London 1991

Seite 217, Abb. 70: R. T. Rundle Clark: Myth and Symbol in Ancient Egypt. Thames and Hudson, London 1991

Alle übrigen Abbildungen stammen von Manfred Dimde, der Grafik-Firma Gruber & König und der Setzerei Fotosatz Buck.